Baruch de Spinoza

Theologisch-politische
Abhandlung

Baruch de Spinoza: Theologisch-politische Abhandlung

Berliner Ausgabe, 2014, 3. Auflage
Vollständiger, durchgesehener Neusatz mit einer Biographie des
Autors bearbeitet und eingerichtet von Michael Holzinger

Erstdruck: Hamburg 1670, Tractatus theologico-politicus, anonym.
Erste deutsche Übersetzung von S. H. Ewald unter dem Titel »Über
Heilige Schrift, Judentum, Recht der höchsten Gewalt in geistlichen
Dingen, und Freiheit zu philosophieren«, Gera 1787. Der Text folgt
der Übersetzung durch Julius Heinrich von Kirchmann von 1870. –
Bei der Bezeichnung der Bibelstellen werden folgende, besondere
Erläuterung verdienende Abkürzungen verwendet: Pentateuch (= die
fünf Bücher Mosis) – Gen[esis]. (= 1. Buch Mosis) – Exod[us]. (= 2.
Buch Mosis) – Lev[iticus]. (= 3. Buch Mosis) – Num[eri]. (= 4. Buch
Mosis) – Deut[eronomium]. (= 5. Buch Mosis).

Textgrundlage ist die Ausgabe:
Spinoza: Theologisch-politische Abhandlung. Übersetzt und erläutert
von J. H. von Kirchmann. Berlin: L. Heimann, 1870 (Philosophische
Bibliothek, Bd. 35).

Herausgeber der Reihe: Michael Holzinger
Reihengestaltung: Viktor Harvion
Umschlaggestaltung unter Verwendung des Bildes:
Porträt des Philosophen Baruch de Spinoza, Ölgemälde um 1665,
im Besitz der Gemäldesammlung der Herzog August Bibliothek in
Wolfenbüttel.

Gesetzt aus Minion Pro, 10 pt

ISBN 978-1484070895

Vorrede

Wenn die Menschen alle ihre Angelegenheiten nach einem festen Plan zu besorgen vermöchten, oder wenn das Glück ihnen immer günstig wäre, so würden sie in keinem Aberglauben befangen sein. Allein oft gerathen sie in Verlegenheiten, wo sie sich nicht zu rathen wissen, und meist verlangen sie nach den ungewissen Glücksgütern so maasslos, dass sie jämmerlich zwischen Furcht und Hoffnung hin und her schwanken, und ihre Seele deshalb Alles zu glauben bereit ist. In solchen Zweifeln genügen schwache Gründe, um sie bald hierbald dorthin schwanken zu lassen, und in höherem Maasse geschieht dies, wenn sie zwischen Angst und Hoffnung eingeklemmt sind, während sie sonst zuversichtlich, prahlerisch und aufgeblasen sind.

Ich meine, dies weiss Jedermann, obgleich die Meisten schwerlich sich selbst kennen mögen. Denn wer unter den Menschen gelebt hat, weiss, wie im Glück selbst die Thörichten sich so von Weisheit erfüllt halten, dass es sie übel nehmen, wenn man ihnen einen Rath geben will. Aber im Unglück wissen sie nicht, wohin sie sich wenden sollen. Dann flehen sie Jedweden um Rath an und folgen selbst den verkehrtesten, unsinnigsten und eitelsten Vorschlägen. Ebenso genügen die geringsten Umstände, um sie auf Besseres hoffen oder wieder Schlimmeres befürchten zu lassen. Wenn ihnen, während sie in Furcht sind, etwas begegnet, was sie an ein früheres Glück oder Unglück erinnert, so nehmen sie es für die Ankündigung eines guten oder übeln Ausganges der Sache, und wenn sie auch hundertmal betrogen worden sind, so nennen sie es doch eine gute oder schlimme Vorbedeutung. Sehen sie etwas Ungewöhnliches, so staunen sie und halten es für ein Wunderzeichen, was den Zorn der Götter oder des höchsten Wesens verkünde, und sowohl die Abergläubischen wie die Ungläubigen meinen, es sei Unrecht, wenn man sie deshalb nicht durch Opfer und Gelübde zu versöhnen suche. Sie erdichten in dieser Weise Unzähliges und erklären die Natur auf so wunderbare Weise, als wenn sie selbst mit ihnen toll geworden wäre.

Während sich dieses so verhält, sieht man, dass vor Allen Diejenigen am meisten allen Arten von Aberglauben zugethan sind, welche das Ungewisse unmässig begehren, und dass alle Menschen vorzüglich dann, wenn sie in Gefahr sind und sich nicht zu helfen wissen, mit Gelübden und weibischen Thränen die göttliche Hülfe erflehen und die Vernunft blind und die menschliche Weisheit eitel schelten, weil sie ihnen den Weg zur Erfüllung ihrer eitlen Wünsche nicht zeigen kann. Dagegen halten sie die Tollheiten, Träume und kindischen Einfälle ihrer Phantasie für göttliche Offenbarungen; sie meinen sogar, Gott hasse die Weisen und verkünde seine Beschlüsse nicht dem Geiste, sondern habe sie den Eingeweiden der Thiere eingeschrieben, und Thoren, Wahnsinnige und Vögel verkündeten sie im göttlichen Anhauch und Instinkt. Zu solchem Wahnsinn treibt die Furcht den

Menschen; die Ursache also, aus der der Aberglaube entspringt, durch die er erhalten und genährt wird, ist die Furcht.

Verlangt man neben dem bereits Gesagten noch besondere Belege hierfür, so nehme man *Alexander den Grossen*; dessen Geist wurde erst dann von dem Aberglauben erfasst und wandte erst dann den Wahrsagern sich zu, als er das erste Mal an seinem Glück in den Engpässen von Cilicien zu zweifeln begann. (Man sehe *Curtius'* Geschichte, Buch V. Kap. 4.) Nach Besiegung des *Darius* hörte er dagegen auf, Zeichendeuter und Wahrsager zu befragen, bis er wieder durch die Unbill der Zeiten erschreckt wurde, als die Baktrier abgefallen waren, die Skythen ihn zum Kampfe reizten, und er selbst erschöpft an einer Wunde darnieder lag. Da, wie *Curtius* Bd. VII. Kap. 7 sagt, »wandte er sich wieder dem Aberglauben, dem Spielwerk des menschlichen Geistes, zu und hiess den *Aristander*, dem er seine Leichtgläubigkeit mitgetheilt hatte, den Ausgang der Sache durch Opferthiere ermitteln.«

Solcher Beispiele liessen sich noch die Menge beibringen; sie zeigen auf das Deutlichste, dass die Menschen nur in der Furcht dem Aberglauben sich ergeben, dass Alles, was sie in solchem eiteln Glauben verehrt haben, nur Phantasien und irrsinnige Einfälle eines traurigen und furchtsamen Gemüthes gewesen sind, und dass die Wahrsager immer dann am meisten das Volk beherrscht haben und den Königen am furchtbarsten gewesen sind, wenn die Noth des Staates am grössten war. Allein ich enthalte mich dessen, da dies Jedermann genügend bekannt sein wird.

Aus dieser Ursache des Aberglaubens folgt offenbar, dass die Menschen von Natur für Aberglauben empfänglich sind, wenn auch Andere meinen, es komme davon, dass die Menschen nur verworrene Vorstellungen von Gott haben. Solcher Aberglaube muss natürlich sehr wechseln und schwanken, wie alles Spielwerk des Geistes und wie die Anfälle der Wuth. Er kann sich nur durch Hoffnungen, Hass, Zorn oder List schützen, weil er nicht aus der Vernunft, sondern nur aus einem blossen Affekt, und zwar einem sehr kräftigen entspringt. So leicht es daher ist, die Menschen in jede Art von Aberglauben einzufangen, so schwer ist es, sie in demselben festzuhalten. Die Menge, die immer gleich elend bleibt, mag deshalb niemals lange bei *einem* Aberglauben aushalten; nur das Neue gefällt ihr am meisten, was noch nicht betrogen hat. Aus dieser Unbeständigkeit sind viele Aufstände und verheerende Kriege hervorgegangen; denn, wie aus dem Obigen erhellt, und *Curtius* B. IV. Kap. 10 treffend sagt: »Nichts regiert die Menge wirksamer als der Aberglaube.« Deshalb lässt sie unter dem Schein der Religion sich verleiten, bald ihre Könige wie Götter anzubeten und bald wieder zu verwünschen und als die gemeinsame Pest des Menschengeschlechts zu verfluchen.

Um diese Uebel zu vermeiden, hat man mit unendlicher Sorgfalt die wahre oder falsche Religion im äussern Gottesdienst und den Gebräuchen so ausgeschmückt, dass sie allen Verleitungen überlegen blieb und im höchsten Gehorsam von Allen gepflegt wurde. Am besten ist dies den Türken gelungen, die sogar alles Streiten darüber für Unrecht halten und den Verstand des Einzelnen mit so viel Vorurtheilen beladen, dass in der Seele für die gesunde Vernunft kein Platz, nicht einmal für den Zweifel, übrig bleibt.

Wenn es in monarchischen Staaten als das wichtigste Geheimmittel gilt, und es da vor Allem darauf ankommt, die Menschen im Irrthum zu erhalten und die Furcht, mit der man sie bändigt, unter dem glänzenden Namen der Religion zu verhüllen, damit sie für ihre Sklaverei, als wäre es ihr Glück, kämpfen und es nicht für schmählich, sondern für höchst ehrenvoll halten, ihr Blut und Leben für den Uebermuth *eines* Menschen einzusetzen: so kann doch für Freistaaten nichts Unglücklicheres als dies erdacht und versucht werden, da es der allgemeinen Freiheit geradezu widerspricht, wenn das freie Urtheil des Einzelnen durch Vorurtheile beengt oder sonst gehemmt wird. Jene Aufstände aber, die unter dem Schein der Religion erregt werden, entspringen nur daraus, dass man über spekulative Fragen Gesetze erlässt, und dass blosse Meinungen wie Verbrechen für strafbar erklärt und verfolgt werden. Die Vertheidiger und Anhänger solcher Meinungen werden nicht dem Wohle des Staats, sondern nur der Wuth und dem Hasse der Gegner geopfert. Wenn nach dem Rechte eines Staates *nur Handlungen verfolgt würden, Worte aber für straflos* gälten, so könnten solche Aufstände mit keinem Rechtsvorwande beschönigt werden, und blosse Streitfragen würden sich in keine Aufstände verwandeln.

Da ich das seltene Glück geniesse, in einem Freistaate zu leben, wo Jeder die volle Freiheit des Urtheils hat, wo er Gott nach seiner Ueberzeugung verehren darf, und wo die Freiheit als das theuerste und liebste Besitzthum gilt, so schien es mir kein undankbares noch unnützes Unternehmen, wenn ich zeigte, dass diese Freiheit nicht blos ohne Schaden für die Frömmigkeit und den Frieden des Freistaats gewährt werden kann, sondern dass sie auch nicht aufgehoben werden kann, ohne gleichzeitig diesen Frieden und die Frömmigkeit aufzuheben. Dies ist es hauptsächlich, was ich in dieser Abhandlung darzulegen mir vorgesetzt habe. Zu dem Ende muss ich die erheblichsten Vorurtheile in Betreff der Religion, d.h. die Spuren einer alten Knechtschaft andeuten; ebenso aber auch die Vorurtheile in Betreff des Rechts der höchsten Staatsgewalt, welches Viele in ausgelassener Frechheit sich zum grossen Theile anmassen, um unter dem Schein der Religion die Gesinnungen der Menge, die noch dem heidnischen Aberglauben ergeben ist, davon abzuwenden und Alles wieder in die Knechtschaft zurückzustürzen. Die Ordnung, in der ich dies ausführen will, werde ich mit wenig Worten angeben; vorher aber möchte ich die Gründe mittheilen, die mich zu dieser Schrift bestimmt haben.

Ich habe mich oft gewundert, wie Menschen, die sich rühmen, der christlichen Religion, also der Liebe, der Freude, dem Frieden, der Mässigkeit und der Treue gegen Jedermann, zugethan zu sein, vielmehr in Unbilligkeit mit einander kämpfen und täglich den erbittertsten Hass gegen einander zeigen können. Man kann deshalb die Gesinnung des Einzelnen eher aus solchem Benehmen als aus jener Religion entnehmen, und es ist längst so weit gekommen, dass man die Christen, Türken, Juden und Heiden nur an ihrer äusseren Tracht und Benehmen, oder nach dem Gotteshause, was sie besuchen, oder nach den Meinungen, an denen sie festhalten, und dem Lehrer, auf dessen Worte sie zu schwören pflegen, unterscheiden kann, während der Lebenswandel selbst bei Allen der gleiche ist. Indem ich den Ursachen dieses Uebelstandes nachspürte, schien er mir unzweifelhaft daraus entstanden zu sein, dass es bei der Menge als Religion galt, wenn die Aemter der Kirche als Würden, ihr Dienst als ein Einkommen behandelt, und ihre Geistlichen mit Ehren überhäuft wurden. Als dieser Missbrauch in der Kirche begann, so wurden gerade die schlechtesten Personen von der Leidenschaft erfasst, die heiligen Aemter zu verwalten; der Eifer in Ausbreitung der göttlichen Religion artete in schmutzigen Geiz und Ehrsucht aus; der Tempel selbst wurde damit zu einer Schaubühne, wo man nicht die geistlichen *Lehrer*, sondern *Redner* hörte, denen es nicht auf Belehrung des Volkes ankam, sondern die nur bewundert sein und die Andersdenkenden öffentlich blossstellen wollten. Man lehrte nur das Neue und das noch nicht Gehörte, was die Menge am meisten mit Staunen erfüllte. Daraus musste nothwendig viel Streit, viel Neid und Hass entstehen, der durch keinen Zeitverlauf besänftigt werden konnte.

Es ist daher natürlich, dass von der alten Religion nur die äusseren Gebräuche geblieben sind, in denen die Menge Gott mehr zu schmeicheln als anzubeten scheint, und dass der Glaube jetzt in Leichtgläubigkeit und Vorurtheile sich umgewandelt hat; und in welche Vorurtheile! In solche, die den vernünftigen Menschen zu einem Thiere machen, die verhindern, dass man sein Urtheil frei gebrauche und das Wahre von dem Falschen unterscheide, und die absichtlich dazu ausgedacht sind, das Licht des Verstandes völlig zu verlöschen. Die Frömmigkeit, o unsterblicher Gott! und die Religion bestellt aus verkehrten Geheimmitteln; wer die Vernunft gänzlich verachtet und den Verstand wegen seiner natürlichen Verderbniss verwirft und verabscheut, der gilt, – und das ist das Härteste, – als der Inhaber des göttlichen Lichts. Wenn sie nur einen Funken des göttlichen Lichts hätten, könnten sie nicht so frech wahnwitzige Reden führen, sondern würden lernen, Gott klüger zu verehren; nicht durch Hass, sondern durch Liebe würden sie vor den Uebrigen sich auszeichnen; nicht mit feindlicher Gesinnung würden sie Andersdenkende verfolgen, sondern sich ihrer vielmehr erbarmen, in Sorge um deren Heil und nicht um die eigne Macht.

Auch würde ihre Lehre es zeigen, wenn sie etwas von dem göttlichen Licht besässen; allein ich sehe wohl, dass sie die tiefsten Geheimnisse der Bibel immer auf das Höchste bewundert haben, aber *gelehrt* haben sie nichts, ausser die Aristotelische und Platonische Philosophie, welche sie überdem, damit es nicht scheine, sie folgten den Heiden nach, der Bibel angepasst haben. Sie begnügten sich nicht, mit den Griechen wahnwitzig zu reden; sie wollten auch, dass die Propheten dasselbe gethan. Dies zeigt, dass sie die Göttlichkeit der Bibel nicht einmal im Traum erkannt haben. Je mehr sie deren Geheimnisse anstaunen, desto mehr zeigen sie, dass sie an die Bibel nicht glauben, sondern ihr nur beitreten. Dies erhellt auch daraus, dass man für deren Verständniss und die Ermittelung des wahren Sinnes in der Regel als Grundsatz hinstellt, die Bibel sei überall wahrhaftig und göttlich. Ein solcher Satz sollte nur in Folge deren Verständnisses und als Ergebniss einer strengen Prüfung aufgestellt werden; aber statt dessen stellen sie gleich an der Schwelle als Regel der Auslegung das hin, was weit besser erst aus der Bibel abgeleitet werden könnte, die der menschlichen Erdichtungen nicht bedarf.

Indem ich so bei mir erwog, wie das natürliche Licht nicht blos verachtet, sondern von Vielen selbst als Quelle der Gottlosigkeit verdammt wird; wie menschliche Erdichtungen für göttliche Lehren gelten; wie die Leichtgläubigkeit für Glauben gehalten wird; wie die Streitigkeiten der Philosophen in der Kirche und im Rathhause mit der grössten Leidenschaft verhandelt werden, und daraus wüthender Hass und Unfriede, der die Menschen selbst bis zu dem Aufstande treibt, und Anderes entsteht, das hier aufzuzählen zu lang sein würde: so beschloss ich, ernstlich die Bibel von Neuem mit vollem und freiem Geiste zu prüfen und nur das von ihr zu behaupten und als ihre Lehre zuzulassen, was unzweifelhaft aus ihr sich ergiebt.

Mit solcher Vorsicht habe ich mein Verfahren für Auslegung der heiligen Schriften eingerichtet, und auf solches gestützt, habe ich vor Allem ermittelt, was die Weissagung sei, und in welcher Weise Gott sich den Propheten geoffenbart habe, und weshalb diese von Gott erwählt worden; ob es wegen der erhabenen Gedanken geschehen sei, die sie von Gott und von der Natur gehabt, oder blos um ihrer Frömmigkeit willen. Nachdem ich hierüber Gewissheit erlangt, konnte ich leicht erkennen, dass das Ansehn der Propheten nur in den Dingen Bedeutung hat, welche den Lebenswandel und die wahre Tugend betreffen, und dass im Uebrigen ihre Ansichten uns nicht berühren.

Nach Feststellung dessen ermittelte ich weiter, weshalb die Juden die Auserwählten Gottes genannt worden sind. Als ich erkannte, dass dies blos geschehen, weil Gott ihnen ein besonderes Land auf dieser Erde ausgewählt, wo sie sicher und gemächlich leben konnten, so erkannte ich auch, dass die von Gott dem Moses offenbarten Gesetze nur das Recht des besonderen jüdischen Staats bezeichnen, weshalb Niemand ausser ihnen sie anzunehmen braucht, und dass selbst Diese nur für die Dauer ihres Reiches daran gebunden waren.

Um ferner zu wissen, ob man aus der Bibel folgern könne, dass der menschliche Verstand von Natur verderbt sei, so ermittelte ich, ob die katholische Religion oder das göttliche Gesetz, was durch die Propheten und Apostel dem ganzen Menschengeschlechte geoffenbart worden, von der verschieden sei, welche das natürliche Licht lehrt; und ferner, ob Wunder gegen die Ordnung der Natur geschehen sind, und ob das Dasein und die Vorsehung Gottes sicherer und klarer durch Wunder bewiesen werde, als durch die Dinge, welche wir klar und deutlich nach ihren obersten Ursachen erkennen. So fand ich, dass in den ausdrücklichen Lehren der Bibel nichts enthalten ist, was mit dem Verstande nicht Übereinstimmt oder ihm widerspricht, und dass die Propheten nur ganz einfache Dinge gelehrt haben, die Jedermann leicht begreifen konnte, und dass sie nur dieselben mit solchen Ausdrücken verziert und mit solchen Gründen unterstützt haben, welche die Gemüther der Menge am meisten zur Ehrfurcht gegen Gott bewegen konnten. Ich überzeugte mich, dass die Bibel die Freiheit der Vernunft völlig unbeschränkt lässt, dass sie nichts mit der Philosophie gemein hat, und dass sowohl diese wie jene auf ihren eignen Füssen steht. Um dies aber zweifellos darzulegen und die Sache zu entscheiden, zeige ich die Art, wie die Bibel auszulegen ist, und wie die ganze Kenntniss von ihr und von den geistlichen Dingen aus ihr allein und nicht aus dem, was man mit dem natürlichen Licht erfasst, abgeleitet werden muss.

Sodann decke ich die Vorurtheile auf, die daraus entstanden sind, dass die Menge, welche dem Aberglauben ergeben ist und die Religion der Zeit mehr als die Ewigkeit selbst liebt, lieber die Bücher der Bibel als Gottes Wort selbst anbetet. Demnächst zeige ich, dass das Wort Gottes nicht in einer bestimmten Zahl von Büchern offenbart ist, sondern die einfache Vorstellung des göttlichen Geistes ist, wie er sich den Propheten offenbart hat, und zwar dahin, Gott mit ganzem Herzen zu gehorchen und die Gerechtigkeit und Liebe zu pflegen. Ich zeige, dass in der Bibel dies gemäss der Fassungskraft und Kenntniss Derer gelehrt wird, denen die Propheten und Apostel das Wort Gottes zu predigen pflegten, und dass sie es so gethan haben, damit die Menschen es ohne Widerstreben und mit ganzem Gemüthe ergriffen.

Nachdem ich so die Grundlagen des Glaubens dargelegt habe, folgere ich, dass der Gegenstand der geoffenbarten Erkenntniss nur der Gehorsam sei, und deshalb von der natürlichen Erkenntniss sowohl dem Gegenstande, wie den Grundlagen und Mitteln nach gänzlich verschieden sei, mithin beide nichts mit einander gemein haben, sondern jede ihr Reich ohne alles Widerstreben der andern besitze und keine die Magd der andern zu sein brauche. Da ferner der Geist der Menschen verschieden ist, und dem Einen diese, dem Andern jene Meinung besser gefällt, und da das, was den Einen zum Glauben, den Andern zum Lachen bestimmt, so folgere ich ferner, dass Jedem die Freiheit seines Urtheils und das Recht, die Grundlagen des Glaubens nach seiner Einsicht auszulegen, gelassen werden müsse, und dass der Glaube eines Jeden nur nach seinen Werken, ob diese fromm oder gottlos, beurtheilt werden dürfe. Denn dann werden Alle von ganzem Herzen und frei Gott gehorchen können, und nur die Gerechtigkeit und Liebe wird bei Allen im Werthe stehen.

Nachdem ich diese Freiheit, welche das geoffenbarte göttliche Gesetz Jedem gewährt, dargelegt, gehe ich zu dem *zweiten* Theil der Untersuchung über und zeige, dass diese Freiheit auch ohne Gefahr für den Frieden des Staats und die Rechte der höchsten Staatsgewalt bewilligt werden kann, ja muss, und ohne Gefährdung des Friedens und ohne Schaden für den Staat nicht genommen werden kann. Ich beginne zum Beweise dessen mit dem natürlichen Rechte jedes Einzelnen. Dies erstreckt sich so weit, als sein Begehren und seine Macht reicht, und Niemand ist nach dem Naturrecht gehalten, nach eines Andern Willen zu leben, sondern Jeder ist Herr über seine Freiheit. Ich zeige ferner, dass Niemand dieses Rechtes verlustig geht, ausser wenn er seine Macht, sich zu vertheidigen, auf einen Andern überträgt, und dass Derjenige nothwendig und unbedingt dieses natürliche Recht erhalte, auf den der Andere das Recht, nach seinem Willen zu leben, zugleich mit der Macht, ihn zu vertheidigen, übertragen hat. Damit zeige ich, dass die Inhaber der höchsten Staatsgewalt ein Recht auf Alles haben, so weit ihre Macht reicht; dass sie allein die Bewahrer des Rechts und der Freiheit sind, und dass die Uebrigen in ihrem ganzen Handeln nur die Anordnungen Jener zu befolgen haben. Allein da Niemand sich der Macht, sich zu vertheidigen, so begeben kann, dass er ein Mensch zu sein aufhört, so folgere ich daraus, dass Niemand seines natürlichen Rechtes ganz beraubt werden kann, und dass die Unterthanen Manches gleichsam nach dem Naturrecht behalten, was ihnen ohne grosse Gefahr für den Staat nicht genommen werden kann, und was ihnen deshalb entweder stillschweigend zugestanden wird, oder was sie Denen gegenüber, die die Staatsgewalt inne haben, ausdrücklich sich vorbehalten.

Nach diesen Betrachtungen gehe ich auf den jüdischen Staat über und zeige, auf welche Weise und durch welche Beschlüsse die Religion hier die Kraft eines Gesetzes zu erhalten begann, und erwähne da nebenbei auch noch Anderes ausführlich, was des Wissens werth ist. Demnächst zeige ich, dass die Inhaber der höchsten Staatsgewalt nicht blos die Bewahrer, sondern auch die Ausleger, sowohl von dem bürgerlichen wie von dem geistlichen Recht sind, und dass sie allein befugt sind, zu bestimmen, was recht und unrecht, was fromm und gottlos sein soll. Endlich schliesse ich damit, dass dieses Recht am besten bewahrt und diese Herrschaft sicher erhalten werde, sofern nur Jedem das, was er will, zu denken, und das, was er denkt, zu sagen gestattet ist.

Dies biete ich den philosophischen Lesern zur Prüfung. Ich hoffe, sie werden es gern aufnehmen, da der Gegenstand sowohl des ganzen Werks wie der einzelnen Kapitel bedeutend und nutzbringend ist. Ich würde noch mehr sagen, allein diese Vorrede soll nicht zu einem Bande anschwellen, und das Hauptsächlichste ist ja bereits dem Philosophen genügend bekannt, während es nicht meine Absicht ist, den Uebrigen diese Abhandlung zu empfehlen, da ihnen schwerlich darin etwas in irgend einer Beziehung gefallen wird. Denn ich weiss, wie hartnäckig gerade die Vorurtheile dem Geist anhaften, die unter dem Schein der Frömmigkeit aufgenommen worden sind, und ich weiss auch, dass es gleich unmöglich ist, der Menge den Aberglauben wie die Furcht zu benehmen; ich weiss endlich, dass die Hartnäckigkeit der Menge zähe ist, und dass sie sich nicht durch die Vernunft leiten, sondern durch die Leidenschaft zum Lob und Tadel hinreissen lässt. Ich lade deshalb den grossen Haufen und Alle, welche die gleichen Leidenschaften mit ihm hegen, zum Lesen dieser Schrift nicht ein, vielmehr ist es mir lieber, sie legen sie ganz bei Seite, als dass sie sie wie Alles verkehrt auslegen und damit lästig fallen. Sie haben dann davon keinen Nutzen und schaden Anderen, die freisinniger philosophiren würden, wenn sie nicht meinten, die Vernunft müsse die Magd der Theologie bleiben; denn Diesen würde sicherlich dieses Werk von grossem Nutzen sein.

Endlich haben vielleicht Viele weder die Müsse noch die Absicht, die ganze Schrift durchzulesen; ich muss deshalb hier ebenso, wie es am Schluss derselben geschehen ist, erinnern, dass ich Alles, was ich schreibe, gern und willig dem Urtheil der höchsten Staatsgewalt meines Vaterlandes unterbreite. Sollte diese finden, dass das, was ich sage, im Widerspruch mit den Gesetzen des Landes stehe oder dein allgemeinen Wohl Schaden bringe, so will ich es nicht gesagt haben; denn ich weiss, dass ich ein Mensch bin und irren kann. Indess habe ich mich ernstlich vor Irrthümern zu bewahren gesucht und vor Allem gesorgt, dass Alles, was ich schrieb, mit den Gesetzen meines Landes, mit der Frömmigkeit und den guten Sitten durchaus übereinstimme.

Erstes Kapitel

Ueber die Weissagung.

Weissagung oder *Offenbarung* ist die von Gott dem Menschen ge-offenbarte sichere Erkenntniss einer Sache. *Prophet* ist aber Der, welcher das von Gott Offenbarte Denen erklärt, welche keine sichere Kenntniss der von Gott geoffenbarten Dinge haben können, und die deshalb mit dem blossen Glauben die Offenbarungen aufnehmen müssen. Der Prophet heisst bei den Juden *Nabi*, d.h. Redner und Dolmetscher; aber in der Bibel gilt er immer als Dolmetscher Gottes, wie aus Exod. VII. 1. erhellt, wo Gott dem Moses sagt: »Siehe, ich bestimme Dich zu dem Gott des Pharao, und Dein Bruder Aaron wird Dein Prophet sein;« als wenn Gott sagte: Weil Aaron durch Verdolmetschung dessen, was Du sagst, an Pharao das Amt eines Propheten übernimmt, wirst Du gleichsam der Gott des Pharao sein, oder Der, welcher Gottes Stelle vertritt.

Ueber die Propheten werde ich in dem nächsten Kapitel handeln; hier aber über die Weissagung. Aus ihrer obigen Definition erhellt, dass die Weissagung eine natürliche Erkenntniss genannt werden kann. Denn das, was wir mit dem natürlichen Licht erkennen, hängt blos von der Erkenntniss Gottes und seinem ewigen Rathschluss ab. Allein da diese natürliche Erkenntniss allen Menschen gemein ist und von den allen Menschen gemeinsamen Grundlagen abhängt, so wird sie von der Menge, die immer nach dem Seltenen und Unnatür-lichen strebt und die natürlichen Gaben verachtet, nicht hochge-schätzt, und deshalb soll sie von der prophetischen Erkenntniss ver-schieden sein. Die natürliche Erkenntniss kann jedoch mit gleichem Rechte, wie jede andere, eine göttliche heissen, da Gottes Natur, soweit wir daran Theil haben und Gottes Rathschluss uns diese Kenntniss gleichsam mittheilt, und sie von der, welche allgemein als die göttliche gilt, nur darin sich unterscheidet, dass letztere Über die Grenzen der natürlichen hinausgeht, und dass die Gesetze der menschlichen Natur für sich nicht ihre Ursache sein können. Allein rücksichtlich der Gewissheit, welche der natürlichen Erkenntniss beiwohnt und der Quelle, aus welcher sie sich ableitet, nämlich von Gott, steht sie in keiner Weise der prophetischen Erkenntniss nach, es müsste denn Jemand meinen oder vielmehr träumen, dass die Propheten zwar ei-nen menschlichen Körper, aber keine menschliche Seele gehabt, und dass deshalb ihr Wahrnehmen und Wissen von ganz andrer Natur wie das unsrige gewesen sei.

Allein wenn auch das natürliche Wissen göttlich ist, so können doch die Verbreiter desselben keine Propheten genannt werden; denn das, was Jene lehren, können die übrigen Menschen mit gleicher Gewissheit und Selbstständigkeit wie Jene erfassen und aufnehmen; des blossen Glaubens bedarf es dazu nicht. Da mithin unsere Seele dadurch allein, dass sie Gottes Natur gegenständlich in sich enthält und an derselben Theil nimmt, die Macht hat, Begriffe zu bilden, welche die Natur der Dinge darlegen und die Einrichtung des Lebens lehren, so kann mit Recht die Natur der Seele in diesem Sinne als die erste Ursache der göttlichen Offenbarung gelten; denn Alles, was wir klar und deutlich einsehen, theilt uns, wie gesagt, die Idee und Natur Gottes mit; zwar nicht durch Worte, aber auf eine viel bessere Weise, die mit der Natur der Seele vortrefflich übereinstimmt, und Jeder, der die Gewissheit des Verstandes gekostet hat, hat unzweifelhaft die eigne Erfahrung davon gemacht. Dies Wenige über das natürliche Licht mag hier genügen, da meine Absicht in dieser Schrift nur auf das gerichtet ist, was die Bibel allein betrifft. Ich gehe deshalb zu den Ursachen und Mitteln über, durch welche Gott den Menschen das offenbart, was die Schranken der natürlichen Erkenntniss überschreitet, und selbst das, was diese Schranken nicht überschreitet; denn nichts hindert Gott, den Menschen selbst das, was sie durch das natürliche Licht erkennen, auch auf andere Weise mitzutheilen, darüber will ich nun ausführlicher handeln.

Alles, was hierüber zu sagen ist, muss aber aus der Bibel selbst entnommen werden. Denn was kann man über Dinge, welche die Grenzen unsres Verstandes Überschreiten, sagen, als das, was uns aus dem Munde oder der Schrift des Propheten selbst verkündet wird, und da es heutzutage, so viel ich weiss, keine Propheten giebt, so bleibt nur übrig, die von den Propheten uns hinterlassenen heiligen Schriften aufzuschlagen, und zwar mit dem Vorbehalt, dass wir über dergleichen nichts aus uns selbst entnehmen, noch den Propheten etwas zutheilen, was sie nicht selbst deutlich erklärt haben. Hier ist es besonders erheblich, dass die Juden niemals der Mittel oder der besondern Ursachen erwähnen und sich darum kümmern, sondern der Religion und Frömmigkeit halber oder, wie man gewöhnlich sagt, der Ehrfurcht wegen immer Alles auf Gott unmittelbar beziehen. Z.B. wenn sie im Handel Geld gewonnen haben, so sagen sie, Gott habe es ihnen zugewendet, und wenn sie etwas sich wünschen, so hat Gott ihr Herz bewegt, und wenn sie etwas denken, so heisst es: Gott habe es ihnen gesagt. Deshalb darf nicht Alles, was nach der Bibel Gott Jemand gesagt hat, für Weissagung und übernatürliche Erkenntniss gehalten werden, sondern nur das, wo die Bibel dies ausdrücklich sagt, oder die Umstände der Erzählung klar ergeben, dass es eine Weissagung oder Offenbarung gewesen ist.

Geht man nun die heiligen Schriften durch, so sieht man, dass alle Offenbarungen Gottes an die Propheten entweder durch Worte oder sichtbare Zeichen oder durch Beides, Worte und Zeichen, geschehen sind. Diese Worte waren theils wirkliche, die der Prophet sich nicht blos einbildete zu hören oder zu sehen, theils waren sie eingebildete, indem die Einbildungskraft des Propheten auch im Wachen so beeinflusst wurde, dass er bestimmt glaubte, etwas zu hören oder zu sehen.

Mit wirklichen Worten hat Gott dem Moses die Gesetze geoffenbart, die er den Juden geben wollte, wie aus Exod. XXV., 22, erhellt, wo Gott sagt: »Und ich werde bereit für Dich sein, und ich werde zu Dir sprechen von jener Seite des Zeltes, welches zwischen den beiden Cherubim ist.« Denn dieses zeigt, dass Gott der wirklichen Worte sich bedient hat, da Moses, sobald er wollte, Gott daselbst zum Sprechen bereit fand. Dies allein waren wirkliche Worte, wodurch nämlich das Gesetz verkündet wurde, wie ich gleich zeigen werde.

Ebenso würde ich die Stimme, mit der Gott den Samuel rief, für eine wirkliche halten, weil es 1. Samuel III. im letzten Vers heisst: »Und wiederum erschien Gott dem Samuel in Shilo, weil Gott dem Samuel in Shilo durch das Wort Gottes geoffenbart worden«, als wenn es hiesse: Gottes Erscheinung bestand für Samuel nur darin, dass Gott sich durch sein Wort ihm offenbare, oder dass Samuel Gott sprechen hörte. Indess muss man, da zwischen der Weissagung des Moses und der übrigen Propheten ein Unterschied gemacht werden muss, diese von Samuel gehörte Stimme für eine eingebildete erklären; was auch daraus erhellt, dass sie der Stimme des Heli, die Samuel vorzüglich zu hören pflegte, ähnelte; denn nachdem er dreimal von Gott gerufen worden, glaubt er, er werde von Heli gerufen. Auch die Stimme, die Abimelech hörte, war eingebildet; denn es heisst Gen. XX. 6: »Gott sagte ihm im Traume u.s.w.« Deshalb konnte er den Willen Gottes nicht im Wachen, sondern nur im Traume hören, wo die Einbildungskraft am meisten geeignet ist, sich nicht vorhandene Dinge vorzustellen.

Nach der Meinung einzelner Juden sind die Worte der zehn Gebote nicht von Gott gesprochen worden, sondern die Israeliten haben nur ein Getöse gehört, das keine Worte sprach, aber während dessen erfassten sie die zehn Gebote mit ihrem blossen Verstände. Auch ich habe früher dies geglaubt, weil die Worte der zehn Gebote im 2. Buch Mosis von denen im 5. Buch Mosis abweichen, und da Gott nur einmal geredet hat, so scheinen deshalb die zehn Gebote nicht die eignen Worte Gottes, sondern nur seinen Willen zu enthalten. Will man indess der Bibel nicht Gewalt anthun, so muss man zugeben, dass die Israeliten eine wirkliche Stimme gehört haben. Denn es heisst Deut. V. 4 ausdrücklich: »Von Angesicht zu Angesicht hat Gott mit Euch gesprochen;« d.h. so, wie zwei Menschen ihre Gedanken gegenseitig vermittelst ihrer beiden Körper sich mitzutheilen pflegen. Es wird deshalb mehr mit der Bibel übereinstimmen, anzunehmen, dass Gott wirklich eine Stimme erzeugt hat, welche die zehn Gebote offenbarte. Weshalb aber die Worte und Gründe derselben in dem einen Buche Mosis von denen in dem andern abweichen, wird später im achten Kapitel dargelegt werden. Indess ist auch damit nicht alle Schwierigkeit gehoben; denn es läuft gegen die Vernunft, anzunehmen, dass ein erschaffenes Ding, was ebenso wie alles Andere von Gott abhängt, das Wesen oder Dasein Gottes durch seine Person in Thaten oder Worten auszudrücken oder zu erklären vermöchte. Es heisst nämlich in erster Person: »Ich bin Dein Jehova«. Und wenn auch unter dem durch den Mund gesprochenen Wort: »Ich habe erkannt«, Niemand den Mund, sondern die Seele des sprechenden Menschen versteht, so gehört doch der Mund zur Natur des so sprechenden Menschen, und auch der, dem es gesagt wird, hat die Natur der Seele gekannt und versteht die Seele des sprechenden Menschen leicht durch Vergleichung mit sich selbst. Allein wenn Jene von Gott vorher nur den Namen gekannt hatten und ihn anzureden verlangten, um seines Daseins sich zu versichern, so verstehe ich nicht, wie ihrem Verlangen durch ein Geschöpf Genüge geleistet werden konnte, das Gott nicht mehr ähnelte, als alles andere Geschaffene, und nicht damit zu Gottes Natur gehörte, dass es sprach: »Ich bin Gott«. Ich frage, wenn Gott die Lippen Mosis, oder was will ich Mosis; wenn er die irgend eines wilden Thieres zur Aussprache dieser Worte: »Ich bin Gott«, gepresst hätte, ob sie daraus das Dasein Gottes abnehmen konnten? Deshalb scheint die Bibel zu meinen, dass Gott selbst gesprochen habe, zu welchem Ende er aus dem Himmel auf den Berg Sinai herabgestiegen sei; und die Juden haben ihn nicht blos sprechen gehört, sondern die Vornehmsten haben ihn auch gesehen. (Vergl. Exod. XXIV.) Auch gebietet das dem Moses geoffenbarte Gesetz, dem nichts hinzugefügt oder abgenommen werden darf, und das als das Recht des Landes eingeführt wurde, nirgends, Gott für unkörperlich und ohne alle bildliche Gestalt zu halten; sondern es gebietet nur, um den Glauben an Gottes Dasein zu erhalten, und dass er allein angebetet und von seinem Dienst nicht abgefallen werden dürfe, dass man ihm keine bildliche Gestalt geben und kein Bild von ihm machen solle. Denn da sie die Gestalt Gottes nicht gesehen hatten, so konnten sie kein Bild machen, was Gott gliche, sondern nur einem erschaffenen Dinge, das sie gesehen hatten; und wenn sie deshalb Gott in solchem Bilde anbeteten, so dachten sie nicht an Gott, sondern an das Ding, das diesem Bilde gliche, und gaben so die Ehre und die Anbetung nicht Gott, sondern diesem Dinge. Die Bibel deutet sogar deutlich an, dass Gott eine Gestalt habe, und dass Moses, als er Gott sprechen hörte, dessen Gestalt geschaut, aber Gott nur von hinten gesehen habe. Deshalb scheint mir hier ein Geheimniss verborgen zu sein, worüber ich später ausführlicher sprechen werde. Hier fahre ich in Aufzeigung der Stellen der Bibel fort, welche die Mittel angeben, durch welche Gott seinen Willen den Menschen offenbart hat.

Dass die Offenbarung durch blosse Gesichte erfolgt ist, erhellt aus 1. Chronik. XXII., wo Gott dem David seinen Zorn durch einen Engel verkündet, der ein Schwert in der Hand hat. Dasselbe geschah dem Balam. Wenn *Maimonides* und Andere diese Erzählung, wie alle andern, welche von Engels-Erscheinungen berichten, z.B. die mit Manna und Abraham, wo er seinen Sohn zu opfern glaubte u.s.w., nur als im Traum geschehen annehmen, und nicht wirklich, weil Niemand einen Engel mit offenen Augen sehen könne, so ist dies nur leeres Geschwätz, womit sie versuchten, aus der Bibel Aristotelische Possen und ihre eignen Erfindungen herauszupressen, was mir sehr lächerlich vorkommt.

Durch Gesichte, die nicht wirklich waren, sondern nur in der Einbildung des Propheten bestanden, hat Gott dem Joseph seine zukünftige Herrschaft offenbart. Durch Gesichte und Worte hat Gott dem Josua offenbart, dass er für sie streiten werde; er zeigte ihm nämlich einen Engel mit dem Schwert, und Josua hatte es von dem Engel gehört. Auch dem Esaias wurde, wie im sechsten Kapitel erzählt wird, durch Bilder mitgetheilt, dass Gottes Vorsehung das Volk verlasse; er sah nämlich Gott dreimal heilig auf dem höchsten Thron und die Israeliten von dem Schmutz der Sünden befleckt und wie im Koth versunken und so von Gott weit abstehend. Er verstand darunter den elenden Zustand des Volkes; dessen wirkliche spätern Leiden wurden ihm dagegen durch Worte, als hätte Gott sie gesprochen, offenbart. Danach konnte ich noch viele Beispiele aus der heiligen Schrift beibringen, wenn ich nicht sie für genügend bekannt hielte.

Alles dies wird noch deutlicher durch die Stelle Num. XII. 6, 7 bestätigt, wo es heisst: »Wenn Einer von Euch ein Prophet Gottes ist, so werde ich ihm in einem Gesicht offenbaren (d.h. durch Gestalten und Hieroglyphen; denn von der Weissagung des Moses sagt er, es sei ein Gesicht ohne Hieroglyphen) und werde im Traume zu ihm Sprechen (d.h. nicht mit wirklichen Worten und wahrer Stimme). Aber Moses werde ich es nicht so (offenbaren); ich rede zu ihm von Mund zu Mund und durch Gesichte, aber nicht in Räthseln, und er schaut das Bild Gottes,« d.h. er wird mich schauen als Genösse, und er wird ohne Erschrecken mit mir sprechen, wie es Exod. XXXIII. 12 steht. Deshalb haben unzweifelhaft die übrigen Propheten die wahre Stimme nicht gehört, und dies wird durch Deut. XXXIV. 10 noch mehr bestätigt, wo es heisst: »und es ist niemals in Israel ein Prophet wie Moses erstanden (eigentlich auferstanden), welchen Gott erkannt hat von Angesicht zu Angesicht.« Dies ist nämlich blos von der Stimme zu verstehen, denn auch Moses hat das Angesicht Gottes niemals gesehen; Exod. XXXIII.

Ausser diesen Mitteln finde ich in der heiligen Schrift keine weiter, durch die Gott sich den Menschen mitgetheilt hat; deshalb darf man auch, wie erwähnt, keine weiter erdichten und zulassen. Allerdings kann Gott sicherlich auch unmittelbar dem Menschen sich mittheilen; denn er theilt sein Wesen unserem Geist ohne Hülfe von körperlichen Mitteln mit; allein wenn ein Mensch durch seinen blossen Verstand etwas erfassen wollte, was nicht in den ursprünglichen Grundlagen unserer Erkenntniss enthalten ist und auch nicht daraus abgeleitet werden kann, so müsste seine Seele viel vollkommener und vortrefflicher als die menschliche sein. Ich glaube deshalb, dass ausser Christus Niemand, zu einer solchen Vollkommenheit vor Andern gelangt ist; nur Christas sind die Beschlüsse Gottes, die die Menschen zum Heil führen, ohne Worte und Gesichte, unmittelbar offenbart worden, und Gott hat durch den Geist Christi sich den Aposteln so offenbart, wie ehedem dem Moses durch die Stimme der Luft. Deshalb kann die Stimme Christi, wie die, welche Mosis hörte, die Stimme Gottes genannt werden, und in diesem Sinne kann man auch sagen, die Weisheit Gottes, d.h. eine übermenschliche Weisheit habe in Christo menschliche Natur angenommen, und Christus sei das Heil der Welt gewesen.

Ich muss indess hier bemerken, dass ich über das, was einige Kirchen über Christus festsetzen, nicht spreche, aber es auch nicht bestreite; denn ich gestehe offen, dass ich es nicht verstehe. Was ich hier behauptet habe, entnehme ich aus der Bibel selbst. Nirgends habe ich aber gelesen, dass Gott Christus erschienen sei und mit ihm gesprochen habe, sondern es heisst, dass Gott durch Christus den Aposteln offenbart worden, dass Christus der Weg des Heiles sei, und dass das alte Gesetz durch einen Engel, aber nicht unmittelbar von Gott mitgetheilt worden sei. Hat daher Moses mit Gott von Angesicht zu Angesicht, wie ein Mensch zu seinem Nachbar (d.h. vermittelst zweier Körper) gesprochen, so hat Christus mit Gott von Geist zu Geist verkehrt.

Ich behaupte daher, dass ausser Christus Niemand die Offenbarungen Gottes anders als mit Hülfe der Einbildungskraft, d.h. mit Hülfe von Worten und Gesichten empfangen hat, und dass deshalb zur Weissagung es keines höhern Geistes, sondern nur einer lebendigen Einbildungskraft bedarf, wie ich im folgenden Kapitel klar darlegen werde.

Hier ist nun zu ermitteln, was die heilige Schrift unter dem Geist Gottes versteht, welcher den Propheten eingeflösst worden, oder aus dem die Propheten gesprochen haben. Zu dem Ende ist zunächst die Bedeutung des hebräischen Wortes *ruagh* zu ermitteln, was gemeinhin mit »Geist« übersetzt wird. Dieses Wort bezeichnet, wie bekannt, eigentlich den Wind, aber dient auch zur Bezeichnung von vielem Andern, was sich davon ableitet. Man gebraucht es 1) für den Hauch; so Psalm CXXXV. 17: »es ist auch kein Geist in ihrem Munde« 2) für das Leben oder das Athmen; so 1. Samuel XXX. 12: »und es ist ihm der Geist wiedergekehrt«, d.h. er hat wieder geathmet. Davon kommt 3) seine Bezeichnung für Lebendigkeit und Kraft; so Josua II. 11: »und es bestand später in keinem Manne der Geist«; ebenso Ezechiel II. 2: »und es kam in mich der Geist (oder die Kraft), der mich auf meinen Füssen stehen liess«. Deshalb bezeichnet es 4) die Güte und Tauglichkeit; so Hiob XXXII. 8: »sicherlich ist sie der Geist im Menschen«, d.h. die Wissenschaft ist nicht blos bei den Greisen zu suchen, denn ich sehe, dass sie von einer besondern Kraft und Anlage des Menschen abhängt. So Num. XXVII. 18: »ein Mann, in dem der Geist ist«. Es bezeichnet ferner 5) die Gedanken der Seele; so Num. XIV. 24: »weil ihm ein anderer Geist kam«, d.h. ein anderer Gedanke und eine andere Meinung. Auch Sprüchwörter I. 23: »ich werde Euch meinen Geist sagen« (d.h. meine Meinung). In diesem Sinne dient es auch zur Bezeichnung des Willens oder Beschlusses, des Begehrens und Verlangens der Seele; so Ezechiel I. 12: »sie gingen, wohin ihnen der Geist zu gehen war« (d.h. der Wille). Ebenso Esaias XXX. 1: »und um den Geist auszugiessen und nicht aus meinem Geiste« und XXIX. 10: »weil Gott über sie den Geist (das Verlangen) zu schlafen ausgoss«, und Richter VIII. 3: »dann ist ihr Geist milde geworden« (d.h. ihre Leidenschaft). Auch Sprüchwörter XVI. 32: »wer seinen Geist bezähmt (oder seine Begierden), ist besser, als wer Staaten erobert«. So XXV. 28: »Ein Mann, der seinen Geist nicht bezähmt«, und Esaias XXXIII. 11: »Euer Geist ist ein Feuer, was Euch verzehrt«. – Insofern das Wort *ruagh* die Seele bedeutet, dient es auch zur Bezeichnung aller Leidenschaften und Gaben derselben; so »hoher Geist« für Stolz, »gebeugter Geist« für Demuth, »böser Geist« für Hass und Trübsinn, »guter Geist« für Wohlthätigkeit, »Geist der Eifersucht«, »Geist (d.h. Begierde) der Hurerei«, »Geist der Weisheit, des Rathes, der Tapferkeit«; d.h. (denn in dem Hebräischen gebraucht man lieber Hauptworte statt Beiworte) ein weiser, kluger, tapferer Verstand oder die Tugend der Weisheit, der Besonnenheit, der Tapferkeit; »Geist des Wohlwollens« u.s.w. Ferner bedeutet das Wort »Geist« die Seele selbst, so Prediger Salom. III. 19: »der Geist (oder die Seele) ist dieselbe für Alle, und der Geist kehrt zu Gott zurück.« Endlich bedeutet es 7) die Weltgegenden (wegen der Winde, die von daher kommen) und auch die Seiten einer Sache, die nach diesen Weltgegenden gerichtet sind. So Ezechiel XXXVII. 9, XLII. 16, 17, 18, 19 u. f.

Es ist ferner festzuhalten, dass eine Sache auf Gott bezogen und Gottes genannt wird: 1) weil sie zur Natur Gottes gehört und gleichsam ein Theil Gottes ist; so, wenn es heisst: »die Macht oder die Augen Gottes«; 2) weil sie in Gottes Gewalt ist und nach seinem Winke handelt; so heissen in der Bibel die Himmel »die Himmel Gottes«, weil sie das Viergespann Gottes und seine Wohnung sind. Assyrien heisst die Geissel Gottes, und Nebucadnezar der Knecht

Gottes u.s.w.; 3) weil sie Gott geweiht ist, wie der »Tempel Gottes«, »der Nazarener Gottes«, »das Brod Gottes«; 4) weil sie durch Propheten verkündet und nicht durch das natürliche Licht offenbart ist; deshalb heisst das Gesetz Mosis »das Gesetz Gottes«; 5) um den höchsten Grad eines Dinges auszudrücken; so »die Berge Gottes«, d.h. die höchsten Berge; »der Schlaf Gottes«, d.h. der tiefste Schlaf, und in diesem Sinne ist die Stelle Amos IV. II auszulegen, wo Gott so spricht: »Ich habe Euch niedergeworfen, wie die Niederwerfung Gottes Sodom und Gomorra (gestürzt hat)«, d.h. wie es bei jener merkwürdigen Zerstörung geschehen ist; denn da Gott selbst spricht, so kann es nicht wohl anders verstanden werden. Auch Salomo's natürliche Weisheit wird die Weisheit Gottes genannt, d.h. eine solche, die göttlich ist und die gewöhnliche übertrifft. In den Psalmen werden auch »Cedern Gottes« erwähnt, um ihre ungewöhnliche Grosse auszudrücken. In 1. Samuel XI. 7 heisst es, um eine grosse Furcht zu bezeichnen: »es fiel die Furcht Gottes über das Volk«. So pflegten die Juden Alles, was ihre Begriffe überstieg, und dessen natürliche Ursachen sie damals nicht kannten, auf Gott zu beziehen. Deshalb hiess der Sturm ein »Schelten Gottes«, und der Donner und die Blitze hiessen die Pfeile Gottes. Sie glaubten, dass Gott die Winde in Höhlen eingeschlossen hielte, die die Schatzkammern Gottes hiessen, und sie unterschieden sich hierbei von den Heiden nur darin, dass sie Gott und nicht den Aeolus als den Herrscher der Winde ansahen. Aus demselben Grunde wurden die Wunder die Werke Gottes genannt, d.h. staunenswerthe Werke; denn fürwahr ist alles Natürliche Gottes Werk, und es besteht und wirkt nur durch die Macht Gottes allein. In diesem Sinne nennt der Psalmist die Wunder in Aegypten die Macht Gottes, weil sie den Juden, die dergleichen nicht erwarteten, in der höchsten Noth den Weg zum Heil eröffneten und von ihnen deshalb angestaunt wurden.

Wenn somit ungewöhnliche Erscheinungen der Natur die Werke Gottes, und ungewöhnlich grosse Bäume Bäume Gottes genannt werden, so kann es nicht auffallen, dass in der Genesis sehr starke und grosse Menschen, trotzdem, dass sie gottlose Räuber und Hurer waren, Gottes Söhne genannt werden; denn nicht blos die alten Juden, sondern auch die Heiden pflegten überhaupt Alles, worin Jemand die Andern übertraf, auf Gott zurückzuführen. So sagte Pharao bei Anhörung der Auslegung seines Traumes, dass dem Joseph der Geist Gottes innewohne, und auch Nebucadnezar sagte von Daniel, dass er den Geist der heiligen Götter habe. Selbst bei den Lateinern findet sich dies häufig; von meisterhaften Arbeiten sagen sie, dass sie von göttlicher Hand gefertigt seien, und wollte man dies in das Hebräische übersetzen, so müsste man sagen: »es sei von der Hand Gottes gefertigt«, wie den Kennern des Hebräischen bekannt ist.

Hiernach können die Stellen der Bibel, wo des Geistes Gottes Erwähnung geschieht, leicht verstanden und erklärt werden. Denn der »Geist Gottes« und der »Geist Jehova's« bedeutet in einzelnen Stellen nur einen sehr starken, trocknen und verderblichen Wind; so Esaias XL. 7: »der Wind des Jehova weht ihn an«, d.h. ein sehr trockner und schädlicher Wind. So Gen. I. 2: »und der Wind Gottes (d.h. ein sehr heftiger Wind) wehte über den Wassern«. Dann bedeutet es einen hohen Geist; so heist der Geist Gideon's und Samson's in der heiligen Schrift »der Geist Gottes«, d.h. ein kühner, zu Allem bereiter Geist. So heisst auch jede ungewöhnliche Tugend oder Kraft »der Geist« oder »die Tugend Gottes«; so Exod. XXXI. 3: »und ich werde ihn (nämlich Betzaliel) mit dem Geist Gottes erfüllen«, d.h. (wie die Schrift selbst erläutert) mit einem Geist und Geschick, was das gewöhnliche Maass übertrifft. So Esaias XI. 2: »und es wird der Geist Gottes über ihm ruhn«, d.h., wie der Prophet nach einer in der heiligen Schrift sehr gebräuchlichen Sitte es später selbst erläutert, die Tugend der Weisheit, der Besonnenheit, der Tapferkeit u.s.w. So heisst der Tiefsinn Saul's der »böse Geist Gottes«, d.h. eine sehr starke Schwermuth; denn die Knechte Saul's, die seine Schwermuth die Schwermuth Gottes nannten, liessen ihm einen Musiker holen, der ihn durch sein Saitenspiel wieder herstellte; dies zeigt, dass sie unter »Schwermuth Gottes« nur eine natürliche Schwermuth verstanden haben. Ferner bedeutet der »Geist Gottes« die eigne Seele des Menschen; so Hiob XXVII. 3: »und der Geist Gottes in meiner Nase«, indem er auf die Stelle in der Genesis anspielt, wo Gott den Lebensodem dem Menschen durch die Nase eingeblasen hat. So sagt Ezechiel, wo er den Todten prophezeit, XXXVII. 14: »und ich werde Euch meinen Geist geben, und Ihr werdet leben«, d.h. ich werde Euch das Leben wiedergeben. In diesem Sinne heisst es Hiob XXXIV. 14: »Wenn er (nämlich Gott) will, so wird er seinen Geist (d.h. die Seele, die Gott ausgegeben hat) und sein Leben wieder zu sich nehmen«. So ist auch die Stelle Gen. VI. 3 zu verstehn: »mein Geist wird in keinem Menschen nachdenken (d.h. er wird sich nicht entschliessen), weil er Fleisch ist«, d.h. der Mensch wird hinfort nach den Antrieben des Fleisches und nicht des Geistes, den ich ihm zur Erkenntniss des Guten gegeben habe, handeln. So heisst es auch Psalm LI. 12, 13: »Schaffe mir, o Gott, ein reines Herz und erneuere in mir einen sittsamen (d.h. gemässigten) Geist (d.h. Begierde), verstosse mich nicht aus Deinem Angesicht und nimm mir nicht die Kenntniss Deiner Heiligkeit«! Man glaubte, die Sünden entsprängen blos aus dem Fleische, die Seele aber rathe nur zu dem Guten; deshalb ruft er die Hülfe Gottes gegen die Begierden des Fleisches an und bittet dagegen nur, dass ihm die Seele, die der heilige Gott ihm gegeben, von Gott erhalten werde. Da die Bibel Gott nach Art eines Menschen zu schildern pflegt und Gott eine Seele, einen Geist, Affekte und auch einen Körper und Athem wegen der schwachen Fassungskraft der Menge zutheilt, deshalb wird der »Geist Gottes« in der Bibel oft für die Seele, das Leben, die Affekte, die Kraft und den Athem des Mundes Gottes gebraucht. So sagt Esaias XL. 13: »Wer hat den Geist Gottes bestimmt«, d.h. wer ausser Gott selbst hat die Seele Gottes zum Wollen bestimmt? und LXIII. 10: »und sie selbst erfüllten den Geist seiner Heiligkeit mit Trübsinn und Traurigkeit«. Deshalb pflegt man auch das Gesetz Mosis damit zu bezeichnen, weil es gleichsam den Gedanken Gottes ausdrückt, wie Esaias ebendaselbst v. 11 sagt: »Wo (Jener) ist, der in die Mitte dessen den Geist seiner Heiligkeit gestellt hat«, nämlich das Gesetz Mosis, wie aus dem Zusammenhang der ganzen Rede deutlich erhellt; auch Nehemias sagt IX. 20: »und Du hast den Geist oder Deine gute Seele ihnen verliehn, damit Du sie einsichtiger machtest«; er spricht nämlich von der Zeit des Gesetzes, und darauf spielt auch Deut. IV. 6 an, wo Moses sagt: »weil es (nämlich das Gesetz) Bure Wissenschaft und Klugheit ist u.s.w.« So heisst es auch Psalm. CXLIII. 10: »Dein guter Geist wird mich auf ebener Erde führen«, d.h. Dein uns offenbarter Geist wird mich auf den rechten Weg führen. Der »Geist Gottes« bezeichnet auch, wie erwähnt, den Athem Gottes, der Gott ebenso uneigentlich, wie die Seele und der Körper in der Bibel beigelegt wird; so Psalm. XXXIII. 6: »Denn auch die Gewalt, Kraft oder Tugend Gottes«; so heisst es Hiob XXXIII. 4: »Der Geist Gottes hat mich gemacht«, d.h. die Kraft oder Macht Gottes, oder wenn man lieber will, der Rathschluss Gottes; denn der Psalmist drückt sich dichterisch aus und sagt auch, dass auf den Befehl Gottes die Himmel gemacht worden und auch durch den »Geist« oder den Hauch seines Mundes (d.h. durch seinen Beschluss, der gleichsam mit einem Hauch ausgesprochen worden) alle Heerschaaren desselben. Ebenso heisst es Psalm. CXXXIX. 7: »Wohin soll ich gehn (oder sein) vor Deinem Geiste, oder wohin soll ich fliehn vor Deinem Anblick«, d.h. (wie aus den eignen Zusätzen des Psalmisten erhellt) wohin sollte ich gehn, um ausserhalb Deiner Macht und Gegenwart zu sein? Endlich bedeutet der »Geist Gottes« in der Bibel auch die Gefühle Gottes, seine Güte, seine Barmherzigkeit; so Micha. II. 7: »Ist denn der Geist Gottes eingeschränkt? (d.h. die Barmherzigkeit Gottes) und sind denn dies (nämlich die Grausamkeiten) seine Werke?« Ebenso heisst es Zachar. IV. 6: »nicht durch ein Heer, nicht durch Gewalt, sondern blos durch meinen Geist«, d.h. blos durch meine Barmherzigkeit. In diesem Sinne ist meines Erachtens auch derselbe Prophet VII. 12 zu verstehn, wo er sagt: »und sie machten ihr Herz sicher, dass sie dem Gesetz nicht gehorchten und den Befehlen, die Gott durch die ersten Propheten aus seinem Geist gesandt hat« (d.h. aus seiner Barmherzigkeit). In diesem Sinne sagt auch Haggai II. 5: »und mein Geist (oder meine Gnade) bleibt unter Euch; fürchtet Euch deshalb nicht«. Wenn aber Esaias XLVIII. 16

sagt: »Aber jetzt hat mich der Herr, mein Gott, gesandt und sein Geist«, so kann darunter wohl die Seele Gottes verstanden werden und die Barmherzigkeit oder auch sein durch das Gesetz geoffenbarter Wille; denn er sagt: »Von Anfang (d.h. wenn ich zuerst zu Euch gekommen bin, um Euch den Zorn Gottes und seinen gegen Euch gefällten Spruch zu verkünden) habe ich nicht im Geheimen gesprochen, sondern von der Zeit ab, wo es geschehen, bin ich da gewesen (wie er selbst im siebenten Kapitel bezeugt); jetzt bin ich aber ein fröhlicher Bote, und Gottes Barmherzigkeit sendet mich, dass ich auch Eure Wiederaufnahme verkünde.« – Es kann auch, wie gesagt, darunter der durch das Gesetz offenbarte Wille Gottes gemeint sein, weil jener auch schon in Folge des Gebots des Gesetzes, nämlich Levit. XIX. 17 kam, um sie zu warnen. Deshalb vermahnt er sie in derselben Weise und mit denselben Bedingungen, wie Moses pflegte, und endlich schliesst er, ebenso wie Moses, mit der Verkündigung ihrer Wiederaufnähme. Indess scheint mir die erste Auslegung die richtigere zu sein.

Aus alle dem werden, um endlich zu meiner Aufgabe zurückzukehren, die Ausdrücke der Bibel verständlich, wie »der Geist des Propheten war der Geist Gottes«; »Gott hat seinen Geist über die Menschen ausgegossen«; »die Menschen sind von dem Geiste Gottes und von dem heiligen Geiste erfüllt« u.s.w. Sie sagen nur, dass die Propheten eine besondere und ungewöhnliche Tugend besassen, und dass sie die Frömmigkeit mit besonderer Geistesstärke pflegten; ferner, dass sie Gottes Willen oder Ausspruch erfassten. Denn ich habe gezeigt, dass »Geist« im Hebräischen sowohl die Seele wie den Gedanken der Seele bedeutet, und deshalb wurde das Gesetz selbst, welches den Willen Gottes aussprach, »der Geist« oder der Wille Gottes genannt. Mit gleichem Rechte konnte die Einbildungskraft der Propheten, soweit dadurch die Rathschlüsse Gottes offenbart wurden, die Seele Gottes genannt werden, und von den Propheten konnte gesagt werden, dass sie die Seele Gottes gehabt haben. Allerdings sind unserer Seele auch die Seele Gottes und seine ewigen Aussprüche eingegraben, und deshalb verstehen wir, um mit der Bibel zu sprechen, die Seele Gottes; allein da die natürliche Erkenntniss eine allgemeine Gabe ist, so wird sie, wie gesagt, nicht so hoch geschätzt, und dies galt vorzüglich bei den Juden, die sich rühmten, Alle zu übertreffen, ja die Alle und folglich auch die Allen gemeinsame Erkenntniss zu verachten pflegten. Endlich sagte man von den Propheten, dass sie den »Geist Gottes« besässen, weil die Menschen die Gründe der prophetischen Erkenntniss nicht kannten, sondern sie bewunderten und deshalb, wie alles Ausserordentliche, auf Gott zu beziehen und die Erkenntniss Gottes zu nennen pflegten.

Ich kann mithin nunmehr ohne Bedenken behaupten, dass die Propheten nur mit Hülfe der Einbildungskraft die Offenbarungen

Gottes erfasst haben, d.h. vermittelst Worte und Bilder, die entweder wirklich oder eingebildet waren. Denn da man in der Bibel keine anderen Mittel neben diesen findet, so darf man auch, wie erwähnt, keine anderen erdichten. Nach welchen Naturgesetzen dies nun vor sich gegangen ist, gestehe ich nicht einzusehen. Ich könnte zwar, wie Andere, sagen, es sei durch Gottes Macht geschehen, allein dies würde nur ein leeres Geschwätz sein; es wäre ebenso, als wenn ich das Wesen einer einzelnen Sache mittelst eines transscendentalen Kunstausdruckes erklären wollte; denn durch Gott ist, Alles gemacht. Da die Macht der Natur nur die eigene Macht Gottes ist, so erkennen wir offenbar Gottes Macht so weit nicht, als wir die natürlichen Ursachen nicht kennen, und es ist also thöricht, auf Gottes Macht sich zu berufen, wenn man die natürliche Ursache eines Gegenstandes, d.h. die Macht Gottes selbst nicht kennt. Indess brauche ich auch die Ursachen der prophetischen Erkenntniss nicht zu wissen; denn ich will, wie gesagt, hier nur die Urkunden der heiligen Schrift untersuchen, um aus denselben, als Thatsachen der Natur, meine Folgerungen abzuleiten; dagegen kümmere ich mich nicht um die Ursachen dieser Urkunden.

Wenn sonach die Propheten mit Hülfe ihrer Einbildungskraft die Offenbarungen Gottes erfasst haben, so haben sie unzweifelhaft Vieles erfassen können, was ausserhalb der Grenzen der menschlichen Erkenntniss liegt; denn aus Worten und Bildern lassen sich viel mehr Gedanken machen, wie aus blossen Prinzipien und Begriffen, auf welche unsere ganze natürliche Erkenntniss aufgebaut ist.

So erklärt es sich, weshalb die Propheten beinah Alles in Gleichnissen und Räthseln erfassen und lehren, und weshalb sie alles Geistige in Körperliches kleiden; es entspricht mehr der Natur der Einbildungskraft. Es kann deshalb nicht auffallen, dass die Bibel oder die Propheten so uneigentlich und dunkel über den Geist Gottes oder seine Seele sprechen, wie Num. XI. 17; 1. Könige XXII. 21 u.s.w., und weshalb Micha Gott sitzend, Daniel als einen mit weissen Kleidern angethanen Greis, Ezechiel wie ein Feuer, und die Gefährten Christi den heiligen Geist wie eine herabkommende Taube, und die Apostel wie feurige Zungen, und endlich Paulus bei seiner ersten Bekehrung wie ein grosses Licht erblickt haben. Dies Alles passt zu den Vorstellungen, welche die Menge von Gott und den Geistern sich gebildet hatte. Die Einbildungskraft ist ferner unbeständig und schwankend; deshalb haftete die Weissagung nicht lange an den Propheten; sie war auch nicht häufig, sondern sehr selten, und sie wurde nur bei sehr wenig Menschen und auch bei diesen nur selten angetroffen. Ist dies richtig, so fragt es sich, woher konnte den Propheten die Ueberzeugung in Dingen kommen, die sie nur mit der Einbildungskraft und nicht nach den festen Regeln des Verstandes erfassten? Auch die Antwort hierauf muss indess aus der Bibel entlehnt werden, da man, wie erwähnt, von diesen Dingen keine wahre Erkenntniss hat und sie aus den ersten Ursachen nicht ableiten kann. Was nun die Bibel von dieser Ueberzeugung der Propheten lehrt, werde ich im nächsten Kapitel darlegen, wo ich von den Propheten handeln will.

Zweites Kapitel

Von den Propheten.

Aus dem vorigen Kapitel erhellt, dass, wie gesagt, die Propheten nicht mit einem vollkommneren Geist, sondern nur mit einer lebhafteren Einbildungskraft begabt gewesen sind, und die Erzählungen der Bibel bestätigen dies zum Ueberfluss. So weiss man von Salomo, dass er an Weisheit, aber nicht an prophetischen Gaben hervorgeragt hat. Auch die Weisen Heman, Darda, Kalchol waren keine Propheten; dagegen besassen bäurische Personen ohne alle Erziehung, selbst Weiber, wie Hagar, die Magd Abraham's, die prophetische Gabe. Dies stimmt mit der Erfahrung und Vernunft auch überein; denn wo die Einbildungskraft am mächtigsten ist, da fehlt es an der Fähigkeit zur reinen Erkenntniss, und wo der Verstand überwiegt und ausgebildet ist, da ist die Einbildungskraft gemässigt, unterwürfig und gezügelt, so dass sie den Verstand nicht verwirrt. Wenn also Jemand Weisheit und die Erkenntniss der natürlichen und geistigen Dinge aus den Büchern der Propheten erlangen will, so ist er auf dem ganz falschen Wege. Da die Zeit, die Philosophie und die Sache selbst es erfordert, so will ich dies hier ausführlich darlegen, und ich werde mich nicht darum kümmern, dass der Aberglaube sein Geschrei erhebt, der gerade Die am meisten hasst, welche die Wahrheit in der Wissenschaft und im Leben suchen. Fürwahr, wie schmerzlich! schon ist es so weit gekommen, dass Die, welche offen gestehen, von Gott keine Vorstellung zu haben und Gott nur durch die erschaffenen Dinge zu kennen, deren Ursachen sie nicht kennen, doch nicht sich scheuen, die Philosophen des Atheismus anzuklagen.

Um den Gegenstand ordnungsmässig zu behandeln, werde ich zeigen, dass die Weissagung nicht blos nach der Einbildungskraft und dem Temperament der Propheten, sondern auch nach den Meinungen, von denen sie befangen waren, gewechselt hat. Die Weissagung hat deshalb die Propheten niemals gelehrter gemacht, wie ich gleich ausführlicher zeigen werde. Vorher will ich jedoch von der den Propheten innewohnenden Ueberzeugung sprechen, da es theils zu diesem Kapitel gehört, theils zu dem beiträgt, was ich beweisen will.

Da die menschliche Einbildungskraft ihrer Natur nach keine Gewissheit für die Wahrheit ihrer Bilder giebt, wie sie bei jeder klaren und deutlichen Vorstellung Statt hat, vielmehr jener Kraft, wenn man ihren Bildern Glauben schenken soll, noch die vernünftige Ueberlegung hinzutreten muss, so folgt, dass die Weissagung an sich keine Gewissheit von ihrer Wahrheit geben kann, da sie, wie erwähnt, von der blossen Einbildungskraft ausgeht. Deshalb vertrauten auch die Propheten durch die Offenbarung selbst ihr noch nicht als einer göttlichen, sondern wurden erst durch irgend ein Zeichen sicher, wie Abraham beweist, der (Gen. XV. 8), nachdem er das Versprechen Gottes vernommen hatte, um ein Zeichen bat. Abraham glaubte wohl Gott und verlangte nicht deshalb ein Zeichen, weil er Gott nicht traute, sondern um sich zu vergewissern, dass das Versprechen von Gott komme.

Noch deutlicher ist dies bei Gideon, denn er sagt zu Gott (Richter VI. 17): »Gieb mir ein Zeichen (damit ich weiss), dass Du mit mir sprichst.« Auch zu Moses sagt Gott: »Und dies (sei) das Zeichen, was ich Dir gesandt habe.« Ezechias, welcher längst wusste, dass Esaias ein Prophet war, verlangte ein Zeichen, als er ihm seine Genesung voraussagte.

Hieraus erhellt, dass die Propheten immer ein Zeichen gehabt haben, was ihnen die Gewissheit von der Wahrheit ihrer prophetischen Bilder gewährte, und deshalb ermahnt Moses (Deut. XVIII. letzter Vers), von den Propheten ein Zeichen zu verlangen, d.h. das Eintreffen einer zukünftigen Sache. Insoweit steht die Weissagung der natürlichen Erkenntniss nach, die keines Zeichens bedarf, sondern in sich selbst die Gewissheit trägt. Denn diese prophetische Gewissheit war keine mathematische, sondern nur eine moralische. Auch aus der Bibel erhellt dies; denn Deut. XIII. sagt Moses, dass, wenn ein Prophet neue Götter verkünden wolle, er zum Tode verurtheilt werden solle, wenn er auch seine Lehre mit Zeichen und Wundern bekräftige; denn, fährt Moses fort, Gott giebt auch Zeichen und Wunder, um das Volk zu versuchen, und auch Christus ermahnte in dieser Weise seine Jünger, wie aus Matth. XXIV. 24 erhellt. Ezechiel lehrt sogar XIV. 8 geradezu, dass Gott mitunter die Menschen durch falsche Offenbarungen täuscht; er sagt: »Und wenn der Prophet (nämlich der falsche) hereingeführt worden und gesprochen habe, so habe nicht Gott diesen Propheten eingeführt.« Auch Micha (1. Könige XXII. 21) bezeugt dies von den Propheten Ahab's.

Obgleich hiernach die Weissagung und Offenbarung sich als sehr zweifelhaft ergeben, so gewährten sie doch, wie erwähnt, eine starke Ueberzeugung. Denn Gott täuscht die Frommen und Auserwählten niemals, sondern Gott gebraucht dieselben nach dem alten Sprüchwort (1. Samuel XXIV. 13) und ausweislich der Geschichte Abigail's und ihrer Rede, wie die Werkzeuge seiner Frömmigkeit und die Gottlosen wie die Vollstrecker und Vermittler seines Zornes. Dies erhellt auch deutlich aus dem oben angeführten Fall des Micha. Denn obgleich

Gott beschlossen hatte, den Ahab durch Propheten zu täuschen, so gebraucht er doch nur falsche Propheten dazu; dem frommen aber offenbarte er die Wahrheit und liess ihn dieselbe verkünden. – Indess ist, wie gesagt, die Ueberzeugung des Propheten nur eine innerliche, denn Niemand kann sich vor Gott rechtfertigen und sich rühmen, das Instrument der Frömmigkeit Gottes zu sein. Dies lehrt die Bibel und ergiebt die Sache selbst; so verleitete Gottes Zorn den David zur Zahlung des Volkes, obgleich dessen Frömmigkeit genügend in der Bibel bezeugt ist.

Die ganze der Weissagung innewohnende Gewissheit ruht sonach auf Dreierlei: 1) darauf, dass man sich die geoffenbarten. Dinge so lebhaft vorstellt, wie man im Wachen von den Gegenständen erregt zu werden pflegt; 2) auf einem Zeichen; und 3) und hauptsächlich, dass die Propheten einen nur dem Billigen und Guten zugewandten Sinn hatten. Allerdings erwähnt die Bibel nicht immer eines Zeichens, allein man muss annehmen, dass die Propheten immer ein solches gehabt haben, da die Bibel nicht immer alle Nebenumstände und Bedingungen zu erzählen pflegt, wie ich schon mehrfach bemerkt habe, und da sie Manches als bekannt voraussetzt. Auch kann man einräumen, dass die Propheten, welche nichts Neues, sondern nur das, was in dem Gesetz Mosis stand, verkündeten, kein Zeichen gebraucht haben, da schon das Gesetz deren Bestätigung war. So wurde die Weissagung des Jeremias von der Zerstörung Jerusalem's durch die der übrigen Propheten und durch die Drohungen des Gesetzes bestätigt; sie brauchte daher kein Zeichen. Dagegen bedurfte Ananias eines solchen, da er entgegen allen Propheten die schnelle Wiederherstellung des Staates prophezeite; wo nicht, so musste man seine Prophezeiung so lange bezweifeln, bis das Eintreffen des von ihm vorausgesagten Ereignisses sie bestätigte. Man sehe Jerem. XXVIII. 8.

Wenn so die Gewissheit, welche die Propheten durch diese Zeichen erlangten, keine mathematische (d.h. eine aus der Nothwendigkeit der Wahrnehmung der wahrgenommenen oder gesehenen Sache folgende), sondern nur eine moralische war, und die Zeichen nur zur Ueberzeugung der Propheten gegeben wurden, so folgt, dass diese Zeichen den Ansichten und Fähigkeiten des Propheten entsprechend gegeben wurden, und so konnte ein Zeichen, was dem einen Propheten Gewissheit für seine Prophezeiung gewährte, einen andern, der andere Ansichten hatte, keineswegs überzeugen. Deshalb waren die Zeichen je nach den Propheten verschieden, und so wechselte auch, wie erwähnt, bei dem einzelnen Propheten die Offenbarung selbst nach der Beschaffenheit seines Temperaments, seiner Einbildungskraft und der Ansichten, die er früher angenommen hatte. In Bezug auf das Temperament zeigte sich der Wechsel so, dass den heiteren Propheten Siege, Frieden und Alles, was den Menschen zur Freude stimmt, offenbart wurden, da dies einer solchen Gemüthsstimmung entspricht. Einem traurigen Propheten wurden dagegen Kriege, Hinrichtungen und allerlei Uebel offenbart, und je nachdem ein Prophet mitleidig, gefällig, zornig, streng u.s.w. war, war er mehr für diese wie für jene Offenbarungen geeignet. Der Wechsel nach der Beschaffenheit der Einbildungskraft zeigt sich darin, dass ein gebildeter Prophet den Gedanken Gottes auch in gebildeter Weise auffasste, ein ungebildeter Prophet aber verworren, und dies gilt auch in Betreff der durch Bilder erfolgenden Offenbarungen. War der Prophet ein Bauer, so sah er Ochsen und Kühe; war er ein Soldat, dann sah er Feldherren und Heere; war er ein Hofmann, so sah er den königlichen Thron und Aehnliches. Endlich wechselte die Weissagung auch nach den Meinungen der Propheten; den Magiern (Matth. II.), welche an die Possen der Sterndeuter glaubten, wurde die Geburt Christi durch einen eingebildeten, im Morgen aufgegangenen Stern offenbart; den Wahrsagern des Nebukadnezar (Ezechiel XXI. 21) wurde die Zerstörung Jerusalem's durch die Eingeweide der Opferthiere offenbart, welche dieser König auch durch Orakel und aus der Richtung von in die Höhe geschossenen Pfeilen entnahm; dagegen offenbarte sich Gott den Propheten, welche an die Willensfreiheit und eigne Macht des Menschen glaubten, als gleichgültig und ohne Kenntniss der kommenden menschlichen Handlungen, wie ich es jetzt an den einzelnen Fällen aus der Bibel selbst darlegen werde.

Das Erste erhellt aus dem Fall mit Elisa (2. Könige III. 15), welcher, um dem Jerobeam zu prophezeien, ein Saitenspiel verlangte und die Gedanken Gottes erst erfassen konnte, nachdem er sich an der Musik des Saitenspiels ergötzt hatte. Dann prophezeite er dem Jerobeam und seinen Gefährten gute Dinge, was früher nicht geschehen konnte, weil er auf den König erzürnt war, und Zornige wohl Böses, aber nichts Gutes für Die, welchen sie zürnen, sich ausdenken können. Andere sagen zwar, Gott offenbare sich den Traurigen und Zornigen nicht; allein dies ist ein Irrthum; denn Gott offenbarte ja dem auf Pharao erzürnten Moses jene klägliche Ermordung der Erstgeburt (Exod. XI. 5), und zwar ohne Benutzung eines Saitenspiels. Auch dem wüthenden Kain hat Gott sich offenbart, und dem vor Zorn ungeduldigen Ezechiel ist das Elend und die Hartnäckigkeit der Juden offenbart worden (Ezechiel III. 14), und Jeremias weissagte das Unglück der Juden, als er tief traurig und von Lebensüberdruss erfasst war. Josias wollte sogar deshalb nicht ihn, sondern eine Frau gleichen Alters befragen, da diese nach ihrem weiblichen Sinn vielleicht mehr geeignet wäre, Gottes Barmherzigkeit zu offenbaren (2. Chronik XXXIV.). Auch Micha hat dem Ahab niemals etwas Gutes prophezeit, obgleich es von anderen Propheten geschah, wie 1. Könige XX. ergiebt; vielmehr prophezeite er ihm nur alle Uebel aus seinem Leben (1. Könige XXII. 7 und deutlicher 2. Chronik XVIII. 7).

Die Propheten waren daher nach ihrem Temperament mehr zu diesen als zu anderen Prophezeiungen geeignet. Auch die Ausdrucksweise der Propheten wechselte nach ihrer Beredsamkeit; die Prophezeiungen des Ezechiel und Amos sind nicht in der feinen Weise des Esaias und Nahum, sondern in gröberen Wendungen geschrieben, und wenn der Kenner des Hebräischen sich davon näher unterrichten will, so möge er nur die betreffenden Kapitel gleichen Inhalts von verschiedenen Propheten vergleichen, und er wird den grossen Unterschied in der Ausdrucksweise bemerken. Man vergleiche z.B. I. 11-20 des Hofmannes Esaias mit V. 21-24 des bäurischen Amos; und die Ordnung und die Gründe der Weissagung des Jeremias, die er Kap. 49 zu Edom schreibt, mit der Ordnung und den Gründen des Obadia; ferner Esaias XL. 19, 20 und XLIV. 8 mit VIII. 6 und XIII. 2 von Hoseas. Aehnliches gilt von den Uebrigen. Dies zeigt bei richtiger Erwägung, dass Gott keine besondere Ausdrucksweise hat, sondern dass diese je nach der Gelehrsamkeit und Fähigkeit des Propheten bald fein, gedrängt oder streng, rauh oder weitschweifig und dunkel ist.

Auch die prophetischen Erscheinungen und Hieroglyphen wechselten selbst bei dem gleichen Gegenstande; denn dem Esaias erschien der Ruhm Gottes, der den Tempel verlässt, anders als dem Ezechiel. Die Rabbiner behaupten zwar, dass die Erscheinung für Beide dieselbe gewesen sei, und dass nur Ezechiel, als ein Bauer, sie übermässig angestaunt und sie deshalb ausführlich mit allen Nebenumständen geschildert habe. Allein wenn sie darüber keine sichere Ueberlieferung erhalten haben, was ich bezweifle, so sind ihre Angaben reine Erdichtungen. Denn Esaias sah Seraphim mit sechs Flügeln, Ezechiel aber Thiere mit vier Flügeln; Esaias erblickte Gott bekleidet und auf dem Throne sitzend, Ezechiel aber wie ein Feuer. Jeder hat also unzweifelhaft Gott so gesehn, wie er ihn sich bildlich vorzustellen pflegte.

Die prophetischen Erscheinungen wichen auch nicht blos in der Art, sondern auch in der Klarheit von einander ab; die des Zacharias waren so dunkel, dass er selbst sie ohne Erläuterung nicht verstehen konnte, wie auch deren Erzählung ergiebt, und die des Daniel konnten selbst nach ihrer Erläuterung von dem Propheten selbst nicht verstanden werden. Dies kam nicht von der Dunkelheit der geoffenbarten Sache, da sie menschliche Angelegenheiten betraf, die nur, wenn sie noch in der Zukunft liegen, die menschliche Fassungskraft übersteigen, sondern davon, dass die Einbildungskraft des Daniel im Wachen nicht so wie im Traume prophezeien konnte; was daraus erhellt, dass er gleich bei dem Beginn der Offenbarung so bestürzt war, dass er seinen eigenen Kräften nicht mehr traute; also wurde die Sache nur wegen der Schwäche seiner Phantasie und seiner Kräfte so dunkel vorgestellt, dass er sie selbst nach der Erklärung nicht verstand. Dies zeigt, dass die von Daniel gehörten Worte, wie ich oben dargethan habe, nur eingebildet gewesen sind, und es ist dann nicht wunderbar, dass er in seiner damaligen Verwirrung die Worte so verworren und dunkel sich in seiner Einbildung zusammengesetzt, dass er nachher keinen Sinn herausbringen konnte. Wenn gesagt wird, Gott habe sich dem Daniel nicht deutlich offenbaren wollen, so hat man die Worte des Engels nicht gelesen, der ausdrücklich sagt (X. 14): »er sei gekommen, um Daniel zu wissen zu thun, was seinem Volke in späteren Zeiten zustossen werde.« Diese Dinge blieben nur deshalb so dunkel, weil damals Niemand eine solche starke Einbildungskraft besass, um sie deutlicher offenbaren zu können. – Endlich wollten auch die Propheten, welchen offenbart worden, dass Gott den Elias entführen werde, den Elisa überreden, dass er nur an einen andern Ort gebracht worden, wo sie ihn noch finden konnten; dies zeigt deutlich, dass sie die Offenbarung Gottes falsch verstanden hatten.

Es ist nicht nöthig, dies noch weitläufiger darzuthun; denn die Bibel ergiebt klar, dass Gott den einen Propheten mehr als den andern mit der Gnade des Prophezeiens beschenkt hat. Dagegen will ich sorgfältiger und ausführlicher darlegen, dass die Weissagungen und Erscheinungen je nach den die Propheten beherrschenden Meinungen wechselten, und dass die Propheten verschiedene und selbst entgegengesetzte Meinungen und Vorurtheile gehabt haben, was sich aber nur auf rein spekulative Gegenstände bezieht und nicht auf Frömmigkeit und guten Lebenswandel, wo es nicht gelten kann. Dieser Umstand ist von grosser Erheblichkeit; denn ich werde daraus ableiten, dass die Weissagung die Propheten nicht umsichtiger gemacht, sondern in ihren vorgefassten Meinungen belassen hat, und dass wir mithin in rein spekulativen Fragen durch sie in keiner Weise gebunden sind.

Mit einer wunderbaren Uebereilung ist man von jeher überzeugt gewesen, dass die Propheten Alles gewusst, was dem menschlichen Verstande erreichbar sei, und wenn Stellen der Bibel auf das Deutlichste sagen, dass die Propheten Manches nicht gewusst haben, so will man doch lieber die Schrift in diesen Stellen nicht verstehn, als zugeben, die Propheten hätten etwas nicht gekannt, oder man verdreht die Worte der Schrift zu einem Sinne, der nicht darin enthalten ist. Wäre dies gestattet, so wäre es freilich mit der ganzen Bibel vorbei; denn jeder Beweis aus der Bibel ist dann vergeblich, wenn das Klarste in ihr für dunkel und unergründlich erklärt oder nach Belieben ausgelegt werden darf. So ist z.B. nichts in der Bibel deutlicher, als dass Josua und vielleicht auch der Verfasser seiner Geschichte geglaubt, die Sonne drehe sich um die Erde, die Erde stehe still, und die Sonne habe eine Zeit lang auch still gestanden. Allein Viele, welche keine Veränderung am Himmel zulassen wollen, legen die Stelle so aus, dass sie nichts dergleichen sage, und Andere mit besseren Naturkenntnissen, welche wissen, dass die Erde sich bewegt und die Sonne still steht und nicht um die Erde sich bewegt, suchen mit der grössten Mühe einen solchen Sinn aus der Bibel herauszubringen, obgleich das offenbar gegen ihre Absicht läuft. Man kann darüber nur staunen; denn ich frage: sollen wir glauben, dass der Soldat Josua die Astronomie genau verstand? oder dass nur, wenn Josua die Ursache kannte, das Wunder ihm offenbart und die Sonne länger als gewöhnlich über dem Horizont bleiben konnte? Mir scheinen beide Annahmen lächerlich; ich sage deshalb lieber offen, dass Josua die wahre Ursache des längeren Leuchtens nicht gekannt hat und deshalb mit seinen Leuten gemeint hat, die Sonne drehe sich täglich um die Erde und habe nur an diesem Tage eine Zeit lang still gestanden, und deshalb sei es länger Tag geblieben. Er hat also nicht bedacht, dass von einer grossen Eisanhäufung, welche sich damals in der Luft befand (Josua X. II) eine ungewöhnlich starke Zurückwerfung der Sonnenstrahlen entstehen konnte, oder etwas Aehnliches, was ich jetzt nicht untersuche. – Ebenso wurde dem Esaias das Zeichen des zurückweichenden Schattens nach seiner Fassungskraft offenbart, nämlich durch das Zurückweichen der Sonne; denn auch er glaubte, dass die Sonne sich bewege und die Erde ruhe, und an Nebensonnen hat er wohl niemals, auch im Traume nicht, gedacht. Dies anzunehmen, ist uns gewiss gestattet, denn das Zeichen konnte wirklich geschehen und dem Könige von Esaias vorausgesagt werden, wenn auch der Prophet dessen wahre Ursache nicht kannte. – Dasselbe gilt von dem Bau Salomo's, wenn ihm dieser von Gott offenbart worden; nämlich dass alle Maasse desselben nach der Fassungskraft und den Kenntnissen Salomo's ihm offenbart wurden; denn wir brauchen nicht zu glauben, dass Salomo ein Mathematiker gewesen sei, und wir können behaupten, dass er das Verhältniss zwischen Umring und Durchmesser des Kreises nicht gekannt hat, und dass er es mit den gemeinen Handarbeitern wie drei zu eins angenommen. Wenn man behaupten darf, dass ich den Text 1. Könige VII. 23 nicht verstehe, so weiss ich wahrhaftig nicht, was überhaupt in der Bibel verstanden werden kann; denn dort wird einfach und rein historisch der Bau beschrieben, und wenn man annehmen darf, dass die Bibel es anders gemeint, aber aus irgend einem uns unbekannten Grunde es so ausgedrückt habe, so wird damit die Bibel überhaupt über den Haufen gestossen; denn dann kann Jeder mit gleichem Rechte dasselbe von jeder Stelle der Bibel behaupten, und alles Verkehrte und Schlechte, was menschliche Bosheit sich nur erdenken kann, wird dann auf Grund des Ansehns der Bibel vertheidigt und verübt werden dürfen. – Dagegen enthält meine Annahme nichts Gottloses; denn wenn auch Salomo, Esaias, Josua und Andere Propheten waren, so blieben sie doch auch Menschen, und alles Menschliche war ihnen nicht fremd. Ebenso wurde dem Noah nach seiner Fassungskraft offenbart, dass

Gott das menschliche Geschlecht verderbe, weil er glaubte, dass die Welt ausserhalb Palästina unbewohnt sei, und die Propheten konnten ohne Verstoss gegen die Frömmigkeit nicht blos dergleichen, sondern noch viel wichtigere Dinge nicht kennen und haben sie auch in Wahrheit nicht gekannt. Denn sie lehrten nichts Besonderes über die göttlichen Eigenschaften, sondern hegten die gewöhnlichen Meinungen über Gott, und danach wurden auch die Offenbarungen eingerichtet, wie ich jetzt mit vielen Stellen der Bibel belegen will. Der Leser kann daraus entnehmen, dass die Propheten nicht wegen der Grösse und Vortrefflichkeit ihres Verstandes, sondern wegen ihrer Frömmigkeit und Beständigkeit Lob und grosse Empfehlung verdienen.

Adam, dem Gott sich zuerst offenbarte, wusste nicht, dass Gott allgegenwärtig und allwissend ist; denn er verbarg sich vor Gott und suchte seine Sünde Tor Gott, wie vor einem Menschen, zu entschuldigen. Gott offenbarte sich ihm auch nach seinen Begriffen als einen Solchen, der nicht überall ist, den Ort und die Sünde Adam's nicht kennt. Denn Adam hörte oder meinte Gott zu hören, wie er durch den Garten ging, ihn rief und suchte, und dann hat er in Anlass seiner Scham ihn gefragt, ob er von dem verbotenen Baum gegessen habe. Adam kannte sonach keine andere Eigenschaft von Gott, als dass er der Schöpfer aller Dinge gewesen. Auch dem Kain offenbarte sich Gott nach seiner Fassungskraft als einen Solchen, der die menschlichen Dinge nicht kennt; auch brauchte Kain keine höhere Kenntniss Gottes zu haben, um seine Sünde zu bereuen. Dem Laban offenbarte sich Gott als den Abraham's, weil Jener glaubte, dass jedes Volk seinen besonderen Gott habe. Man sehe Gen. XXXI. 29. Auch Abraham wusste nicht, dass Gott allgegenwärtig ist und alle Dinge vorausweiss; denn bei dem Hören des Spruchs gegen die Sodomiter bat er Gott, ihn nicht zu vollstrecken, bevor er nicht wusste, dass Alle die Strafe verdient hätten; denn er sagt (Gen. XVIII. 24): »Vielleicht werden fünfzig Gerechte in jener Stadt gefunden.« und Gott selbst offenbarte es nicht anders, denn er sagt nach dem, wie Abraham zu hören meint: »Ich werde jetzt herabsteigen und sehen, ob sie nach der schweren Klage, die bei mir angebracht worden, gehandelt haben, und ich werde erfahren, wenn es sich nicht so verhält.« Das göttliche Zeugniss für Abraham (Gen. XVIII. 18) betrifft auch nur seinen Gehorsam, und dass er sein Gesinde zum Gerechten und Guten anhielt; aber nicht, dass er eine höhere Erkenntniss von Gott besessen. Auch Moses wusste nicht bestimmt, dass Gott allwissend ist, und dass alle menschlichen Handlungen nach seinem Rathschluss erfolgen. Denn obgleich Gott ihm gesagt hatte (Exod. III. 18), dass die Israeliten ihm gehorchen würden, so wurde er doch wieder zweifelhaft und erwiderte (Exod. IV. 1): »Wie aber, wenn sie mir nicht glauben und mir nicht gehorchen?« Daher hat Gott selbst sich ihm als einen Solchen offenbart, der sich zu den menschlichen Dingen gleichgültig verhält und sie nicht kennt; denn er gab ihm zwei Zeichen und sagte (Exod. IV. 8): »Wenn sie dem ersten Zeichen nicht glauben wollten, so werden sie doch dem andern glauben, und wenn sie auch diesem nicht glauben sollten, so nimm dann Wasser aus dem Flusse« u.s.w. Wer die Reden Mosis ohne Vorurtheil erwägt, wird sicher finden, dass er Gott für ein Wesen gehalten, was immer gewesen ist, was besteht und immer sein wird; deshalb nennt er ihn Jehova, welches Wort im Hebräischen die drei Zeitformen ausdrückt; aber von seiner Natur hat er sonst nur gelehrt, dass er barmherzig und gütig u.s.w. und höchst eifersüchtig sei, wie viele Stellen der Bücher Mosis ergeben. Er glaubte und lehrte endlich, dass dieses Wesen von allen anderen sich dadurch unterscheide, dass es durch kein Bild einer sichtbaren Sache bezeichnet werden könne, und zwar nicht wegen der Unmöglichkeit der Sache, sondern weil er wegen der Schwäche der Menschen von ihnen nicht geschaut werden könne; ferner, dass seine Macht eine besondere und einzige sei. Er gab zu, dass es Wesen gebe, welche (ohne Zweifel nach Anordnung und Geheiss Gottes) die Stelle Gottes verträten, d.h. Wesen, denen Gott das Ansehn, das Recht und die Macht zur Leitung der Völker und zu ihrer Fürsorge und Pflege gegeben; aber jenes Wesen, das sie verehren sollten, sei der höchste und erhabene Gott oder (um einen hebräischen Ausdruck zu gebrauchen) der Gott der Götter, und deshalb sagt er in dem Lobgesang des 2. Buch Mosis (XV. 11): »Wer unter den Göttern ist Dir gleich, Jehova?« und Jetro sagt (Exod. XVIII. 11): »Jetzt weiss ich, dass Jehova grösser als alle Götter ist,« d.h. endlich muss ich Moses zugestehen, dass Jehova grösser als alle Götter und von besonderer Macht ist. Dagegen ist es zweifelhaft, ob Moses von diesen Wesen, welche Gottes Stelle vertreten, glaubte, dass Gott sie geschaffen habe; denn er sagt nichts über ihre Erschaffung und ihren Anfang, und er lehrt ausserdem, dass dieses Wesen, nämlich Gott, die sichtbare Welt aus dem Chaos in die Ordnung übergeführt habe (Gen. I. 2) und der Natur den Samen eingepflanzt, und dass es deshalb über Alles das höchste Recht und die höchste Gewalt habe, und dass es nach diesem höchsten Recht und Macht (Deut. X. 14, 15) sich allein die jüdische Nation ausgewählt habe und ein bestimmtes Land der Erde (Deut. IV. 20; XXXII. 8, 9), dagegen die übrigen Völker und Länder den anderen von ihm bestellten Göttern überlassen habe. Deshalb wurde er selbst der Gott Israels und der Gott Jerusalem's (2. Chronik XXXII. 19), die übrigen Götter aber die Götter der anderen Völker genannt. Deshalb glaubten auch die Juden, dass dieses Land, was Gott sich auserwählt, einen besonderen und von dem anderer Länder ganz verschiedenen Dienst Gottes verlange und den Dienst anderer Götter, wie er in anderen Ländern hergebracht sei, nicht vertragen könne. Deshalb glaubten die Völker, welche der assyrische König nach Judäa führte, sie würden von Löwen zerrissen werden, weil sie den Dienst Gottes in diesem Lande nicht kannten (2. Könige XVII. 25, 26). Deshalb sagte auch Jacob, wie Aben Hezra meint, seinen Söhnen, als er nach einem neuen Wohnsitz suchte, sie sollten sich auf einen neuen Dienst und fremde Götter gefasst machen, d.h. den Dienst der Götter des Landes, wo sie damals waren, verlassen (Gen. XXXV. 2, 3). Auch David sagte dem Saul, als er wegen dessen Verfolgung das Vaterland verlassen musste, dass er von dem Erbtheil Gottes vertrieben und zur Verehrung anderer Götter gesandt werde (1. Sam. XXVI. 19). Endlich glaubte er, dass dieses Wesen oder Gott seinen Wohnsitz im Himmel habe (Deut. XXXIII. 27), welche Meinung unter den Heiden sehr verbreitet war.

Betrachtet man nun die dem Moses geschehenen Offenbarungen, so zeigt sich, dass sie diesen Meinungen angepasst sind. Da er glaubte, Gottes Wesen sei solchen Zuständen unterworfen, wie dem Mitleiden, der Güte u.s.w., so hat sich Gott ihm auch nach dieser Meinung und in diesen Zuständen offenbart (Exod. XXXIV. 6, 7, wo erzählt wird, wie Gott Moses erschienen ist, und von den Zehn Geboten v. 4, 5). Ferner heisst es XXXIII. 18, Moses habe Gott gebeten, dass er ihn sehen dürfe; allein da Moses, wie erwähnt, keine sinnliche Vorstellung von Gott bei sich hatte bilden können, und Gott, wie ich gezeigt habe, sich den Propheten nur nach dem Zustande ihrer Einbildungskraft offenbart hat, so erschien ihm Gott auch in keiner Gestalt, und ich meine deshalb, weil dies nach der Einbildungskraft des Moses nicht anging. Denn andere Propheten bezeugen, dass sie Gott gesehen haben; so Esaias, Ezechiel, Daniel u.s.w. Deshalb antwortete Gott dem Moses: »Du wirst mein Antlitz nicht sehen können,« und da Moses Gott für sichtbar hielt und meinte, dies widerspreche seiner göttlichen Natur nicht, denn sonst hätte er es sich nicht erbeten, so fügt Gott hinzu: »weil Niemand mich schauen und leben wird.« Gott giebt also einen Grund an, der den Ansichten des Moses entspricht; er sagt nicht, dass dies seiner göttlichen Natur widersprechend sei, wie es in Wahrheit ist, sondern es sei nur wegen der menschlichen Schwäche nicht ausführbar. – Als dann Gott dem Moses offenbarte, dass die Israeliten wegen der Anbetung des Kalbes den übrigen Völkern gleich gemacht worden, sagt er XXXIII. 2, 3, er wolle einen Engel schicken, d.h. ein Wesen, was an Stelle des Höchsten für die Israeliten sorgen werde, und er selbst wolle nicht mehr unter ihnen sein. Damit blieb für Moses Nichts, woraus hervorging, dass die Israeliten Gott lieber waren als die übrigen Völker, welche Gott auch der Sorge anderer Wesen oder Engel übergeben hatte, wie aus v. 16 desselben Kapitels erhellt. Endlich offenbarte sich Gott, weil Moses glaubte, dass er im Himmel wohne, demselben so, als wenn er von dem Himmel auf den Berg herabsteige, und Moses stieg selbst zur Anrede Gottes auf den Berg, was nicht nöthig gewesen wäre, wenn er Gott sich hätte überall als gleich zugänglich vorstellen können. Die Israeliten wussten beinah nichts von Gott, obgleich er sich dem Moses offenbart hat; dies zeigte sich, als sie nach wenig Tagen seine Ehre und seinen Dienst auf ein Kalb übertrugen und es für jene Götter hielten, durch welche sie aus Aegypten geführt wurden. Auch ist es nicht glaublich, dass Menschen, welche an den Aberglauben der Aegypter gewöhnt waren, in ihrer Rohheit und gebeugt durch eine harte Sklaverei, etwas Gesundes von Gott gewusst haben, und dass Moses ihnen mehr als den Lebenswandel gelehrt habe, wobei er aber nicht als Philosoph von der Freiheit des Willens ausging, sondern als Gesetzgeber durch die Strenge des Gesetzes sie zu einem guten Lebenswandel nöthigte. Deshalb war für sie ein guter Lebenswandel oder ein wahres Leben und die Anbetung und Liebe zu Gott mehr ein Joch als eine wahre Freiheit und Gnade und Geschenk Gottes; er hiess sie Gott lieben und seine Gesetze befolgen, damit sie Gott für die erhaltenen Wohlthaten (nämlich für die Befreiung aus der ägyptischen Sklaverei) Dank abstatteten, und er erschreckt sie durch Drohungen, wenn sie diese Gebote übertreten sollten; dagegen versprach er ihnen viel Gutes, wenn sie sie befolgen würden. So behandelte er sie ebenso, wie es die Eltern mit ihren noch unverständigen Kindern zu machen pflegen, und es ist klar, dass sie die Vortrefflichkeit der Tugend und die wahre Seligkeit nicht kannten.

Jonas meinte dem Anblick Gottes sich entziehen zu können; daher scheint auch er geglaubt zu haben, dass Gott die Sorge für andere Länder, ausser Juda, anderen Mächten, die er als Stellvertreter gesetzt, übergeben habe. Im Alten Testament hat Niemand vernünftiger als Salomo über Gott gesprochen, der im natürlichen Licht alle seine Zeitgenossen übertraf. Deshalb stellte er sich über das Gesetz; denn es ist nur Denen gegeben, die der Vernunft und der Zeugnisse der natürlichen Einsicht entbehren; er achtete alle Gesetze, die den König betrafen und hauptsächlich aus dreien bestanden, gering (Deut. XVII. 16, 17); ja er übertrat sie, worin er jedoch irrte und sich eines Philosophen nicht würdig benahm, indem er sich den Lüsten überliess; er lehrte, dass alle Glücksgüter der Sterblichen eitel seien (Prediger Salomo), und dass die Menschen nichts Besseres als ihren Verstand hätten, und dass die Thorheit ihre härteste Strafe sei (Sprüchw. XVI. 23).

Ich muss jedoch zu den Propheten zurückkehren und deren abweichende Ansichten darlegen. Die Rabbiner, welche uns die noch vorhandenen Bücher der Propheten hinterlassen haben (wie in der Abhandlung von *Sabbatus* I. Blatt 13 S. 2 erzählt wird), haben die Aussprüche des Ezechiel so im Widerspruch mit denen des Moses gefunden, dass sie schwankten, ob sie die Bücher Jenes unter die kanonischen mit aufnehmen sollten; sie hätten sie ganz unterschlagen, wenn nicht ein gewisser Ananias aus eigenem Antriebe ihre Auslegung begonnen gehabt hätte. Sie sagen, dies sei mit grosser Mühe und mit Eifer von ihm geschehen, aber das Nähere geben sie nicht an, ob er nämlich etwa einen Kommentar geschrieben, der wieder verloren gegangen, oder ob er die eigenen Worte und Reden des Ezechiel dreist geändert und in seinem Sinne zurechtgelegt habe. Mag nun geschehen sein, was da wolle, so scheint zweifellos Kap. 18 nicht mit Exod. XXXIV. 7 und mit Jerem. XXXII. 18 übereinzustimmen. Samuel glaubte, dass Gott nie einen seiner früheren Beschlüsse bereue (1. Sam. XV. 29), denn er sagte zu Saul, der seine Sünden bereute und zu Gott beten und seine Verzeihung erbitten wollte: »Gott werde seinen Beschluss in Betreff seiner nicht ändern.« Dagegen wurde dem Jeremias offenbart (XVIII. 8, 10), dass Gott, wenn er etwas Uebles oder etwas Gutes über ein Volk verhängt habe, es dann bereue, wenn die Menschen nachher sich bessern oder verschlechtern. Dagegen lehrte Joel, dass Gott nur das Ueble bereue (Joel II. 13). Endlich ergiebt sich aus Gen. IV. 7 deutlich, dass der Mensch die Versuchungen zur Sünde überwinden und gut handeln kann; denn dies wird Kain gesagt, der doch, wie aus der Bibel und aus Josephus erhellt, sie nie überwunden hat. Dasselbe ergiebt sich aufs Klarste aus dem oben genannten Kapitel im Jeremias; denn es heisst, Gott bereue einen auf Strafe oder Wohlthat der Menschen gerichteten Beschluss, wenn die Menschen ihren Lebenswandel und ihre Sitten ändern wollen. Dagegen sagt Paulus ganz offenbar, dass die Menschen keine Gewalt über die Versuchungen des Fleisches haben, soweit nicht Gott sie besonders auserwählt und begnadigt habe (Brief an die Römer IX. 10); und wenn er III. 5 und VI. 19 Gott die Gerechtigkeit zutheilt, so beruhigt er sich damit, dass er hier in menschlicher Weise und wegen der Schwäche des Fleisches so spreche.

Aus alledem erhellt also zur Genüge, dass, wie ich behauptet, Gott seine Offenbarungen der Fassung und den Meinungen der Propheten anbequemt hat, und dass die Propheten Dinge, welche die blosse Spekulation und nicht die Liebe und den Lebenswandel betrafen, nicht zu wissen brauchten und auch wirklich nicht gewusst, sondern das Entgegengesetzte gemeint haben. Es kann deshalb durchaus keine Belehrung über natürliche und geistige Gegenstände von ihnen geholt werden, und daraus folgt, dass wir den Propheten nur so weit zu glauben schuldig sind, als es den Zweck und das Wesen der Offenbarung betrifft; im Uebrigen ist das Glauben in Jedes Belieben gestellt. So lehrt uns z.B. die Offenbarung an Kain nur, dass Gott ihn zu einem wahren Leben ermahnt habe; denn das ist die Absicht und das Wesen dieser Offenbarung, aber nicht eine Belehrung über die Willensfreiheit und philosophische Fragen. Wenn also auch in den Worten dieser Ermahnung und ihren Gründen die Willensfreiheit auf das Klarste enthalten ist, so dürfen wir doch das Gegentheil annehmen, da jene Worte und Gründe nur der Fassungskraft des Kain angepasst worden sind. So will auch die Offenbarung von Micha nur sagen, dass Gott dem Micha den wahren Ausgang der Schlacht des Achab gegen Aram offenbart habe, und deshalb brauchen wir auch nur dies zu glauben; was sonst darin enthalten ist über den wahren und falschen Geist Gottes und über das zu beiden Seiten Gottes stehende Heer des Himmels und die anderen Nebenumstände, Alles dies geht uns nichts an, und Jeder mag davon glauben, was mit seinen Einsichten sich verträgt. Dasselbe gilt von den Gründen, mit denen Gott dem Hiob seine Macht über Alles darlegt, wenn es nämlich wahr ist, dass hier eine Offenbarung vorliegt, und dass der Verfasser nur erzählt und nicht, wie Einige meinen, seine eigenen Gedanken vorgetragen hat. Auch diese Gründe sind nur auf die Fassungskraft Hiob's und für seine Ueberzeugung eingerichtet, aber sie sind nicht allgemein für Jedermanns Ueberzeugung gültig. Dies gilt auch für die Gründe Christi, mit denen er die Pharisäer der Hartnäckigkeit und Unwissenheit überführt und seine Jünger zum wahren Leben ermahnt; sie sind den Meinungen und Grundsätzen der Einzelnen anbequemt. Wenn er z.B. den Pharisäern sagt (Matth. XII. 26): »Und wenn der Satan den Satan vertreibt, so ist er in sich selbst gespalten, und wie kann dann sein Reich bestehen?« so wollte er die Pharisäer nur mit ihren eigenen Lehren schlagen, aber nicht lehren, dass es böse Geister und ein Reich solcher gebe. Wenn er seinen Jüngern sagt (Matth. XVIII. 10): »Sorget, dass Ihr Keinen dieser Kleinen verachtet, denn ich sage Buch, ihre Engel u.s.w.,« so will er nur sie ermahnen, nicht stolz zu sein und Niemand zu verachten; aber nichts weiter, was sonst in seinen Gründen enthalten ist, die er mehr zur besseren Ueberzeugung der Jünger herbeinimmt. Dasselbe gilt unbedingt von den Ausführungen und Zeichen der Apostel; ich brauche dies nicht weiter darzulegen, denn ich würde nicht zu Ende kommen, wollte ich alle Stellen der Bibel beibringen, die nur für Menschen und ihre Fassungskraft eingerichtet sind, und die nur zum grossen Schaden der Philosophie als göttliche Lehren vertheidigt werden können; es genügt, einige allbekannte erwähnt zu haben; die übrigen kann der eifrige Leser selbst erwägen.

Wenn nun auch das, was ich hier über die Propheten und die Weissagung gesagt habe, vorzugsweise zu meiner Aufgabe, die Philosophie von der Religion zu trennen, gehört, so dürfte es doch, da ich die Frage im Allgemeinen behandelt habe, auch zweckmässig sein, zu untersuchen, ob die prophetische Gabe den Juden allein beigewohnt hat, oder ob sie ein Gemeingut aller Völker ist, und was von der Berufung der Juden zu halten ist. Dies wird den Inhalt des folgenden Kapitels bilden.

Drittes Kapitel

Ueber die Berufung der Juden, und ob die prophetische Gabe ihnen allein eigen gewesen.

Das wahre Glück und die wahre Seligkeit eines Jeden besteht mir in dem Genuss des Guten, aber nicht in dem Ruhme, dass er es allein und mit Ausschluss der Anderen geniesse. Denn wer sich deshalb für glücklicher hält, weil nur er und nicht auch die Uebrigen sich wohl befinden, oder weil er glücklicher als die Anderen ist, der kennt das wahre Glück und die wahre Seligkeit nicht, und die Fröhlichkeit, deren er geniesst, ist nur eine kindische, die blos aus Neid und Bosheit entspringt. So besteht z.B. das wahre Glück und die Seligkeit des Menschen nur in der Weisheit und Erkenntniss der Wahrheit, aber nicht darin, dass er hierbei den Anderen überlegen sei, oder dass Diese der wahren Kenntniss entbehren; dies kann seine Weisheit, d.h. sein wahres Glück durchaus nicht vermehren. Wer deshalb daran sich erfreut, ist neidisch und boshaft und kennt weder die wahre Weisheit noch die Ruhe des wahren Lebens. Wenn deshalb die Bibel, um die Juden zum Gehorsam des Gesetzes zu ermahnen, sagt, dass Gott sie vor anderen Völkern sich erwählt habe (Deut. X. 15); dass er ihnen nahe sei und den Uebrigen nicht so (Deut. IV. 4, 7); dass er nur ihnen gute Gesetze gegeben (ebendaselbst 8) und nur ihnen, mit Zurücksetzung der Uebrigen, sich offenbart habe (daselbst 32) u.s.w., so spricht sie nur ihrer Fassungskraft gemäss, da die Juden, wie in dem vorgehenden Kapitel gezeigt worden und Moses bezeugt (Deut. IX. 6, 7), die wahre Seligkeit nicht kannten. Denn sie wären fürwahr nicht weniger glücklich gewesen, wenn Gott Alle in gleicher Weise zum Heil berufen hätte, und Gott würde ihnen deshalb nicht weniger günstig gewesen sein, wenn er auch den Anderen ebenso nahe gewesen wäre, und ihre Gesetze würden nicht weniger gerecht und sie selbst nicht weniger weise gewesen sein, wenn jene auch Allen gegeben worden wären, und die Wunder Gottes würden seine Macht nicht weniger dargelegt haben, wenn sie auch anderer Völker wegen geschehen wären, und die Juden wären nicht weniger verpflichtet zur Verehrung Gottes gewesen, wenn Gott alle diese Gaben an Alle gleich ausgetheilt hätte. Wenn aber Gott dem Salomo sagt (1. Kön. III. 12), dass Niemand nach ihm wieder so weise wie er sein werde, so scheint dies nur eine Redensart für die Bezeichnung seiner ausserordentlichen Weisheit gewesen zu sein; und sei es, was es wolle, so kann man nicht glauben, dass Gott zur Vermehrung von Salomo's Glück ihm versprochen habe, später Niemand mehr solche Weisheit zuzutheilen; denn dies hätte die Einsicht Salomo's nicht vermehrt, und ein kluger König würde für ein so grosses Geschenk nicht weniger gedankt haben, auch wenn Gott gesagt, dass er Alle mit gleicher Weisheit beschenken werde.

Wenn ich nun auch annehme, dass Moses in den erwähnten Stellen seiner Bücher nach der Fassungskraft der Juden gesprochen habe, so will ich doch nicht bestreiten, dass Gott die Gesetze Mosis nur ihnen allein gegeben hat, und dass er nur zu ihnen gesprochen hat, und dass die Juden so viel Wunderbares wie kein anderes Volk erfahren haben. Ich will nur sagen, dass Moses in dieser Weise und durch solche Gründe die Juden überzeugen wollte, um sie nach ihrer geringen Fassungskraft mehr der Verehrung Gottes zuzuwenden; auch habe ich damit zeigen wollen, dass die Juden nicht durch Wissenschaft noch Frömmigkeit, sondern durch etwas ganz Anderes die übrigen Völker übertroffen haben, oder dass, wie die Bibel in ihrer Weise sagt, die Juden nicht vor den Anderen zum wahren Leben und erhabenen Wissenschaften ausgewählt worden, obgleich sie oft dazu ermahnt worden sind, sondern zu einem ganz andern Zwecke. Welcher dies gewesen, werde ich hier der Ordnung nach darlegen.

Ehe ich indess hiermit beginne, will ich mit Wenigem erklären, was ich unter der Regierung Gottes, unter dem äusseren und innerlichen Beistand Gottes, unter der Auserwählung Gottes und endlich unter Schicksal im Folgenden verstehe.

Unter Gottes Regierung verstehe ich die feste und unveränderliche Ordnung der Natur, oder die Verkettung der natürlichen Dinge; denn ich habe schon oben gesagt und an einem andern Orte gezeigt, dass die allgemeinen Naturgesetze, nach denen Alles geschieht und sich bestimmt, nur die ewigen Beschlüsse Gottes sind, welche immer die ewige Wahrheit und Nothwendigkeit einschliessen. Es ist daher dasselbe, ob ich sage, Alles geschieht nach den Gesetzen der Natur, oder Alles ordnet sich nach dem Beschluss und der Leitung Gottes. Ferner ist die Macht aller natürlichen Dinge nur die Macht Gottes, durch die allein Alles geschieht und bestimmt wird; daraus folgt, dass Alles, was der Mensch, der ja selbst nur ein Theil der Natur ist, zu seiner Unterstützung und Erhaltung thut, oder Alles, was die Natur ohne sein Zuthun ihm bietet, ihm Alles nur von der göttlichen Macht zukommt; sei es, dass sie durch die Natur des Menschen oder durch die Dinge ausserhalb des Menschen wirkt. Man kann deshalb mit Recht Alles, was die menschliche Natur nach ihrer Macht zu ihrer Erhaltung vermag, die innere Hülfe Gottes, und Alles, was sonst aus der Macht äusserer Ursachen ihm Nützliches zufällt, die äussere Hülfe Gottes nennen. Hieraus ergiebt sich auch, was unter der Erwählung Gottes zu verstehen ist. Denn da Jedermann nur handelt, wie es die vorherbestimmte Ordnung der Natur mit sich bringt, d.h. nach Gottes ewigem Rathschluss und Leitung, so folgt, dass Jedermann sich nur die Lebensweise wählen und das bewirken kann, wozu Gott ihn besonders beruft, und wie er ihn vor Anderen zu diesem Werke und zu dieser Lebensweise ausgewählt hat. Endlich verstehe ich unter Schicksal nur die Regierung Gottes, soweit sie durch äussere und unerwartete Ursachen die menschlichen Angelegenheiten bestimmt. Dies vorausgeschickt, kehre ich zu meiner Aufgabe zurück und untersuche, weshalb das jüdische Volk das von Gott erwählte genannt worden ist. Dies wird sich folgendermassen zeigen lassen:

Alles, was man rechtlicher Weise begehrt, bezieht sich wesentlich auf Dreierlei; 1) die Dinge aus ihren obersten Ursachen zu erkennen, 2) die Leidenschaften zu bändigen oder die Tugend sich zur Gewohnheit zu machen, und 3) sicher und gesund zu leben. Die Mittel für die beiden ersten Ziele, die als die nächsten und wirksamsten Ursachen gelten können, bietet die menschliche Natur selbst; ihr Erwerb hängt deshalb wesentlich nur von unserer Macht oder nur von den Gesetzen der menschlichen Natur ab, und deshalb müssen diese Güter nicht als die besonderen eines Volkes, sondern als die gemeinsamen des menschlichen Geschlechts angesehen werden; man müsste denn sich einbilden, dass die Natur ehedem verschiedene Gattungen von Menschen hervorgebracht habe. Dagegen beruhen die Mittel für ein sicheres Leben und die Bewahrung der Gesundheit vorzugsweise auf äusseren Dingen, und man nennt sie deshalb Gaben des Glücks, da sie hauptsächlich von dem uns unbekannten Gange der äusseren Ursachen abhängen, und ein Dummer daher hierin ebenso viel Glück oder Unglück wie ein Kluger haben kann. Dennoch vermag die menschliche Fürsorge und Wachsamkeit viel für die Schonung des Lebens und für den Schutz gegen den Schaden von anderen Menschen und Thieren. Kein besseres Mittel lehrt in dieser Beziehung die Vernunft und die Erfahrung, als eine Gesellschaft mit festen Gesetzen zu bilden, einen bestimmten Landstrich einzunehmen und alle Kraft für die Gesellschaft, gleich wie für *einen* Körper, zu verwenden. Denn zur Bildung und Erhaltung solcher Gesellschaft gehört keine geringe Klugheit und Wachsamkeit; deshalb wird eine solche Gesellschaft sicherer, beständiger und den Unfällen des Schicksals weniger ausgesetzt sein, wenn sie vorzüglich von klugen und wachsamen Männern gegründet und regiert wird, während eine, die nur aus ungebildeten Menschen besteht, grösstentheils vom Glück abhängt und weniger Bestand hat. Dauert sie doch länger, so dankt sie dies nicht ihrer, sondern fremder Leitung, und wenn sie grosse Gefahren überwindet, und ihre Angelegenheiten gut gehen, so muss sie Gottes Regierung bewundern und anbeten, insofern dann Gott durch verborgene äussere Ursachen, und nicht insofern er durch die Natur der Seele der Menschen wirkt; denn dann begegnet ihr etwas ganz Unerwartetes gegen die Regel, was in Wahrheit als ein Wunder gelten kann.

Die Völker unterscheiden sich daher nur durch die Art ihrer Verbindung und Gesetze, unter denen sie leben und regiert werden, und das jüdische Volk ist deshalb nicht wegen seiner Einsicht oder Seelenruhe vor Anderen von Gott auserwählt worden, sondern wegen seiner Verfassung und des Glückes, dass es eine Herrschaft gewonnen und viele Jahre behalten hat. Die Bibel selbst ergiebt dies auf das Deutlichste. Schon ein leichtes Durchgehen derselben zeigt, dass die Juden die anderen Völker nur darin übertrafen, dass sie die zur Sicherheit des Lebens nöthigen Dinge glücklich vollbracht, grosse Gefahren überstanden haben und dies hauptsächlich dem äusseren Beistande Gottes verdankten, während im Uebrigen sie den Anderen gleich waren, und Gott Allen gleich gnädig und gewogen war.

Was nämlich den Verstand anlangt, so erhellt nach dem in dem vorigen Kapitel Dargelegten, dass sie über Gott und die Natur nur sehr gewöhnliche Begriffe gehabt haben; deshalb waren sie rücksichtlich des Verstandes von Gott nicht bevorzugt und ebenso wenig rücksichtlich der Tagend und des wahren Lebens; denn auch darin standen sie den übrigen Völkern gleich, und nur sehr Wenige waren auserlesen. Deshalb bestand deren Erwählung und Berufung nur in dem zeitlichen Glück der Herrschaft und der Vortheile, und ich wüsste nicht, dass Gott den Erzvätern und ihren Nachfolgern etwas Weiteres verheissen hätte; vielmehr werden ihnen selbst in Mosis Gesetz für ihren Gehorsam nur die glückliche Fortdauer ihrer Herrschaft und die sonstigen Genüsse des Lebens verheissen, und dagegen der Untergang des Reiches und die schwersten Uebel angedroht, wenn sie ungehorsam werden und das Uebereinkommen brechen sollten. Das ist auch nichts Wunderbares; denn der ganze Zweck der Gemeinschaft und des Staates ist, wie das Obige ergiebt und später ausführlicher gezeigt werden wird, die Sicherheit und Bequemlichkeit des Lebens; ein Staat kann aber nur mit Gesetzen bestehen, denen Jeder unterworfen ist; und wollten alle Glieder einer Gemeinschaft den Gesetzen Lebewohl sagen, so würden sie damit die Gemeinschaft auflösen und den Staat zerstören.

Gott konnte also der Gemeinschaft der Juden für ihre treue Beobachtung der Gesetze nur ein sicheres und bequemes Leben verheissen, und umgekehrt konnte er ihnen als Strafe ihres Ungehorsams nur den Untergang des Reichs und die daraus folgenden Uebel neben denen voraussagen, die sie aus dem Untergange ihres besondern Staats noch besonders treffen würden, worüber ich hier nicht ausführlicher zu sprechen brauche. Nur das Eine bemerke ich, dass die Gesetze des Alten Testaments blos den Juden offenbart und gegeben worden sind; denn da Gott sie zur Begründung einer besondern Gemeinschaft und Staates sich auserwählt, so mussten sie nothwendig auch besondere Gesetze haben; ob aber Gott auch andern Völkern besondere Gesetze gegeben und deren Gesetzgebern sich prophetisch offenbart habe, nämlich unter den Eigenschaften, unter denen sie sich Gott vorzustellen pflegten, dies kann ich nicht sicher behaupten. Indess erhellt aus der Bibel, dass auch andere Völker durch Gottes äussere Leitung ein besonderes Reich mit besondern Gesetzen gehabt haben, und ich kann dafür zwei Stellen aus derselben beibringen. In

Gen. XIV. 18, 19, 20 wird erzählt, dass Melchisedek, König von Jerusalem, ein Hoherpriester Gottes gewesen, und dass er den Abraham gesegnet habe, wie dies der Hohepriester konnte (Num. VI. 23), und endlich, dass Abraham, der Liebling Gottes, den zehnten Theil der Beute dem Hohenpriester Gottes gegeben habe. Dies Alles zeigt, dass Gott, schon ehe er das Israelitische Volk vereinigte, Könige und Hohepriester in Jerusalem eingesetzt hat und ihnen Gebräuche und Gesetze gegeben hat; nur steht es nicht fest, ob es, wie gesagt, prophetisch geschehen ist; doch bin ich wenigstens überzeugt, dass Abraham während seines dortigen Aufenthalts nach diesen Gesetzen gelebt hat, denn Abraham erhielt keine besondern Gebräuche von Gott vorgeschrieben, und doch heisst es Gen. XXVI. 5, dass Abraham den Gottesdienst, die Gebote, Einrichtungen und Gesetze Gottes, was ohne Zweifel die des Melchisedek gewesen sind, befolgt habe. Malachias macht I.10, 11 den Juden die Vorhaltung: »Wer unter Euch schliesst die Pforten (d.h. meines Tempels), damit das Feuer nicht vergeblich auf meinen Altar gebracht werde; an Euch habe ich keinen Gefallen u.s.w. Denn vom Aufgang der Sonne bis zum Niedergang ist mein Name gross unter den Völkern, und überall werden mir Weihrauch und reine Geschenke gespendet; denn mein Name ist gross unter den Völkern, sagt Gott der Heerschaaren.« Mit diesen Worten, die, wenn man ihnen nicht Gewalt anthun will, nur die gegenwärtige Zeit bezeichnen, ist genügend bezeugt, dass die Juden zu jener Zeit von Gott nicht mehr als andere Völker geliebt wurden, ja, dass Gott damals andern Völkern durch Wunder bekannter gewesen als den Juden, welche damals ohne Wunder das Reich zum Theil wieder erlangt hatten, und dass die Völker damals Gott wohlgefällige Gebräuche und Sitten gehabt haben. Ich lasse indess dies bei Seite, da zu meinem Zweck der Beweis genügt, dass die Erwählung der Juden sich nur auf das zeitliche Glück des Körpers und die Freiheit bezogen hat, oder auf das Reich und die Mittel und Wege, wodurch sie es erlangt, und folglich auch auf die Gesetze, soweit sie zur Befestigung dieses besondern Reiches nothwendig waren, und auf die Art ihrer Offenbarung. Dagegen sind sie im Uebrigen und in dem, was die wahre Glückseligkeit des Menschen ausmacht, den Andern gleich gewesen. Wenn es deshalb in der Bibel (Deut. IV. 7) heisst, dass keinem Volke seine Götter so nahe gewesen, wie den Juden Gott, so ist dies nur von ihrem Staate und von jener Zeit, wo ihnen so viel Wunder begegneten, zu verstehen; denn in Bezug auf Einsicht und Tugend, d.h. in Bezug auf Seligkeit, ist Gott, wie gesagt und durch die Vernunft selbst bewiesen worden, Allen gleich gnädig, wie auch aus der Bibel selbst genügend erhellt; denn es sagt der Psalmist (Psalm. CXLV. 18): »Gott ist Allen nahe, die ihn rufen und Allen, die ihn wahrhaft rufen.« Derselbe sagt daselbst v. 9: »Gott ist Allen liebevoll, und seine Barmherzigkeit besteht für Alles, was er gemacht hat.« Auch heisst es im Psalm. XXXIII. 15 deutlich, dass Gott Allen den gleichen Verstand gegeben habe; die Worte sind: »er bildet auf gleiche Weise ihr Herz.« Das Herz galt nämlich bei den Juden für den Sitz der Seele und des Verstandes, wie Allen bekannt sein wird.

Ferner erhellt aus Hiob XXVIII. 28, dass Gott dem ganzen Menschengeschlecht das Gesetz gegeben habe, ihn zu verehren und sich der schlechten Werke zu enthalten, d.h. Gutes zu thun, und deshalb war Hiob, obgleich ein Heide, von Allen Gott der Liebste, da er Alle an Frömmigkeit und Religion übertraf. – Ferner erhellt deutlich aus Jonas IV. 2, dass Gott nicht blos für die Juden, sondern für Alle gnädig, barmherzig, langmüthig und voller Liebe ist und das Unglück bemitleidet. Denn Jonas sagt: »deshalb hatte ich vorher beschlossen, nach Tharsus zu fliehn, weil ich wusste (nämlich aus den Worten Mosis in Exod. XXXIV. 6), dass Du, mein Gott, gnädig, barmherzig u.s.w. bist« und deshalb werde er auch den Heiden in Ninive vergeben. Es ergiebt sich hieraus, da Gott Allen gleich gewogen ist, und die Juden nur in Beziehung auf ihre Gemeinschaft und ihren Staat von Gott auserwählt worden, dass der einzelne Jude ausserhalb dieser Gemeinschaft und dieses Staats, für sich betrachtet, keine Gabe von Gott vor den Andern empfangen hat, und dass kein Unterschied zwischen ihm und den Heiden besteht. Ist es daher richtig, dass Gott Allen in gleicher Weise gütig und barmherzig ist, und dass das Amt der Propheten war, nicht die besondern Gesetze des Landes, sondern die wahre Tugend zu lehren und die Menschen dazu zu ermahnen, so haben offenbar alle Völker ihre Propheten gehabt, und die prophetische Gabe war keine den Juden eigenthümliche. Dieses bestätigen auch in Wahrheit die weltliche wie die heilige Geschichte. Wenn auch aus der heiligen Geschichte des Alten Testaments nicht erhellt, dass die andern Völker so viel Propheten wie die Juden gehabt haben, ja, dass Gott keinen Heiden ausdrücklich als Propheten den Völkern gesandt hat, so macht dies nichts aus, da die Juden nur für die Aufzeichnung ihrer Ereignisse, aber nicht derer andrer Völker sorgten. Es genügt, dass nach dem Alten Testament Heiden und Unbeschnittene, wie Noah, Chanoch, Abimelech, Bileam u.s.w., prophezeit haben, und dass die jüdischen Propheten von Gott nicht blos ihrem Volke, sondern auch vielen andern Völkern gesandt worden sind; denn Ezechiel hat allen damals bekannten Völkern prophezeit; Hobadias, so viel wir wissen, mir den Idumäern, und Jonas war vorzüglich der Prophet für die Bewohner Ninive's. Esaias beklagt nicht blos das Elend der Juden und weissagt und besingt nicht blos ihre Rückkehr, sondern auch die anderer Völker; denn er sagt XVI. 9: »deshalb werde ich mit Thränen Jazerem beklagen«, und XIX. sagt er erst das Unglück der Aegypter und nachher ihre Wiederbefreiung voraus. Man sehe XIX. 19, 20, 21, 25; nämlich Gott werde ihnen einen Retter senden, der sie befreien wird, und Gott werde ihnen bekannt werden, und die Aegypter würden zuletzt Gott mit Opfern und Geschenken verehren. Zuletzt nennt er dieses Volk: »das gesegnete ägyptische Volk Gottes«, Aussprüche, die wohl zu beachten sind. Auch Jeremias heisst nicht der Prophet der Juden, sondern nur der Prophet der Völker (Jerem. I. 5), wo er in seinen Weissagungen das Unglück der Völker beweint und ihre Wiederherstellung verkündet; denn er sagt XLVIII. 31 über die Moabiter: »deshalb werde ich über Moab jubeln, und ich schreie auf für ganz Moab, so laut wie eine Pauke«; und endlich weissagt er ihre Wiederherstellung und auch die der Aegypter, Ammoniter und Elamiter. Unzweifelhaft haben daher andere Völker, wie die Juden, ihre Propheten gehabt, die ihnen und den Juden weissagten. Wenn auch die Bibel nur des einen Bileam erwähnt, dem die Zukunft der Juden und anderen Völkern offenbart worden, so ist es doch nicht glaublich, dass Bileam blos bei dieser Gelegenheit geweissagt habe; denn es ergiebt sich aus der ganzen Erzählung auf das Deutlichste, dass er schon lange vorher geweissagt und durch göttliche Gaben geglänzt hat. Denn als Balak ihn zu sich kommen heisst, sagt er (Num. XXII. 6): »weil ich weiss, dass der, den Du segnest, gesegnet, und der, den Du verfluchst, verflucht ist.« Deshalb hatte er dieselbe Kraft, die Gott Abraham gegeben hatte (Geil. XII. 3). Dann antwortet Balam, der an die Weissagungen gewöhnt war, den Abgesandten, sie sollten bei ihm bleiben, bis Gott ihm seinen Willen offenbart haben werde. Bei dem Weissagen, d.h. bei der Verkündung des wahren Willens Gottes, pflegte er von sich zu sagen: »Das Wort dessen, der die Worte Gottes hört, der das Wissen (oder die Gedanken oder das Voraussehn) des Höchsten kennt, der die Erscheinung des Allmächtigen sieht, niederfallend und mit verdeckten Augen.« Zuletzt beginnt er, nachdem er die Juden im Auftrage Gottes gesegnet hat, den andern Völkern, wie gewöhnlich, zu weissagen und ihnen das Zukünftige vorauszusagen. Dies Alles lehrt zur Genüge, dass er immer ein Prophet gewesen ist, und dass er, was hier noch erheblich ist, das gehabt, was die Propheten vorzüglich von der Wahrheit ihrer Weissagungen überzeugte, nämlich eine nur dem Gerechten und Guten zugewendete Seele. Denn er segnete und fluchte nicht, wen er wollte, wie Balak meinte, sondern nur die, die Gott gesegnet oder verflucht haben wollte, und er antwortete deshalb Balak: »Wenn mir auch Balak so viel Silber und Goldes gäbe, dass ich sein Haus damit füllen könnte, so kann ich doch das Gebot Gottes nicht überschreiten und nicht nach Belieben das Gute und das Böse thun; ich werde sprechen, was Gott spricht.« Wenn Gott ihm auf der Reise zürnte, so geschah dies auch dem Moses so, als er im Auftrage Gottes nach Aegypten reiste (Exod. IV. 24); und wenn er Geld für seine Weissagungen nahm, so that dies auch Samuel (1. Samuel IX. 7, 8), und wenn er wo gesündigt hat (2. Brief Petri II. 15, 16 und Judae 11), »so ist Niemand so gerecht, dass er immer gut handelt und niemals sündigt« (Predig. Salom. VII. 21). Auch müssen seine Reden immer viel bei Gott gegolten haben, und seine Macht, zu verfluchen, war sicherlich gross, da es so oft in der Bibel vorkommt, wenn die Barmherzigkeit Gottes gegen die Israeliten nachgewiesen werden soll, dass Gott den Bileam nicht hat hören wollen, und dass er dessen Fluch in Segen verwandelt habe (Deut. XXIII. 5, Josua XXIV. 10, Nehem. XIII. 2). Er war daher unzweifelhaft Gott sehr angenehm; denn die Reden und Verwünschungen der Gottlosen rühren Gott nicht. War Bileam daher ein wahrer Prophet, den Josua (XIII. 22) einen »göttlichen« oder »Wahrsager« (*augur*) nennt, so erhellt, dass dieser Käme auch im guten Sinne gebraucht wurde, und dass Die, welche die Heiden so nannten, wahre Propheten gewesen sind, und dass Die, welche die Bibel häufig anklagt und verurtheilt, falsche Propheten gewesen sind, die die Völker ebenso, wie die falschen Propheten die Juden, betrogen, wie auch aus andern Stellen der Bibel sich ergiebt.

Ich nehme daraus ab, dass die Gabe der Weissagung keine Eigenthümlichkeit der Juden gewesen, sondern allen Völkern zugekommen ist. Die Pharisäer behaupten allerdings eifrig das Gegentheil, und dass die übrigen Völker nur aus einer, ich weiss nicht welcher teuflischen Kraft (denn was erfindet nicht der Aberglaube) die Zukunft vorhergesagt. Die Hauptstelle des Alten Testaments, auf die sie sich zum Beweise dessen berufen, ist Exod. XXXIII. 16, wo Moses zu Gott sagt: »Woran soll man erkennen, dass ich und Dein Volk Gnade vor Deinen Augen gefunden haben? Gewiss, wenn Du von uns gehst, werden ich und Dein Volk von allen Völkern, die auf der Erde sind, getrennt sein.« Sie wollen daraus folgern, dass Moses Gott gebeten, den Juden gegenwärtig zu bleiben und ihnen sich prophetisch zu offenbaren, aber diese Gnade keinem andern Volke zu erweisen. Es wäre indess wahrhaftig zum Lachen, wenn Moses andern Völkern die Gegenwart Gottes nicht gegönnt und Gott um so etwas zu bitten gewagt hätte. Vielmehr verhält es sich so, dass Moses den widerspenstigen Sinn und Charakter seines Volkes kannte und klar einsah, wie sie ohne die grössten Wunder und den besondern äusserlichen Beistand Gottes das Unternehmen nicht vollenden, sondern ohne solche Hülfe zu Gründe gehn würden. Deshalb, damit erhellt, dass Gott sie erhalten wolle, bat er Gott um seinen besondern Beistand. Denn so sagt er XXXIV. 9: »Wenn ich Gnade vor Deinen Augen gefunden habe, o Herr, so gehe, ich bitte Dich, unter uns, denn dieses Volk ist ungehorsam u.s.w.« Hiernach bittet er also ausdrücklich Gott um Hülfe, weil das Volk ungehorsam war, und die Antwort Gottes zeigt noch deutlicher, dass Moses nur diesen äussern Beistand erbeten habe; denn Gott antwortet sofort (daselbst v. 10): »Siehe, ich schliesse einen Bund, dass ich vor Deinem ganzen Volke Wunder verrichten werde, wie sie auf der ganzen Erde nicht geschehen sind und bei keinem Volke u.s.w.« Demnach spricht Moses hier von der Erwählung der Juden nur in dem von mir dargelegten Sinne und hat nur dies von Gott erbeten.

Indess ist in Pauli Briefe an die Römer eine erheblichere Stelle, wo (III. 1) Paulus etwas Anderes, als ich hier, zu lehren scheint, indem er sagt: »Welches ist also der Vorzug von Juda, und was der Nutzen der Beschneidung? ein grosser in aller Weise; das Fürnehmste ist, dass ihm die Aussprüche Gottes anvertraut worden.« Betrachtet man indess die Lehre, welche Paulus vorzüglich darlegen will, so findet sich Nichts, was der meinigen widerspricht; vielmehr lehrt er dasselbe, wie ich, denn er sagt v. 29, dass Gott der Gott der Juden und Heiden sei und (II. 25, 26), »dass wenn ein Beschnittener von dem Gesetz abtrünnig werde, so werde die Beschneidung zur Vorhaut werden, und wenn umgekehrt die Vorhaut das Gesetzesgebot befolge, so werde dessen Vorhaut für Beschneidung gelten.« Dann sagt er (III. 9), dass Alle, die Juden wie die Heiden, in der Sünde gewesen, dass es aber ohne Gebot und Gesetz keine Sünde gebe. Hieraus erhellt deutlich, dass das Gesetz Allen unbedingt (wie auch oben aus Hiob XXVIII. 28 gezeigt worden) offenbart gewesen ist und Alle unter demselben gelebt haben, nämlich das nur die Tugend betreffende Gesetz, und nicht das, was nach den Verhältnissen und der Verfassung eines einzelnen Staates errichtet und dem Geist des besondern Volkes angepasst wird. Endlich folgert Paulus, dass, weil Gott der Gott aller Völker ist, d.h. allen gleich gnädig ist, und alle unter dem Gesetz und der Sünde gewesen sind, dass Gott seinen Christus allen Völkern geschickt habe, um sie alle gleich aus der Knechtschaft des Gesetzes zu erlösen, damit sie ferner nicht mehr des Gesetzgebots wegen, sondern aus eignem beharrlichem Beschluss gut handelten. Paulus lehrt sonach genau, was ich behaupte. Wenn er daher sagt: »nur den Juden seien die Aussprüche Gottes anvertraut worden«, so heisst dies entweder, dass nur sie mit einem geschriebenen Gesetz betraut worden, die andern Völker aber nur mit einem durch Offenbarung und im Verstande mitgetheilten; oder man muss annehmen, dass Paulus, indem er nur die möglichen Einwürfe der Juden beachtet, nach der Fassungskraft und den damals herrschenden Meinungen derselben antwortet; denn nach dem, was er theils gesehen, theils gehört hatte, war er ein Grieche mit den Griechen und ein Jude mit den Juden.

Ich habe nun nur noch auf einige Gegengründe zu antworten, aus denen folgen soll, dass die Erwählung der Juden keine bloß zeitliche, auf ihren Staat bezügliche, sondern eine ewige sei. Man sagt, die Juden seien trotz des Verlustes ihres Reiches und ihrer Zerstreuung durch so lange Zeit und trotz ihrer Trennung von allen Völkern, doch erhalten geblieben, was keinem andern Volke begegnet sei. Ferner sollen viele Stellen der heiligen Schriften ergeben, dass Gott sich die Juden in Ewigkeit erwählt habe, und dass sie daher auch nach dem Verlust ihres Reiches die Auserwählten Gottes bleiben. Diese Stellen sind hauptsächlich: 1) Jerem. XXXII. 36, wo der Prophet bezeugt, dass der Same Israels in Ewigkeit das Volk Gottes bleiben werde, indem er sie mit der festen Ordnung der Himmel und der Natur vergleicht; ferner 2) Ezechiel XX. 32 u. f., wo er sagen will, Gott werde, trotzdem dass die Juden absichtlich den Dienst Gottes verlassen hätten, sie doch aus allen Ländern, in die sie zerstreut worden, wieder sammeln und in die Wüste der Völker, wie er deren Vorfahren in die Wüsten Aegyptens geführt, und endlich von da werde er, nachdem er die Widerspenstigen und Abtrünnigen gesondert, sie zum Berge seiner Heiligkeit führen, wo der ganze Stamm Israels ihn verehren werde.

Die Pharisäer pflegen zwar noch einige andere Stellen anzuführen, indess glaube ich, es wird genügen, wenn ich auf diese beiden antworte, was leicht geschehen kann, nachdem ich aus der Bibel nachgewiesen haben werde, dass Gott die Juden nicht in Ewigkeit auserwählt, sondern nur unter den Bedingungen, wie früher die Kananiter, die auch, wie gezeigt worden, Hohepriester hatten, welche Gott gläubig verehrten, und welche Gott doch wegen ihrer Ueppigkeit, ihrer Trägheit und ihres schlechten Gottesdienstes verwarf. Moses ermahnt nämlich (Lev. XVIII. 27, 28) die Israeliten, sich nicht mit Unzucht zu beflecken, wie die Kananiter, damit nicht die Erde sie ausspeie, wie sie es mit jenen Völkern that, die dieses Land bewohnten, und er droht ihnen (Deut. VIII. 19, 20) ausdrücklich den völligen Untergang, indem er sagt: »Ich sage Euch heute, dass Ihr gänzlich untergehen werdet, wie die Völker, welche Gott aus Eurer Gegenwart hat untergehen lassen, so werdet Ihr untergehn«. In dieser Weise finden sich noch andere Stellen in den Büchern Mosis, die ausdrücklich sagen, dass Gott nicht unbedingt und nicht in Ewigkeit das jüdische Volk erwählt habe. Wenn daher die Propheten ihnen ein neues und ewiges Bündniss mit dem Gott der Erkenntniss, Liebe und Gnade voraussagten, so erhellt leicht, dass dies nur den Frommen galt; denn in dem eben erwähnten Kapitel des Ezechiel heisst es ausdrücklich, dass Gott die Widerspenstigen und Abtrünnigen von ihnen sondern werde, und in Zephania III. 12, 13 heisst es, dass Gott die Hoffärtigen aus ihrer Mitte nehmen und nur die Armen übrig lassen werde. Da nun diese Erwählung sich nur auf die wahre Tugend bezieht, so kann sie nicht blos den frommen Juden mit Ausschluss der übrigen versprochen sein, sondern die wahren Propheten der Heiden, die, wie gezeigt, bei allen Völkern bestanden haben, werden dasselbe auch den Getreuen ihrer Völker verheissen und sie damit getröstet haben. Deshalb ist dieser ewige Bund mit dem Gott der Erkenntniss und Liebe ein allgemeiner, wie auch aus Zephania III. 10, 11 klar erhellt.

Hiernach bestellt hier kein Unterschied zwischen Juden und Heiden und für jene keine andere, als die bereits erwähnte, besondere Erwählung. Wenn die Propheten diese Erwählung, die blos die wahre Tugend betrifft, mit Opfern und andern Gebräuchen und mit dem Wiederaufbau des Tempels und der Stadt vermengen, so haben sie nach der Sitte und Natur der Weissagung die geistigen Dinge durch solche Wendungen erläutern wollen, dass sie den Juden, deren Propheten sie waren, zugleich die Herstellung des Reichs und Tempels, die zu Cyrus' Zeit zu erwarten sei, andeuteten. Deshalb haben die heutigen Juden durchaus nichts vor den andern Völkern voraus, und wenn sie so viele Jahre in der Zerstreuung ohne Reich ausgehalten haben, so ist dies nicht auffallend, da sie sich von allen Völkern abgesondert und sich den Hass aller aufgeladen haben, und dies nicht blos in äussern, den andern Völkern widersprechenden Gebräuchen, sondern auch in dem Zeichen der Beschneidung auf das Gewissenhafteste festgehalten wird. Die Erfahrung lehrt aber, dass der Hass der Völker sie erhält. Als der König von Spanien einst die Judenzwang, entweder die Religion seines Staates anzunehmen oder in die Verbannung zu gehen, nahmen sehr viele Juden die katholische Religion an, und indem diese alle Vorrechte der eingebornen Spanier erhielten und in allen Ehrenrechten ihnen gleichgestellt wurden, so vermischten sie sich sofort mit den Spaniern in der Art, dass nach kurzer Zeit keine Spur und kein Andenken von ihnen geblieben ist. Das Gegentheil ereignete sich bei denen, welche der König von Portugal zwang, die Landesreligion anzunehmen; sie blieben trotzdem immer von den Übrigen Einwohnern getrennt, weil sie aller Ehrenrechte für unwürdig erklärt worden waren.

Ich glaube auch, dass die Sitte der Beschneidung so mächtig ist, dass sie allein dieses Volk in Ewigkeit erhalten kann; ja, wenn die Grundlagen seiner Religion ihren Geist nicht verweichlichten, so würde ich sicher glauben, dass sie einst bei passender Gelegenheit und beim Wechsel der menschlichen Schicksale ihr Reich wieder aufrichten werden, und Gott sie von Neuem erwählen werde. Ein merkwürdiges Beispiel der Art haben wir an den Chinesen, welche ebenfalls ein Zeichen am Kopfe, durch das sie sich von allen Andern unterscheiden, ängstlich bewahren. Denn sie haben in dieser Trennung Jahrtausende von Jahren sich erhalten, und das chinesische Volk übertrifft im Alter alle andern Völker; auch haben sie nicht immer die Herrschaft gehabt; aber wenn sie sie verloren hatten, erlangten sie sie auch wieder, und sie werden sie auch jetzt unzweifelhaft wieder gewinnen, wenn der Geist der Tartaren durch die Ueppigkeit des Reichthums und durch Trägheit erschlafft sein wird.

Wollte endlich Jemand dabei beharren, dass die Juden aus diesem oder einem andern Grunde von Gott in Ewigkeit auserwählt seien, so will ich ihm nicht entgegen sein, wenn er nur anerkennt, dass diese zeitliche oder ewige Erwählung, soweit sie die Juden allein betrifft, sich nur auf ihr Reich und die Bequemlichkeiten des Lebens bezieht, was allein ein Volk von dem andern unterscheiden kann.

Dagegen kann rücksichtlich des Verstandes und der wahren Tugend kein Volk mehr haben als das andere, und keines kann deshalb hierin von Gott vor andern auserwählt sein.

Viertes Kapitel

Ueber das göttliche Gesetz.

Das Wort »Gesetz« an sich bezeichnet das, wonach jeder Einzelne, seien es Alle oder Einige einer Gattung, auf dieselbe feste und bestimmte Weise handelt; es hängt entweder von der Naturnothwendigkeit oder von dem Belieben der Menschen ab. Ersteres folgt aus der Natur oder Definition des Gegenstandes selbst mit Nothwendigkeit; das Gesetz aus dem Belieben der Menschen, was eigentlich das Recht genannt wird, ist dagegen das, was die Menschen zur Sicherheit und Bequemlichkeit des Lebens oder aus andern Gründen sich und Andern aufgelegt haben. So ist es z.B. das Gesetz, wonach alle Körper bei dem Stoss gegen kleinere so viel von ihrer Bewegung verlieren, als sie jenen mittheilen, ein allgemeines für alle Körper, was aus ihrer Natur nothwendig folgt. Ebenso ist es ein aus der menschlichen Natur nothwendig folgendes Gesetz, dass der Mensch bei der Erinnerung einer Sache sich auch sofort der ähnlichen oder der mit jener früher zugleich gehabten Vorstellung erinnert. Dagegen hängt es von dem menschlichen Belieben ab, dass die Menschen ihr natürliches Recht abtreten oder abtreten müssen und einer bestimmten Lebensweise sich unterwerfen.

Wenn ich auch zugebe, dass *Alles* nach allgemeinen Naturgesetzen sich zum Dasein und zum Wirken in scharfer und fester Weise bestimmt, so meine ich doch, dass diese Gesetze von dem Belieben der Menschen abhängen: 1) weil der Mensch selbst ein Theil der Natur ist und deshalb auch einen Theil ihrer Kraft ausmacht. Was daher aus der Nothwendigkeit der menschlichen Natur folgt, d.h. aus der Natur selbst, soweit wir sie durch die menschliche Natur bestimmt vorstellen, das folgt, obgleich nothwendig, dennoch auch aus der menschlichen Macht. Deshalb kann man ganz richtig sagen, dass die Feststellung jener Gesetze von dem Belieben der Menschen abhängt, weil sie wesentlich von der Macht des menschlichen Geistes so abhängen, dass nichtsdestoweniger der menschliche Geist, soweit er die Dinge unter dem Gesichtspunkt des Wahren und Falschen auffasst, sie auch ohne diese Gesetze klar auffassen könnte, aber nicht ohne das nothwendige Gesetz, wie ich es eben erklärt habe. 2) Ich habe gesagt, dass diese Gesetze auch deshalb von dem Belieben der Menschen abhängen, weil man die Dinge nach ihren nächsten Ursachen bestimmen und erläutern muss, und weil jene allgemeine Auffassung des Schicksals und der Verkettung der Ursachen uns für die Bildung und Ordnung unserer Kenntniss der besondern Dinge nicht weiter bringt. Dazu kommt, dass die Reihenfolge und Verkettung der Dinge, wie sie in Wahrheit sich folgen und verknüpft sind, ganz unbekannt ist, und es ist deshalb für das Leben besser, ja nothwendig, die Dinge als möglich zu nehmen. So viel über das *Gesetz an sich* betrachtet.

Allein dieses Wort wird durch Uebertragung auch auf natürliche Dinge angewendet, und man versteht meist unter Gesetz nur einen Befehl, den die Menschen befolgen oder vernachlässigen können, weil es die menschliche Macht in gewisse Schranken stellt, über die sie an sich hinausreicht, und weil es nicht etwas darüber hinaus verlangt. Hiernach ist das Gesetz im engem Sinne eine Weise zu leben, die der Mensch sich oder Andern zu einem Zwecke vorschreibt. Da indess der Zweck der Gesetze nur Wenigen bekannt zu sein pflegt, und die Meisten zu dessen Verständniss ganz ungeschickt sind und nichts weniger als nach der Vernunft leben, so haben die Gesetzgeber, um Alle gleich zu verpflichten, ein anderes, von dem aus der Natur des Gesetzes nothwendig folgenden ganz verschiedenes Ziel gesetzt, indem sie den Verfechtern der Gesetze das versprechen, was die Menge am meisten liebt, und den Gesetzesverletzern das androhn, was sie am meisten fürchtet. So haben sie gesucht die Menge, gleich ein Pferd durch den Zügel, soweit als möglich in Ordnung zu halten, und daher ist es gekommen, dass vorzugsweise die Lebensweise, die den Menschen durch Anderer Befehl vorgeschrieben wird, unter Gesetz verstanden wird, und dass von Denen, welche den Gesetzen folgen, es heisst, sie leben unter den Gesetzen und scheinen zu dienen, während in Wahrheit Der, welcher dem Andern nur das Seine giebt, weil er den Galgen fürchtet, lediglich in Folge des in des Andern Befehl und in dem Uebel liegenden Zwanges so handelt und nicht gerecht heissen kann, sondern nur Der, welcher Jedem das Seine giebt, weil er die wahre Natur der Gesetze und ihre Nothwendigkeit kennt und mit Festigkeit und aus eignem, nicht aber aus fremdem Entschluss handelt. Deshalb verdient nur dieser gerecht genannt zu werden. Dies hat wohl auch Paulus mit den Worten sagen wollen, »dass, wer unter dem Gesetz lebe, durch das Gesetz nicht gerechtfertigt werden könne«. Denn die Gerechtigkeit ist nach der gebräuchlichen Definition der feste und beharrliche Wille, Jedem das Seine zu geben. Deshalb sagt Salomo (Sprüchwört. XXI. 15): »Der Gerechte freut sich über das Gericht; aber die Ungerechten sind voll Furcht«.

Wenn sonach das Gesetz nur die Lebensweise ist, welche die Menschen sich oder Andern zu einem Zwecke vorschreiben, so muss das Gesetz in das göttliche und menschliche eingetheilt werden. Unter letzterem verstehe ich die Lebensweise, welche nur dem Schutz des Lebens und dem Staate dient, unter dem göttlichen aber, welche blos auf das höchste Gut, d.h. auf die wahre Kenntniss und Liebe Gottes abzielt. Wenn ich dieses Gesetz das göttliche nenne, so geschieht es wegen der Natur des höchsten Guts, die ich mit Wenigem hier möglichst klar darlegen will.

Da der bessere Theil in uns die Einsicht ist, so müssen wir, wenn wir wahrhaft unserem Besten nachstreben wollen, vor Allem diese Einsicht nach Möglichkeit zu vervollkommnen suchen; denn in deren Vervollkommnung muss unser höchstes Gut bestehen. Da ferner alle unsere Kenntniss und Gewissheit, die allen Zweifel beseitigt nur von der Erkenntniss Gottes abhängt, theils weil ohne Gott Nichts sein und Nichts erkannt werden kann, theils auch, weil man über Alles zweifeln kann, so lange man keine klare und deutliche Vorstellung von Gott hat, so folgt, dass unser höchstes Gut und unsere Vollkommenheit nur von der Erkenntniss Gottes abhängt u.s.w.

Wenn so Nichts ohne Gott bestehn oder erkannt werden kann, so enthält jedes Ding in der Natur den Begriff Gottes nach Verhältniss seines Wesens und seiner Vollkommenheit und drückt ihn nur aus, und je mehr wir also die natürlichen Dinge erkennen, desto mehr steigt auch und vervollkommnet sich unsere Erkenntniss Gottes; oder, da die Erkenntniss der Wirkung durch die Ursache nur die Erkenntniss einer Eigenschaft der Ursache enthält, so erkennen wir das Wesen Gottes, das die Ursache von Allem ist, um so vollkommner, je mehr man die natürlichen Dinge erkennt. So hängt unsere ganze Erkenntniss, d.h. unser höchstes Gilt, nicht blos von der Erkenntniss Gottes ab, sondern besteht Überhaupt darin. Dies ergiebt sich auch daraus, dass ein Mensch nach der Natur und Vollkommenheit einer Sache, die er vor andern liebt, vollkommner ist, und daher derjenige Mensch am vollkommensten ist und an der höchsten Seligkeit am meisten Theil nimmt, welcher die geistige Erkenntniss Gottes, als des vollkommensten Wesens, über Alles liebt und sich daran am meisten erfreut.

So läuft unser höchstes Gut und unsre Seligkeit auf die Erkenntniss und Liebe Gottes hinaus. Deshalb können die Mittel, welche dieses Ziel aller menschlichen Handlungen, nämlich Gott selbst verlangt, soweit dessen Vorstellung in uns ist, die Gebote Gottes heissen, weil sie gleichsam uns von Gott selbst, soweit er in unsrer Seele besteht, vorgeschrieben worden sind, und deshalb heisst die Lebensweise, die dieses Ziel vor Augen hat, mit Recht das göttliche Gesetz. Welche Mittel dies nun sind, und welche Lebensweise dieses Ziel verlangt, und wie daraus die Grundlagen der besten Staatsgemeinschaft, sowie der Verkehr zwischen den Menschen hervorgehen, das gehört zur allgemeinen Ethik; hier fahre ich nur in Darlegung des Gesetzes überhaupt fort.

Wenn sonach die Liebe zu Gott das höchste Glück und die Seligkeit des Menschen bildet und das letzte Ziel und der Zweck aller menschlichen Handlungen ist, so erhellt, dass nur Derjenige das göttliche Gesetz befolgt, welcher sorgt, dass er Gott liebe; nicht aus Furcht vor Strafen, nicht aus Liebe zu andern Dingen, wie Lust, Ruhm u.s.w., sondern nur, weil er Gott kennt, oder weil er weiss, dass die Erkenntniss Gottes und die Liebe zu ihm das höchste Gut ist. Das Wesen des göttlichen Gesetzes und sein oberstes Gebot ist, Gott als das höchste Gut zu lieben, d.h. wie gesagt, nicht aus Furcht vor einem Uebel oder einer Strafe, nicht aus Liebe zu einem andern Gegenstand, an dem man sich ergötzen kann, denn die Vorstellung Gottes sagt, dass Gott unser höchstes Gut ist, oder dass die Erkenntniss Gottes und seine Liebe das höchste Ziel sind, nach dem alle unsere Handlungen sich richten müssen. Der fleischliche Mensch vermag jedoch nicht dies einzusehen, weil er eine zu nüchterne Kenntniss von Gott hat, und weil er in diesem höchsten Gute nichts findet, was er schmecken oder verzehren könnte, oder was das Fleisch, woran er sich am meisten erfreut, erregte, da es in blosser Spekulation und reinem Verstande besteht. Nur Die, welche wissen, dass die Einsicht und der gesunde Verstand das Vortrefflichste sind, werden dies ohne Zweifel als das Beste erkennen.

Somit habe ich dargelegt, worin das Gesetz hauptsächlich besteht, und welches die menschlichen Gesetze sind, die nach einem andern Ziele streben, wenn sie nicht aus der Offenbarung stammen; denn in dieser Hinsicht werden die Dinge auf Gott bezogen, wie ich oben gezeigt habe, und in diesem Sinne kann das Gesetz Mosis, obgleich es kein allgemeines, sondern nur für die Erhaltung *eines* Volkes eingerichtet war, doch das Gesetz Gottes oder das göttliche Gesetz genannt werden, sofern man nämlich glaubt, dass es durch das prophetische Licht gegeben worden sei.

Achtet man nun auf das Wesen des natürlichen göttlichen Gesetzes, so ergiebt sich, 1) dass es allgemein ist, oder für alle Menschen gültig; denn wir haben es aus der allgemeinen Natur des Menschen abgeleitet; 2) dass es keiner geschichtlichen Beglaubigung bedarf, mag diese sein, welcher Art sie wolle; denn wenn dieses natürliche göttliche Gesetz aus der blossen Betrachtung der menschlichen Natur sich ergiebt, so ist klar, dass wir es ebenso in Adam wie in jedem andern Menschen, und ebenso in dem mit Andern lebenden wie in dem einsamen Menschen erkennen können, und der Glaube an die Geschichten, wenn er auch noch so fest ist, kann uns weder die Erkenntniss Gottes, noch die Liebe zu ihm gewähren. Denn die Liebe zu Gott geht aus der Erkenntniss desselben hervor; diese Erkenntniss muss aber aus den gemeinsamen Begriffen, die in sich gewiss und bekannt sind, geschöpft werden; deshalb ist durchaus der Glaube an Geschichten nicht dazu nöthig, damit wir das höchste Gut erlangen.

Obgleich somit dieser Glaube an die Geschichten uns die Erkenntniss Gottes und die Liebe zu ihm nicht geben kann, so bestreite ich doch nicht, dass das Lesen derselben für das bürgerliche Leben sehr nützlich ist. Denn je besser man die Sitten und Zustände der Menschen beobachtet und kennt, was am besten aus ihren Handlungen geschehen kann, desto vorsichtiger kann man unter denselben leben und seine Handlungen und sein Leben besser nach ihrem Sinn, soweit es die Vernunft gestattet, einrichten. Es ergiebt sich ferner, 3) dass dieses natürliche göttliche Gesetz keine Gebräuche, d.h. keine Handlungen verlangt, die an sich gleichgültig sind und blos durch die Einrichtung für gut gelten, oder die ein zum Heile nöthiges Gut vorstellen oder, wenn man lieber will, Handlungen, deren Grund die menschliche Fassungskraft übersteigt. Denn das natürliche Licht verlangt nichts, was dieses Licht nicht betrifft, sondern nur, was uns deutlich anzeigt, dass es gut oder ein Mittel für unsre Seligkeit ist. Alles aber, was blos auf Anordnung und Einrichtung gut ist, oder weil es etwas Gutes symbolisch darstellt, kann unsre Einsicht nicht vermehren, ist nur ein leerer Schatten und kann nicht zu den Handlungen gerechnet werden, die das Erzeugniss und die Frucht der Einsicht und des gesunden Geistes sind, wie ich nicht weiter auseinander zu setzen brauche; 4) endlich ergiebt sich, dass der höchste Lohn des göttlichen Gesetzes die Erkenntniss des Gesetzes, d.h. Gottes ist und die Liebe zu ihm aus wahrer Freiheit und von ganzem und beharrlichem Gemüthe. Die Strafe ist dagegen die Beraubung dessen und die Knechtschaft des Fleisches, oder ein unbeständiger und schwankender Sinn.

Nach diesem bleibt noch zu ermitteln: 1) ob man nach natürlichem Licht Gott sich als Gesetzgeber oder einen den Menschen Gesetze vorschreibenden Fürsten vorstellen könne; 2) was die Bibel über dieses natürliche Licht und Gesetz lehre; 3) zu welchem Zweck ehedem die Gebräuche eingeführt worden sind, und 4) was die Kenntniss und der Glaube an die heilige Geschichte bedeutet. Heber die beiden ersten Fragen soll in diesem Kapitel, über die beiden andern in dem folgenden gehandelt werden.

Die Antwort auf die erste Frage ergiebt sich leicht aus der Natur des Willens Gottes, der sich von der Einsicht Gottes nur in der Auffassung durch unsere Vernunft unterscheidet; d.h. Gottes Wille und Einsicht sind in Wahrheit ein und dasselbe; sie werden nur in unseren Gedanken zweierlei, welche wir über die Einsicht Gottes bilden. Geben wir z.B. nur darauf Acht, dass die Natur des Dreiecks in der göttlichen Natur von Ewigkeit her als eine ewige Wahrheit enthalten ist, dann sagen wir, dass Gott den Begriff des Dreiecks habe oder die Natur des Dreiecks erkenne; aber geben wir dann darauf Acht, dass die Natur des Dreiecks in dieser Weise nur aus der Nothwendigkeit der göttlichen Natur darin enthalten ist und nicht aus der Nothwendigkeit des Wesens und der Natur des Dreiecks, vielmehr, dass die Nothwendigkeit des Wesens und der Eigenschaften des Dreiecks, als ewige Wahrheiten aufgefasst, blos von der Nothwendigkeit der göttlichen Natur und Einsicht abhängen, so nennen wir dann dies Gottes Willen oder Rathschluss, was wir vorher Gottes Einsicht genannt haben.

Deshalb bejahen wir in Bezug auf Gott ein und dasselbe, wenn wir sagen, dass Gott von Ewigkeit beschlossen und gewollt habe, dass die drei Winkel des Dreiecks zweien rechten gleich seien, oder dass Gott dies eingesehen habe. Deshalb enthalten die Bejahungen und Verneinungen Gottes immer eine ewige Wahrheit oder Nothwendigkeit.

Wenn daher Gott z.B. dem Adam gesagt hat, er wolle nicht, dass Adam von dem Baume der Erkenntniss des Guten und Bösen esse, so enthält es einen Widerspruch, wenn Adam doch von diesem Baume essen gekonnt hätte, und es war deshalb dies unmöglich; denn jener göttliche Befehl musste eine ewige Nothwendigkeit und Wahrheit enthalten. Wenn daher die Bibel doch erzählt, dass Gott es dem Adam verboten, dieser aber doch davon gegessen habe, so erhellt nothwendig, dass Gott dem Adam nur ein Uebel offenbart hat, was aus dem Essen von diesem Baume nothwendig folgen würde, aber nicht, dass dieses Uebel nothwendig eintreten müsse. Deshalb ist es gekommen, dass Adam diese Offenbarung nicht als eine ewige und nothwendige Wahrheit auffasste, sondern wie ein Verbot, d.h. als eine Bestimmung, welche einem Vortheil oder einem Nachtheil folgen lässt, nicht aus der Nothwendigkeit und Natur der Handlung des Erzvaters, sondern nach dem Belieben und blossen Befehl eines Fürsten. Deshalb war diese Offenbarung blos für Adam und blos wegen des Mangels seiner Einsicht ein Gebot, und Gott nur deshalb Gesetzgeber oder Fürst; und aus diesem Grunde, wegen Mangels an Einsicht waren die zehn Gebote nur in Bezug auf die Juden ein Gebot. Denn nur weil sie Gottes Dasein und ewige Wahrheit nicht erkannt hatten, mussten sie das, was ihnen in den zehn Geboten offenbart wurde, nämlich dass Gott ist und allein anzubeten ist, als ein Gebot auffassen; hätte aber Gott ohne Anwendung körperlicher Mittel und unmittelbar zu ihnen gesprochen, so würden sie dies nicht als ein Gebot, sondern als eine ewige Wahrheit aufgefasst haben.

Das hier über die Israeliten und Adam Gesagte gilt von allen Propheten, die im Namen Gottes Gebote erlassen haben; sie haben nämlich die Beschlüsse Gottes nicht zureichend, wie ewige Wahrheiten, erfasst. So muss man z.B. selbst von Moses sagen, dass er aus der Offenbarung oder aus den ihm offenbarten Grundlagen die Weise erkannt habe, wie das israelitische Volk in einem gewissen Landstriche am besten vereint werden und eine rechte Gemeinschaft oder Staat errichten könne; ebenso die Weise, wie das Volk am besten zum Gehorsam angehalten werden könne; aber es ist ihm nicht geboten und offenbart worden, dass diese Weise die beste sei, noch dass aus dem gemeinsamen Gehorsam des Volkes in solchem Lande nothwendig das Ziel sich ergeben werde, nach dem sie strebten. Deshalb verordnete Moses dieses Alles nicht als ewige Wahrheiten, sondern als Gebote und Einrichtungen und als Gesetze Gottes, und

deshalb wurde Gott als mildthätiger und gerechter Regierer, Gesetzgeber und König vorgestellt, während dies doch Alles nur Eigenschaften der menschlichen Natur und von der göttlichen Natur ganz ab-
zuhalten sind. Dies galt indess nur von den Propheten, die im Namen
Gottes Gesetze erliessen, aber nicht von Christus. Vielmehr muss
man von Christus, wenn es uns auch scheint, dass er ebenfalls Gesetze
im Namen Gottes gegeben, doch annehmen, er habe die Sache
wahrhaft und zureichend erkannt; denn Christus war nicht sowohl
Prophet, als der Mund. Gottes. Denn Gott hat durch den Geist
Christi, wie im ersten Kapitel gezeigt worden, sowie früher durch
Engel, d.h. durch eine erschaffene Stimme, durch Gesichte u.s.w. dem
Menschengeschlecht Mehreres offenbart. Deshalb wäre es ebenso
verkehrt, anzunehmen, dass Gott seine Offenbarungen den Meinungen
Christi anbequemt habe, als dass Gott früher seine Offenbarungen
den Meinungen der Engel anbequemt hätte, d.h. denen einer erschaffenen Stimme und der Gesichte, um die zu offenbarenden Dinge den
Propheten mitzutheilen. Man konnte nichts Verkehrteres annehmen,
zumal Christus nicht blos zur Belehrung der Juden, sondern des
ganzen Menschengeschlechts abgesandt worden. Deshalb hätte es
nicht zugereicht, dass er seinen Sinn nur den Meinungen der Juden
anbequemt hätte, sondern er hätte ihn den allgemeinen Ansichten
und Urkunden des Menschengeschlechts, d.h. den gemeinsamen und
wahren Begriffen anbequemen müssen. Vielmehr muss daraus, dass
Gott sich Christus oder dessen Geist unmittelbar offenbart hat und
nicht, wie den Propheten, durch Worte und Bilder, entnommen
werden, dass Christus die Offenbarungen wahrhaft erfasste oder erkannte; denn eine Sache wird dann eingesehn, wenn sie mit dem
reinen Verstande ohne Worte und Bilder aufgefasst wird. Christus
hat deshalb die Offenbarungen wahrhaft und zureichend erfasst, und
wenn er sie wo als Gesetze ausspricht, so thut er dies wegen der
Unwissenheit und Hartnäckigkeit des Volkes. Er handelte in dieser
Hinsicht wie Gott, dass er sich dem Verstande des Volkes anbequemt,
und er hat deshalb zwar etwas deutlicher als die übrigen Propheten
gesprochen, allein er theilte doch die Offenbarungen dunkel und
meist in Gleichnissen mit, namentlich wenn er zu Solchen sprach,
denen das Verständniss des Himmelreiches nicht gegeben war (Matth.
XIII. 10 u. f.). Dagegen hat er unzweifelhaft Denen, welchen die Erkenntniss der Geheimnisse des Himmels gegeben war, die Dinge wie
ewige Wahrheiten gelehrt und nicht in Gesetze gekleidet, und er hat
sie so von dem Zwange des Gesetzes befreit und dennoch das Gesetz
mehr bestätigt und befestigt und ganz ihren Herzen eingeprägt. Auch
Paulus scheint dies in einigen Stellen anzudeuten; so im Brief an die
Römer VII. 6 und III. 28. Indess will auch er nicht offen sprechen,
sondern, wie er selbst III. 5 und VI. 19 dieses Briefes sagt, in
menschlicher Weise. Dies sagt er ausdrücklich, wo er Gott gerecht

nennt, und so ertheilt er unzweifelhaft wegen der Schwachheit des Fleisches Gott auch die Barmherzigkeit, die Gnade, den Zorn u.s.w. und bequemt seine Worte dem Verstande des Volkes oder, wie er selbst in dem ersten Brief an die Corinther III. 1, 2 sagt, dem Verstande der fleischlichen Menschen an. Denn Rom. IX. 18 sagt er bestimmt, dass Gottes Zorn und Barmherzigkeit nicht von den Werken der Menschen, sondern von der blossen Berufung, d.h. dem Willen Gottes abhänge, und dass Niemand durch seine Werke gerecht werde, sondern blos durch seinen Glauben (Röm. III. 28), worunter er nur die volle Zustimmung der Seele versteht, und endlich, dass Niemand selig werde, der nicht den Geist Christi in sich habe (Röm. VIII. 9), worunter er nämlich die Gesetze Gottes als ewige Wahrheiten versteht.

Hieraus ergiebt sich, dass Gott nur nach der Fassungskraft der Menge und aus blosser Schwäche des Verstandes als Gesetzgeber und Fürst geschildert und gerecht und barmherzig genannt wird; vielmehr wirkt und leitet in Wahrheit Gott Alles nach seiner Natur und nach der Nothwendigkeit seiner Vollkommenheit allein; seine Beschlüsse und Gebote sind ewige Wahrheiten und enthalten immer die Nothwendigkeit.

Dies war der erste Gegenstand, den ich zu erklären und zu beweisen hatte. Ich gehe jetzt zu dem *zweiten* über und gehe die Bibel durch, um zu sehen, was sie über das natürliche Licht und dieses göttliche Gesetz lehrt. Das Erste, was uns hier begegnet, ist die Geschichte des ersten Menschen, wo es heisst, Gott habe Adam verboten, von der Frucht des Baumes der Erkenntniss des Guten und Bösen zu essen. Dies scheint zu sagen, dass Gott dem Adam geboten, das Gute zu thun und es um sein selbst willen aufzusuchen, und nicht als Gegensatz des Bösen, d.h. er solle das Gute aus Liebe zum Guten suchen und nicht aus Furcht vor dem Uebel. Denn wer das Gute aus wahrer Erkenntniss und Liebe zu demselben thut, der handelt, wie ich gezeigt habe, frei und mit festem Sinn; wer es aber aus Furcht vor dem Uebel thut, handelt vielmehr aus Zwang und knechtisch und lebt unter dem Gebot eines Andern. Hiernach umfasst dieses *eine* Gebot Gottes an Adam das ganze natürliche göttliche Gesetz und stimmt vollständig mit dem Gebot des natürlichen Lichts. Es wäre nicht schwer, die ganze Erzählung von dem ersten Menschen oder diese Parabel nach diesem Grundsatz zu erklären; allein ich unterlasse es, da ich schwanke, ob meine Auffassung mit der Absicht des Verfassers übereinstimmt. Denn die Meisten fassen diese Erzählung nicht gleichnissartig auf, sondern nehmen sie als eine einfache Geschichte. Es ist deshalb besser, andere Stellen der Bibel herbeizunehmen; insbesondere solche, die von dem verfasst sind, der in Kraft des natürlichen Lichtes spricht, worin er alle Weisen seiner Zeit übertroffen hat, und dessen Aussprüche das Volk ebenso heilig hält wie die der Propheten. Ich meine den Salomo, von dem nicht sowohl die Weissagung und Frömmigkeit, als die Klugheit und Weisheit in der Bibel gerühmt wird. Dieser nennt in seinen Sprüchwörtern den menschlichen Verstand die Quelle des wahren Lebens und setzt das Unglück nur in die Thorheit. So sagt er XVI. 22: »Die Quelle des Lebens (ist) der Verstand seines Herrn und die Strafe der Thoren ist die Thorheit«.[1] Es ist hier zu bemerken, dass im Hebräischen mit »Leben« ohne Zusatz das wahre Leben gemeint ist, wie aus Deut. XXX. 19 erhellt.

Hiernach besteht die Frucht der Einsicht lediglich in dem wahren Leben, und die Strafe lediglich im dessen Beraubung, was genau mit dem unter 4) Über das natürliche göttliche Gesetz Gesagte übereinstimmt. Dass aber diese Quelle des Lebens, oder dass die blosse Einsicht, wie gezeigt, den Weisen die Gesetze vorschreibt, wird ausdrücklich von diesem Weisen gelehrt; denn er sagt XIII. 14: »Das Gesetz des Klugen ist die Quelle des Lebens«, d.h. wie aus der vorher erwähnten Stelle sich ergiebt, die Einsicht. Ferner lehrt er III. 13 ausdrücklich, dass die Einsicht der Menschen selig und glücklich mache und die wahre Seelenruhe gewähre; denn er sagt: »Selig ist der Mensch, der die Wissenschaft erfunden, und des Menschen Sohn, welcher die Einsicht ermittelt,« und zwar, wie er v. 16 und 17 fortfährt, weil »sie unmittelbar die Länge der Tage[2] und mittelbar Reichthum und Ehre gewährt; dessen Wege (welche nämlich die Wissenschaft zeigt) sind angenehm und all seine Pfade der Frieden.« Also leben auch nach der Ansicht des Salomo nur die Weisen in friedlichem und beharrlichem Geiste; nicht wie die Gottlosen, deren Gemüth in entgegengesetzten Leidenschaften wogt, und die deshalb (wie auch Esaias sagt LVII. 20) weder Frieden noch Ruhe haben. Am wichtigsten aber ist aus diesen Sprüchen Salomonis die Stelle in dem zweiten Kapitel, welche meine Ansicht auf das Klarste bestätigt. Denn er beginnt da v. 3: »Denn wenn Du die Klugheit angerufen haben wirst und Deine Stimme der Einsicht gegeben haben wirst u.s.w., dann wirst Du die Furcht Gottes verstehn und die Weisheit Gottes (oder vielmehr die Liebe, denn das Wort ›Jadaa‹ bezeichnet Beides) finden, denn (man merke wohl) Gott giebt die Weisheit; aus seinem Munde (fliesst) die Wissenschaft und die Klugheit.« Mit diesen Worten sagt er auf das Deutlichste, dass die blosse Weisheit oder Einsicht uns lehrt, Gott weise zu fürchten, d.h. in wahrer Religion zu verehren. Ferner sagt er, dass die Weisheit und Wissenschaft aus Gottes Munde fliesst, dass Gott sie verleiht, wie ich oben auch gezeigt

---

1   Es ist ein Hebraismus. Wer eine Sache hat oder in seiner Natur besitzt, heisst der Herr der Sache; so heisst bei den Juden der Vogel der Herr der Flügel, weil er Flügel hat, und der Verständige der Herr des Verstandes, weil er Verstand hat.

2   Ein Hebraismus, welcher nur das Leben bedeutet.

habe, nämlich dass unsere Einsicht und Wissenschaft nur von der Erkenntniss Gottes abhängt, entspringt und sich vollendet. Salomo sagt dann v. 9 ausdrücklich weiter, dass diese Wissenschaft die wahre Ethik und Politik enthalte, und dass beide aus ihr sich ableiten. »Dann wirst Du die Gerechtigkeit und das Gericht verstehn und das Recht und jeden guten Pfad,« und damit noch nicht zufrieden, fährt er fort: »Wenn die Wissenschaft in Dein Herz eingehn wird und die Weisheit Dir angenehm sein wird, dann wird Deine Vorsicht[3] und Deine Klugheit Dich bewachen.« – Dies Alles stimmt genau mit der natürlichen Erkenntniss; denn auch diese lehrt das Sittliche und die wahre Tugend, nachdem man die Erkenntniss der Dinge erlangt und den Vorzug der Weisheit geschmeckt hat. Deshalb hängt auch nach der Ansicht Salomo's das Glück und die Ruhe Dessen, der nach natürlicher Einsicht strebt, nicht von der Macht des Glücks (d.h. von der äussern Hülfe Gottes), sondern von seiner, innern Tugend (d.h. von der innern Hülfe Gottes) vorzüglich ab; denn er schützt sich vorzüglich durch Wachsamkeit, Thätigkeit und gute Rathschläge. Endlich darf hier auch eine Stelle Pauli in dem Briefe an die Römer I. 20 nicht unerwähnt bleiben, wo er (nach des Tremellius Uebersetzung aus dem Syrischen) sagt: »Das, was Gott verborgen hat von den Grundlagen der Welt, kann von seinen Geschöpfen durch Einsicht erblickt werden und seine Tugend und Göttlichkeit, die in Ewigkeit ist, so dass sie keine Ausflucht haben.« Damit zeigt er deutlich, dass Jedweder durch sein natürliches Licht Gottes Tugend und ewige Göttlichkeit einsehen und daraus wissen und abnehmen könne, was zu suchen und was zu fliehen sei; deshalb, schliesst er, hat Keiner eine Ausflucht, und Keiner kann sich mit Unwissenheit entschuldigen, was doch der Fall sein würde, wenn er von einem übernatürlichen Lichte spräche und von dem fleischlichen Leiden und Auferstehn Christi u.s.w. Deshalb fährt er in v. 24 fort: »Deshalb hat Gott sie übergeben an die unreinen Begierden des Herzens Derer u.s.w.« Bis zu Ende dieses Kapitels, wo er die Fehler der Unwissenheit beschreibt, sie als deren Strafe aufzählt, was ganz mit dem erwähnten Sprüchwort Salomo's XVI. 22 stimmt, nämlich »die Thorheit ist die Strafe der Thoren«; es ist deshalb nicht auffallend, dass Paulus sagt: »Die Bösen seien nicht zu entschuldigen«, denn sowie ein Jeder säet, so wird er ernten und aus Bösem entsteht nothwendig Böses, wenn es nicht weise verbessert wird, und aus Gutem Gutes, wenn es von der Beständigkeit begleitet ist; danach empfiehlt die Bibel unbedingt das Licht und das natürliche göttliche Gesetz, und damit ist das, was ich mir in diesem Kapitel vorgesetzt, erledigt.

---

3   Das hebräische Wort »mezima« bezeichnet eigentlich das Denken, die Ueberlegung und Wachsamkeit.

Fünftes Kapitel

Weshalb die gottesdienstlichen Gebräuche eingeführt worden, und über den Glauben an die Geschichten; weshalb und für wen derselbe nöthig ist.

Im vorigen Kapitel habe ich gezeigt, dass das göttliche Gesetz, was die Menschen wahrhaft selig macht und sie das wahre Leben lehrt, allen Menschen gemein ist, und ich habe es aus der menschlichen Natur so abgeleitet, dass anzunehmen, es sei dem menschlichen Geiste angeboren und gleichsam eingeschrieben. Da nun die Gebräuche, wenigstens die in dem Alten Testament, blos für die Juden eingerichtet und deren Staate so angepasst waren, dass sie grösstentheils nur von der ganzen Gemeinschaft, aber nicht von dem Einzelnen verrichtet werden konnten, so ist gewiss, dass sie nicht zu dem göttlichen Gesetz gehören und deshalb auch zur Seligkeit und Tugend nicht beitragen; vielmehr betreffen sie nur die Erwählung der Juden, d.h. nach dem im dritten Kapitel Ausgeführten, nur das zeitliche Glück des Körpers und die Ruhe des Staats, und sie konnten deshalb nur während des Bestandes ihres Staates von Nutzen sein. Wenn sie im Alten Testamente auf das Gesetz Gottes bezogen werden, so geschah es nur, weil sie durch die Offenbarung oder auf offenbarten Grundlagen eingerichtet waren.

Indess wollen selbst die kräftigsten Gründe bei der Masse der Theologen wenig sagen; ich möchte deshalb diese Sätze auch durch das Ansehn der Bibel bekräftigen und dann zu näherer Deutlichkeit zeigen, weshalb und wie diese Gebräuche zur Befestigung und Erhaltung des jüdischen Reiches beigetragen haben. – Aus Esaias ergiebt sich ganz klar, dass das göttliche Gesetz an sich jenes allgemeine Gesetz bezeichnet, was in dem wahren Lebenswandel und nicht in Gebräuchen besteht. Denn I. 10 ruft der Prophet seinem Volk, dass es das göttliche Gesetz von ihm vernehme. Daraus sondert er vorher alle Arten von Opfer und alle Festtage aus und lehrt erst dann das Gesetz (man sehe v. 16, 17) und fasst dasselbe in wenigen Worten zusammen, nämlich in die Reinigung der Seele, in die Hebung und Gewohnheit der Tugend oder der guten Handlungen und endlich in die Unterstützung der Armen. Ein ebenso klarer Beleg ist die Stelle Psalm. XL. 7, 9, wo der Psalmist Gott anredet: »Du hast kein Opfer und Geschenk gewollt[4], Du hast meine Ohren durchstochen; hast keine Brandopfer und kein Sühnopfer für meine Sünden verlangt; Deinen Willen, mein Gott, habe ich vollführen wollen, denn Dein Geist ist in meinen Eingeweiden.« Er nennt also nur das Gottes Gesetz, was den Eingeweiden oder der Seele eingeschrieben ist, und trennt davon die Gebräuche; denn diese sind nur vermöge der Ein-

---

4   Ist die Bezeichnung des Empfangenhabens.

richtung, aber nicht von Natur gut und deshalb auch der Seele nicht eingeschrieben.

Ausser diesen Stellen sind noch andere in der Bibel, die dasselbe bezeugen; doch werden diese zwei genügen. Dass aber die Gebräuche für die Seligkeit Nichts helfen, sondern nur auf das zeitliche Glück des Staats sich beziehen, erhellt aus der Bibel selbst, da sie für diese Gebräuche nur Vortheile und Annehmlichkeiten des Körpers verheisst, die Glückseligkeit aber nur für das allgemeine göttliche Gesetz. In den nach Moses benannten fünf Büchern wird, wie erwähnt, nur dieses zeitliche Glück verheissen, d.h. Ehren, Ruhm, Siege, Reichthümer, Genüsse und Gesundheit; und wenn auch diese Bücher neben den Gebräuchen viel Moralisches enthalten, so ist es doch nicht in der Form von moralischen, allen Menschen gemeinsamen Lehren darin enthalten, sondern nur als Befehle, die der Fassungskraft und dem Verstande des jüdischen Volkes vorzugsweise angepasst sind, und die deshalb auch nur den Nutzen ihres Reiches bezwecken. So lehrt z.B. Moses die Juden nicht als Lehrer oder Prophet, dass sie nicht tödten und nicht stehlen sollen, sondern er verbietet es als Gesetzgeber und Fürst; er stützt die Lehren nicht auf die Vernunft, sondern fügt seinen Befehlen Strafen bei, die, wie die Erfahrung lehrt, nach dem Charakter der Völker wechseln können und müssen. So hat er auch bei dem Verbot des Ehebruchs nur das Wohl des Staates und Reiches im Auge; denn hätte er einen moralischen Satz ihnen lehren wollen, der nicht blos den Nutzen des Staates, sondern die Ruhe der Seele und die wahre Seligkeit des Einzelnen bezweckte, so würde er nicht blos die äussere Handlung verdammen, sondern auch die innere Gesinnung, wie Christus that, der nur allgemeine Lehren gab (Matth. V. 28), und deshalb verspricht auch Christus einen geistigen Lohn und nicht, wie Moses, einen körperlichen. Denn Christus ist, wie gesagt, nicht zur Erhaltung des Reiches und zur Einsetzung von Gesetzen, sondern nur zur Lehre des allgemeinen Gesetzes gesandt worden und daraus erhellt, dass Christus keineswegs das Gesetz Mosis aufgehoben hat, da Christus überhaupt keine neuen Gesetze für den Staat geben wollte, sondern nur moralische Lehren, und diese von den Gesetzen des Staates sondern wollte, vorzüglich um der Unwissenheit der Pharisäer willen, welche meinten, dass Derjenige selig lebe, welcher das Recht des Staates oder das Gesetz Mosis vertheidige; obgleich doch dies nur, wie erwähnt, den Staat im Auge hatte und den Juden nicht zur Belehrung, sondern zum Zwange dienen sollte.

Ich gehe jedoch auf meinen Gegenstand zurück und will noch weitere Stellen der Bibel beibringen, welche für die Gebräuche nur körperliche Vortheile und nur für das allgemeine göttliche Gesetz die Seligkeit verheissen. Unter den Propheten sagt dies Niemand deutlicher wie Esaias; denn nachdem er in Kap. 58 die Heuchelei verdammt hat, empfiehlt er die Freigebigkeit und Liebe zu sich und den Nächsten und verspricht dafür: »Dann wird Dein Licht wie die Morgenröthe hervorbrechen, und Deine Gesundheit wird fortblühen, und Deine Gerechtigkeit wird vor Dir wandeln, und der Ruhm Gottes wird Dich[5] vergammeln u.s.w.« Dann empfiehlt er auch den Sabbath, für dessen fleissige Beobachtung er verspricht: »Dann wirst Du Dich mit Gott ergötzen,[6] und ich werde Dich reiten[7] lassen über die Höhen der Erde und ich werde machen, dass Du die Erbschaft Jacob's Deines Vaters issest, wie des Jehovah Mund gesagt hat.« Hier sieht man, wie der Prophet für die Freiheit und Liebe eine gesunde Seele in einem gesunden Körper und Gottes Ruhm auch nach dem Tode verspricht; aber für die Gebräuche nur die Sicherheit des Reiches, die Wohlfahrt und das Glück des Körpers. – In den Psalmen XV. und XXIV. werden die Gebräuche nicht erwähnt, sondern nur moralische Lehren; denn sie handeln nur von der Seligkeit; nur sie wird vorgestellt, wenn auch nur gleichnissweise; denn offenbar werden da unter dem Berge Gottes, unter seinem Zelte und deren Bewohnung der Seligkeit Seelenruhe, aber nicht der Berg zu Jerusalem und die Laubhütte Mosis gemeint; denn diese Orte wurden von Niemand bewohnt und nur von den zu Stamm Levi Angehörigen verwaltet. – Ferner verheissen alle im vorigen Kapitel beigebrachten Aussprüche Salomo's nur für die Pflege der Einsicht und Weisheit die wahre Seligkeit, nämlich, dass nur daraus die Furcht Gottes verstanden und die Erkenntniss Gottes erlangt werde. Dass die Juden nach Zerstörung des Reiches nicht mehr an die Beobachtung der Gebräuche gebunden sind, erhellt aus Jeremias, der bei seinem Gesicht von der nahe bevorstehenden Zerstörung der Stadt sagt: »Gott liebe nur Die, welche wissen und einsehen, dass er selbst die Barmherzigkeit, das Gericht und die Gerechtigkeit übt. Deshalb werden in Zukunft nur Die des Lobes würdig erachtet werden, die dieses wissen werden« (man sehe IX. 23), d.h. Gott verlange nach der Zerstörung der Stadt nichts Besonderes von den Juden und in Zukunft nur die Beobachtung des natürlichen Gesetzes, wie es für alle Sterbliche gelte. Das Neue Testament bestätigt dies; denn darin werden, wie gesagt, nur moralische Kegeln gegeben, und nur dafür wird das Himmelreich verheissen; dagegen beseitigten die Apostel die Gebräuche, nachdem Sie das Evangelium auch anderen Völkern zu lehren begannen, deren Staatsrecht ein anderes war. Wenn die Pharisäer nach dem Untergange des Reiches diese Gebräuche, wenig-

---

5   Ein Hebraismus, womit die Zeit des Todes bezeichnet wird; »zu seinen Vätern versammelt werden« heisst sterben. Man sehe Gen. XLIX. 29, 33.

6   Bedeutet »anständig ergötzen«, wie das niederländische Sprüchwort sagt: Mit Gott und mit Ehre.

7   Bezeichnet die Herrschaft, wie man ein Pferd im Zügel hält.

stens zum grösseren Theil, beibehielten, so geschah es mehr aus Gegnerschaft gegen die Christen, als um Gott zu gefallen. Denn nach der ersten Verwüstung der Stadt, als sie nach Babylon in die Gefangenschaft kamen, vernachlässigten sie, da sie damals, so viel ich weiss, noch nicht in Sekten gespalten waren, sofort die Gebräuche, ja sagten dem Gesetze Mosis ganz Lebewohl und übergaben das väterliche Recht, als überflüssig, der Vergessenheit und begannen sich mit den übrigen Völkern zu vermischen, wie aus Hezra und Nehemia genügend erhellt. Deshalb sind die Juden unzweifelhaft nach Auflösung ihres Reiches nicht mehr so an das Gesetz Mosis gebunden, wie vor Beginn ihrer Gemeinschaft und ihres Staates. Denn so lange sie unter anderen Völkern vor dem Auszug aus Aegypten lebten, hatten sie keine besonderen Gesetze und waren nur an das Naturrecht und unzweifelhaft an das Recht des Staates, in dem sie lebten, gebunden, soweit es dem göttlichen Gesetze nicht widersprach, und wenn die Erzväter Gott Opfer gebracht haben, so ist es, glaube ich, geschehen, weil sie ihren Geist, der von Kindheit ab an die Opfer gewöhnt war, mehr zur Andacht anregen wollten. Denn alle Völker hatten seit der Zeit Enoch's sich an die Opfer gewöhnt und fanden darin die meiste Anregung zur Andacht. Deshalb opferten die Erzväter nicht auf Geheiss eines göttlichen Gesetzes oder in Folge der Belehrung über die allgemeinen Grundlagen des göttlichen Gesetzes, sondern blos in Folge der Sitte der damaligen Zeit, und wenn es auf Jemandes Befehl geschah, so war dies nur der des Rechts des Staates, in dem sie lebten, und das sie auch verpflichtete, wie ich hier und im dritten Kapitel bei Gelegenheit des Melchisedek bemerkt habe.

Hiernach glaube ich meine Ansicht mit dem Ansehn der Bibel unterstützt zu haben, und ich habe nur noch zu zeigen, wie und weshalb diese Gebräuche zur Bewahrung und Erhaltung des jüdischen Reiches beitrugen. Dies kann mit Wenigem geschehen und aus allgemeinen Gründen dargelegt werden. Die Gemeinschaft ist nicht blos gut zum Schutz gegen die Feinde, sondern zur Beschaffung vieler Dinge, und selbst nothwendig; denn wollten die Menschen einander nicht gegenseitig helfen, so wurde ihnen das Geschick und die Zeit fehlen, um sich, soweit es möglich ist, zu ernähren und zu erhalten. Denn Jeder ist nicht zu Jedwedem geschickt, und Niemand vermag Alles das sich zu verschaffen, dessen er nöthig bedarf. Die Kräfte und die Zeit, sage ich, würden Jedem fehlen, wenn er für sich allein pflügen, säen, ernten, mahlen, kochen, weben, nähen und vieles Andere zum Leben Erforderliche machen wollte, ohne der Künste und Wissenschaften zu gedenken, die zur Vervollkommnung der menschlichen Natur und zur Seligkeit höchst nöthig sind. Man sieht, dass Die, welche roh, ohne staatliche Verbindung leben, ein elendes und beinah thierisches Leben führen und selbst das Wenige, Elende und Rohe, welches sie besitzen, ohne gegenseitige Hülfe, sei sie, welche sie wolle, nicht erlangen.

Wären daher die Menschen von Natur so angewöhnt, dass sie nur das wahrhaft Vernünftige verlangten, so brauchte die Gesellschaft keine Gesetze, sondern es genügte die Unterweisung der Menschen in den moralischen Lehren, um freiwillig und von selbst das wahrhaft Nützliche zu thun. Allein die menschliche Natur ist ganz anders beschaffen; denn Alle suchen zwar ihren Vortheil, aber nicht nach Vorschrift der gesunden Vernunft, sondern sie begehren in der Regel nur die Dinge im Antrieb von Lüsten und Affekten der Seele, ohne Rücksicht auf die Zukunft und andere Dinge; und sie entscheiden sich danach über den Nutzen. Deshalb kann keine Gesellschaft ohne oberste Gewalt und Macht und folglich nicht ohne Gesetze bestehen, welche die Begierden der Menschen und die zügellose Hast massigen und hemmen. Indess lässt sich die menschliche Natur nicht unbedingt zwingen, und wie der Tragiker *Seneca* sagt, die gewaltsame Herrschaft dauert nicht lange, wohl aber die gemässigte. Denn so lange die Menschen blos aus Furcht handeln, thun sie eigentlich nur das, was sie verabscheuen, und nehmen auf die Nützlichkeit und Nothwendigkeit ihres Thuns keine Rücksicht, sondern sorgen nur, dass sie nicht in die Todes- oder in eine andere Strafe verfallen. Ja, sie müssen sich an dem Uebel und Schaden des Herrschers erfreuen, selbst wenn sie auch grossen Nachtheil davon haben, und sie wünschen ihm alle Uebel und fügen sie ihm zu, soweit sie vermögen. Auch ertragen die Menschen nichts weniger, als die Knechtschaft unter Ihresgleichen und die Herrschaft derselben. Deshalb ist nichts schwerer, als den Menschen die einmal bewilligte Freiheit wieder zu nehmen.

Daraus folgt, 1) dass die ganze Gemeinschaft, wo möglich gemeinsam, die Herrschaft führen muss, damit Jeder so sich selbst und Niemand Seinesgleichen gehorche; haben aber Einige oder Einer die Herrschaft, so muss Dieser etwas über die gemeine Menschennatur zum Voraus haben oder wenigstens mit allen Kräften dies der Menge einzureden versuchen. 2) müssen die Gesetze in jedem Staate so eingerichtet werden, dass die Menschen weniger durch Furcht, als durch die Hoffnung auf einen vorzüglich gewünschten Vortheil in Zucht gehalten werden; denn dann wird Jeder gern das ihm Obliegende thun. Weil 3) der Gehorsam darin besteht, dass die Befehle blos vermöge der Autorität des Befehlenden befolgt werden, so folgt, dass derselbe in einer Gemeinschaft, wo die Herrschaft bei Allen ist, und die Gesetze nach allgemeiner Uebereinstimmung erlassen werden, keinen Platz hat, und dass in einem solchen Staate, mögen die Gesetze vermehrt oder vermindert werden, das Volk dennoch gleich frei verbleibt, weil es nicht nach dem Ansehn eines Andern, sondern nach seiner eignen Uebereinstimmung handelt. Das Gegentheil findet statt, wo *Einer* allein die Herrschaft unbeschränkt führt; da vollziehen

Alle auf Grund der Autorität des Einzigen die Gebote des Reiches. Sind sie daher von Anfang ab nicht so erzogen, dass sie nur auf den Mund des Herrschers sehen, so wird er schwer die nöthigen neuen Gesetze geben und dem Volke die einmal zugestandene Freiheit nehmen können.

Nach diesen allgemeinen Betrachtungen komme ich auf den jüdischen Staat zurück. Als die Juden aus Aegypten auszogen, waren sie dem Rechte keines andern Volkes mehr unterworfen; sie konnten daher nach Belieben neue Gesetze erlassen und neue Rechte und einen Staat ordnen, wo sie wollten, und wo sie das Land in Besitz nehmen wollten. Allein sie waren zu Nichts weniger geeignet, als sich weise Gesetze zu geben und die Herrschaft selbst gemeinsam zu behalten; denn ihr Geist war ungebildet, und sie waren durch die harte Sklaverei verderbt. Die Herrschaft musste deshalb bei *Einem* bleiben, der die Anderen befehligte, sie mit Gewalt zwang, Gesetze gab und sie später auslegte. Diese Herrschaft konnte Moses leicht sich erhalten, da er in göttlicher Kraft die Anderen Übertraf und das Volk Überzeugte, dass er solche besass und dies durch viele Zeugnisse bewies (Exod. XIV. letzter Vers; XIX. 9). Dieser gab also vermöge der göttlichen Kraft, die ihn mächtig erfüllte, dem Volke Gesetze und sorgte dabei, dass das Volk nicht sowohl aus Furcht, sondern freiwillig denselben gehorchte. Zweierlei nöthigte ihn besonders hierzu, nämlich der widerspenstige Geist des Volkes (der sich mit Gewalt nicht zwingen liess) und der bevorstehende Krieg. Damit dieser glücklich geführt würde, mussten die Soldaten mehr ermahnt, als mit Strafen und Drohungen erschreckt werden; denn dann beeifert sich Jeder, durch Tugend und Geistesgrösse zu glänzen, und denkt nicht blos, wie er die Strafe vermeide. Aus diesem Gründe setzte Moses mit Kraft und auf göttlichen Befehl die Religion in seinem Staate ein, damit das Volk seine Pflicht nicht sowohl aus Furcht, sondern aus Ergebenheit erfülle. Dann verpflichtete er es durch Wohlthaten und versprach ihm von Seiten Gottes Vieles für die Zukunft und gab keine zu strengen Gesetze, wie Jeder, der sie genau erforscht, mir leicht zugeben wird; insbesondere wenn er die Nebenumstände beachtet, die zur Verurtheilung eines Angeklagten nöthig waren. Damit endlich das Volk, was sich nicht selbst regieren konnte, dem Herrscher gehorsam wäre, liess er diesen an die Knechtschaft gewohnten Menschen Nichts für ihr Belieben übrig; das Volk konnte Nichts beginnen, ohne dass es des Gesetzes zu gedenken und die Gebote zu vollziehen hatte, die blos von dem Belieben des Herrschers abhingen. Denn es war nicht nach Belieben, sondern nach festen und bestimmten Anordnungen des Gesetzes erlaubt, zu pflügen, zu säen, zu ernten. Ebenso durfte man nichts essen, anziehen, das Haupt und den Bart nicht scheeren, sich nicht freuen noch sonst etwas vornehmen, als nach den in den Gesetzen vorgesehenen Anordnungen und Befehlen. Damit nicht genug, mussten sie an den Thürpfosten, an den Händen und unter den Augen gewisse Zeichen haben, die sie immer an den Gehorsam erinnerten. Es war also das Ziel der Gebräuche, dass diese Menschen Nichts aus eigenem Willen, sondern nur nach dem Gebot eines Andern thaten, und dass sie in allen ihren Handlungen und Gedanken ihre Unselbstständigkeit und Unterwürfigkeit anerkannten. Daraus erhellt, dass die Gebräuche mit der Seligkeit nichts zu thun haben, und dass die in dem Alten Testamente enthaltenen, ja das ganze Gesetz Mosis, nur auf den jüdischen Staat und mithin nur auf körperliche Vortheile abgezielt haben.

Was nun die christlichen Gebräuche anlangt, die Taufe, das Abendmahl, die Feste, die Predigten und Anderes, was dem Christenthum immer gemeinsam gewesen, so sind sie, wenn sie überhaupt von Christus oder den Aposteln eingesetzt worden, was mir noch zweifelhaft scheint, nur als äussere Zeichen der allgemeinen Kirche eingesetzt, aber nicht, um zur Seligkeit beizutragen, und mit einer inneren Heiligkeit. Daher sind diese Gebräuche zwar nicht des Staates wegen, aber doch um der ganzen Gemeinschaft wegen eingesetzt, und deshalb ist Der, welcher für sich allein lebt, an sie nicht gebunden; ja, wenn er in einem Staate lebt, wo die christliche Religion verboten ist, hat er sich derselben zu enthalten und kann doch selig leben. Ein Beispiel dazu giebt das japanesische Reich, wo die christliche Religion verboten ist, und die dort wohnenden Niederländer auf Anordnung der ostindischen Gesellschaft sich aller äusseren gottesdienstlichen Handlungen zu enthalten haben. Ich brauche dies jetzt durch keine weitere Autorität zu unterstützen, und wenn es auch leicht aus den Grundlagen des Neuen Testaments darzulegen und mit deutlichen Zeugnissen zu belegen wäre, so lasse ich es doch gern, da es mich zu Anderem drängt.

Ich gehe also zu dem *zweiten* Gegenstande dieses Kapitels über, nämlich: Für welche Personen und aus welchen Gründen der Glaube an die biblische Geschichte nöthig ist. Um dies nach natürlichem Lichte zu ermitteln, werde ich so zu verfahren haben.

Wenn Jemand will, dass die Menschen etwas glauben oder nicht glauben, was nicht von selbst bekannt ist, so muss er zu diesem Zweck seine Behauptung aus Zugestandenem ableiten und sie durch Erfahrung oder die Vernunft überzeugen, also durch Dinge, die sie sinnlich wahrgenommen haben, oder aus geistigen, von selbst bekannten Grundsätzen. Ist die Erfahrung nicht klar und deutlich eingesehen, so kann sie doch vielleicht den Menschen überzeugen, aber sie kann den Verstand nicht ebenso bestimmen und seine Nebel zerstreuen, als wenn die Sache blos durch die Kraft des Verstandes und die Regeln seiner Einsicht dargelegt wird; namentlich wenn es sich um geistige Dinge handelt, die nicht in die Sinne fallen. Indess erfordert eine solche Ableitung aus geistigen Begriffen meist eine lange Verkettung der Sätze und auch grosse Vorsicht und Schärfe des Verstandes und hohe Ausdauer, die selten sich bei den Menschen finden; deshalb ziehen die Menschen lieber die Belehrung durch die Erfahrung vor und mögen ihre Ansichten nicht aus wenigen obersten Grundsätzen ableiten und mit einander verknüpfen. Will daher Jemand einem ganzen Volke oder gar dem ganzen menschlichen Geschlechte eine Lehre beibringen, die Alle verstehen sollen, so muss er sie durch die Erfahrung belegen und seine Gründe und seine Definitionen vor Allem der Fassungskraft des niedrigen Volkes, was den grössten Theil des Menschengeschlechts ausmacht, anbequemen; aber er darf nicht verknüpfen und keine Definitionen bieten, wie sie zur bessern Verkettung der Gründe dienen. Ohnedem mag er lieber für die Gelehrten schreiben, d.h. für nur einen kleinen Theil der Menschen, wo er verstanden werden wird. Da nun die ganze Bibel zuerst für ein ganzes Volk und später für das ganze Menschengeschlecht offenbart worden, so musste ihr Inhalt der Fassungskraft des niederen Volkes vor Allem anbequemt und durch die Erfahrung bestätigt werden.

Ich will mich noch deutlicher ausdrücken. Das blos Spekulative, was die Bibel lehrt, ist, dass es einen Gott giebt oder ein Wesen, was Alles geschaffen hat, Alles mit der höchsten Weisheit leitet und erhält, und was für die Menschen sorgt, d.h. für die Frommen und Rechtlichen; dagegen die Anderen mit harten Strafen belegt und von den Guten sondert. Dies belegt die Bibel blos mit Erfahrungen, nämlich den in ihrer Geschichte erzählten Vorfällen; aber Definitionen giebt sie davon nicht, sondern passt ihre Worte und Gründe dem Verstande des niederen Volkes an. Da nun aber die Erfahrung keine klare Erkenntniss von diesen Sätzen geben und nicht darlegen kann, *was* Gott ist, und *wie* er Alles erhält und regiert und für die Menschen sorgt, so kann sie die Menschen nur so weit belehren und unterrichten, als zureicht, Gehorsam und Frömmigkeit ihren Seelen einzuprägen.

Dies ergiebt deutlich, für wen und weshalb der Glaube an die in der Bibel enthaltenen Erzählungen nöthig ist; denn es folgt aus dem eben Dargelegten, dass diese Kenntniss und dieser Glaube dem niederen Volke höchst nothwendig ist, dessen Verstand diese Dinge nicht deutlich und klar einsehen kann. Ferner ist Der gottlos, welcher sie leugnet, weil er an keinen Gott glaubt und nicht an dessen Sorge für die Welt und die Menschen; wer aber diese Geschichten mir nicht kennt, aber doch durch sein natürliches Licht weiss, dass Gott ist, sammt den Anderen, und hiernach einen wahren Lebenswandel führt, der ist selig, ja seliger als die Masse, weil er neben den wahren Meinungen auch noch eine klare und deutliche Erkenntniss hat. Hiernach ist Der, welcher diese Geschichten der Bibel nicht kennt und auch nach natürlichem Lichte nichts weiss, wenn auch nicht gottlos und ungehorsam, doch unmenschlich und beinah thierisch und ohne eine Gabe Gottes.

Indess verstehe ich mit diesem Satze, dass die Kenntniss der Geschichte dem niederen Volke höchst nöthig sei, nicht die Kenntniss *aller* Geschichten, welche die Bibel enthält, sondern nur der vorzüglicheren, die, auch ohne die anderen, die erwähnten Sätze am deutlichsten darlegen und das Gemüth der Menschen am meisten bewegen können. Denn wenn die Kenntniss aller Geschichten der Bibel für den Beweis ihrer Lehre nöthig wäre, und keine Folgerung ohne umfassende Betrachtung aller darin erzählten Thatsachen gezogen werden konnte, so würde der Beweis ihrer Lehre und die Ableitung derselben nicht blos den Verstand und die Kräfte des gemeinen Volkes, sondern aller Menschen übersteigen. Denn Niemand konnte auf eine so grosse Zahl von Erzählungen zugleich Acht haben und auf so viele Umstände und Theile der Lehre, die aus so vielen und verschiedenen Erzählungen entnommen werden müssen. Ich für meine Person wenigstens kann daher nicht glauben, dass Die, welche uns die Bibel, so wie sie ist, hinterlassen haben, einen so grossen Verstand besessen haben und einer solchen Schlussfolgerung fähig waren; und noch weniger, dass die Bibellehre nicht eingesehen werden könne, ohne den Streit Isaak's, ohne die Rathschläge, welche Ahitophel dem Absalom gegeben, ohne die Bürgerkriege zwischen den Juden und Israeliten und ohne andere dergleichen Berichte zu kennen, und dass den Juden zu Mosis Zeit diese Lehre aus ihren Geschichten nicht ebenso gut habe gelehrt werden können, wie den Juden zur Zeit Esra's. Hierüber werde ich später noch ausführlicher sprechen.

Das niedere Volk braucht also nur die Geschichten zu kennen, welche seinen Sinn am meisten zum Gehorsam und zur Frömmigkeit bewegen können; aber ein Urtheil kann dieses niedere Volk darüber nicht fällen, vielmehr erfreut es sich nur an der Erzählung der einzelnen unerwarteten Vorfälle und nicht an der Lehre dieser Geschichten. Deshalb bedarf es neben dem Lesen dieser Geschichte noch der Prediger oder Kirchenbeamten, die es seiner Schwäche gemäss belehren. Um indess von der Sache nicht abzuschweifen, schliesse ich meine Aufgabe damit, dass der Glaube an die Geschichten aller Art nicht zu dem göttlichen Gesetz gehört, dass er die Menschen durch sich nicht selig macht, und dass der Nutzen dieser Geschichten blos in der Belehrung liegt, in welcher Hinsicht die eine Geschichte besser als die andere sein kann. Deshalb sind die Erzählungen im Alten und Neuen Testament besser als die weltlichen, und von jenen ist die eine besser als die andere; lediglich je nach den heilsamen Lehren, die aus denselben sich ergeben. Hat Jemand daher die ganzen Geschichten der Bibel gelesen, und glaubt er an alle, hat er aber auf die Lehre, die darin geboten werden soll, nicht geachtet und seinen Lebenswandel nicht gebessert, so ist es ebenso, als hätte er den Koran oder die

Schauspiele der Dichter oder die gemeinen Geschäftsbücher mit der Aufmerksamkeit des gemeinen Volkes gelesen, und umgekehrt ist Der selig, der diese Geschichten nicht kennt, aber doch die heilsamen Grundsätze hat und einen wahren Lebenswandel führt; Dieser hat in Wahrheit den Geist Christi in sich.

Die Juden sind jedoch anderer Ansicht; sie Sägen, dass die wahre Liebe und der wahre Lebenswandel zur Seligkeit nichts nützt, so lange die Menschen dies blos mit dem natürlichen Licht erfassen und nicht als die durch Moses offenbarten Lehren. *Maimonides* wagt dies offen in der Stelle Könige VIII. 9 mit den Worten auszusprechen: »Jeder, der die sieben Gebote[8] in sich aufgenommen hat und sie fleissig erfüllt hat, gehört zu den Frommen in den Völkern und ist ein Erbe der zukünftigen Welt; wenn dies nämlich deshalb von ihm geschehen ist, weil Gott sie in diesem Gesetze gegeben, und weil durch Moses offenbart worden, dass sie ehedem den Söhnen Noah's gegeben worden seien. Hat er es aber blos gethan, weil seine Vernunft ihn dazu geführt hat, so ist Dieser kein Einwohner und gehört nicht zu den Frommen und Weisen in den Völkern.« – Dieses sind die Worte des Maimonides; ihnen fügt R. *Joseph*, Sohn von *Shem Tob*, in seinem »Kebod Elohim« oder »Die Ehre Gottes« genannten Buche hinzu: dass wenn auch *Aristoteles*, welcher nach seiner Meinung die beste Ethik geschrieben hat, und den er hochschätzt, in seinem Lebenswandel nichts zur wahren Ethik Gehöriges und in seiner Ethik Enthaltenes unterlassen, sondern Alles sorgfältig beobachtet hätte, so würde ihm das doch zu seinem Heile nichts genutzt haben, weil er seine Lehre nicht als göttlich offenbart, sondern blos als von der Vernunft geboten erfasst habe.

Dem aufmerksamen Leser wird indess nicht entgehen, dass dies Alles nur reine Einbildungen sind, die sich auf keine Gründe und auf kein Ansehn der Bibel stützen; es genügt deshalb deren Erwähnung zu ihrer Widerlegung. Auch will ich nicht die Ansicht Derer widerlegen, welche meinen, dass das natürliche Licht nichts Gesundes über das zum wahren Heile Gehörige lehren könne. Denn da sie selbst sich keine gesunde Vernunft zutheilen, so können sie dies auch durch Vernunft nicht beweisen, und wenn sie etwas darüber hinaus zu besitzen meinen, so ist dies reine Einbildung, welche tief unter der Vernunft steht, wie schon ihr gewöhnlicher Lebenswandel erkennen lässt. Ich brauche also hierüber nichts weiter zu sagen; nur das will ich noch bemerken, dass man Jedermann nur aus seinen Thaten erkennen kann; wer daher an Früchten Ueberfluss zeigt, d.h. an Liebe,

---

8 Die Juden glauben, dass Gott dem Noah sieben Gebote gegeben hat, und dass alle Völker nur an diese gebunden sind; nur den Juden habe er noch viel Mehrere gegeben, um sie glücklicher als die Anderen zu machen.

Freudigkeit, Frieden, Langmuth, Güte, Wohlthätigkeit, Treue, Sanftmuth, Mässigkeit, für Diesen (wie Paulus in seinem Briefe an die
Galater V. 22 sagt) ist das Gesetz nicht gegeben; der ist, mag er blos
durch die Vernunft oder blos durch die Bibel belehrt worden sein,
in Wahrheit von Gott belehrt und ein Seliger. Damit ist alles über
das göttliche Gesetz zu Sagende erledigt.

Sechstes Kapitel

Ueber die Wunder.

So wie eine Erkenntniss, welche die menschliche Fassungskraft
übersteigt, eine göttliche genannt zu werden pflegt, so wird auch ein
Werk, dessen Ursache die Menge nicht einsieht, das Werk Gottes
genannt. Denn die Menge glaubt, dass die Macht und Vorsehung
Gottes sich dann am deutlichsten offenbare, wenn etwas Ungewöhnliches in der Natur geschieht, was gegen die gewöhnliche Meinung
läuft; vorzüglich wenn es zum Gewinn und Vortheil derselben ausschlägt Sie glaubt, dass das Dasein Gottes nicht deutlicher dargelegt
werden könne, als wenn die Natur ihre Regeln, wie sie meint, nicht
innehält. Wenn daher Jemand die Dinge und die Wunder auf natürliche Weise zu erklären und einzusehen sucht, so meint sie, er wolle
Gott selbst oder seine Vorsehung nicht anerkennen. Die Menge
glaubt, Gott sei so lange unthätig, als die Natur regelmässig wirkt,
und umgekehrt, die Macht der Natur und die natürlichen Kräfte
seien so lange müssig, als Gott handle. Man stellt sich so zwei verschiedene Mächte vor, die Macht Gottes und die Macht der natürlichen Dinge, die nur in gewisser Weise von Gott geregelt oder, wie
die Meisten heutzutage annehmen, von Gott geschaffen ist. Niemand
weiss aber dabei, was sie unter diesen Mächten und was sie unter
Gott und der Natur meinen; vielmehr stellt man sich die Macht
Gottes wie die Herrschaft einer königlichen Majestät und die der
Natur wie eine Kraft oder einen Stoss vor. Deshalb nennt die Menge
die ungewohnten Werke der Natur Wunder oder Werke Gottes, und
sie mag theils aus Frömmigkeit, theils aus Widerspruchsgeist gegen
Die, welche die Naturwissenschaft pflegen, von den natürlichen Ursachen nichts wissen und nur das hören, was sie gar nicht versteht
und deshalb am meisten anstaunt. Die Menge kann Gott nur anbeten
und Alles auf seine Macht und seinen Willen beziehen, wenn sie
keine natürlichen Ursachen anerkennt und die Ereignisse gegen die
Natur sich vorstellt; sie glaubt die Macht Gottes dann am meisten
zu bewundern, wenn sie die Macht der Natur wie von Gott unterjocht
sich vorstellt. Dies scheint von den ersten Juden sich herzuschreiben,
welche die Heiden ihrer Zeit, die die sichtbaren Götter, wie Sonne,
Mond, die Erde, das Wasser, die Luft anbeteten, widerlegen, und ih-

nen zeigen wollten, dass ihre Götter schwach und wankelmüthig wären und unter der Herrschaft des unsichtbaren Gottes ständen. Deshalb erzählten sie seine Wunder, aus denen hervorgehen sollte, dass die ganze Natur auf ihres angebeteten Gottes Geheiss nur zu ihrem Vortheil regiert werde. Dies gefiel den Menschen so gut, dass man seitdem bis jetzt nicht aufgehört hat, Wunder zu erdichten, um dadurch als die Lieblinge Gottes und als das Endziel, weshalb Gott Alles geschaffen und erhalten habe, zu gelten. So erlaubt sich die Thorheit der Menge Alles, ohne doch von Gott und der Natur einen gesunden Begriff zu haben; sie vermengt die Beschlüsse Gottes mit menschlichen und stellt sich die Natur so beschränkt vor, dass ihr der Mensch als der vornehmste Theil erscheint.

Damit habe ich die Meinungen und Vorurtheile der Menge Über die Natur und die Wunder hinreichend dargelegt; um indess die Frage gründlich zu erschöpfen, werde ich zeigen: 1) dass Nichts sich gegen die Natur ereignet, sondern dass sie eine feste und unveränderliche Ordnung innehält, und zugleich, was unter Wunder zu verstehen ist; 2) dass durch die Wunder weder das Wesen noch das Dasein Gottes und folglich auch nicht seine Vorsehung erkannt werden kann, sondern dass dies Alles viel besser aus der festen und unveränderlichen Ordnung der Natur erhellt; 3) werde ich aus einigen Beispielen der Bibel zeigen, dass sie selbst unter den Beschlüssen und dem Willen Gottes und mithin unter seiner Vorsehung nur die Ordnung der Natur versteht, die aus seinen ewigen Gesetzen hervorgeht; 4) endlich werde ich über die Auslegung der Wunder in der Bibel und über das handeln, was hauptsächlich von den Berichten über die Wunder zu halten ist. Dies gehört wesentlich zum Gegenstande dieses Kapitels und wird ausserdem den Zweck meines ganzen Werkes erheblich fördern.

Der *erste* Satz ergiebt sich leicht aus dem, was ich in Kap. 4 über das göttliche Gesetz dargelegt habe, wonach Alles, was Gott will oder bestimmt, eine ewige Notwendigkeit oder Wahrheit einschliesst. Ich habe daraus, dass der Wille und die Einsicht Gottes dasselbe sind, gezeigt, dass wir dasselbe sagen, wenn wir von Gottes Willen sprechen, oder dass Gott etwas einsieht, und mit derselben Nothwendigkeit, mit der aus der göttlichen Natur und Vollkommenheit folgt, dass Gott ein Ding, wie es ist, erkennt, folgt, dass Gott es, wie es ist, will. Da nun Alles seine Wahrheit nur aus den göttlichen Beschlüssen hat, so folgt, dass die Naturgesetze nur die reinen Beschlüsse Gottes sind, wie sie aus der Nothwendigkeit und Vollkommenheit der göttlichen Natur folgen. Geschähe also in der Natur etwas gegen ihre allgemeinen Gesetze, so würde es nothwendig auch der göttlichen Einsicht, Natur und ihren Beschlüssen widersprechen, und wenn Jemand annähme, dass Gott etwas gegen die Naturgesetze thue, der müsste auch annehmen, Gott handle gegen seine eigne Natur, was nicht verkehrter sein könnte. Dies ergiebt sich ebenso leicht daraus, dass die Macht der Natur die göttliche Macht und Kraft selbst ist, und dass die göttliche Macht das eigentliche Wesen Gottes ist; doch lasse ich dieses hier jetzt bei Seite.

Somit geschieht in der Natur nichts,[9] was ihren allgemeinen Gesetzen widerspricht, und nichts, was damit nicht übereinstimmt oder aus ihnen nicht folgt; vielmehr geschieht Alles, was geschieht, mit Gottes Willen und ewigem Beschluss, d.h. wie gesagt, es geschieht Alles nach Gesetzen und Regeln, welche eine ewige Notwendigkeit enthalten, und die Natur befolgt diese Gesetze und Regeln, welche die ewige Nothwendigkeit und Wahrheit einschliessen, immer, wenn wir sie auch nicht kennen, und ebenso ihre feste und unverbrüchliche Ordnung. Keine gesunde Vernunft kann der Natur eine beschränkte Macht und Kraft zutheilen und annehmen, dass ihre Gesetze nur für Einzelnes und nicht für Alles passen; denn die Kraft und Macht der Natur ist die Kraft und Macht Gottes selbst, und die Gesetze und Regeln der Natur sind die eigenen Beschlüsse Gottes; deshalb ist die Macht der Natur als unendlich anzusehen, und ihre Gesetze sind so ausgedehnt, dass sie Alles, was die göttliche Einsicht erkennt, umfassen. Sonst müsste man annehmen, Gott habe die Natur so ohnmächtig geschaffen und ihre Gesetze und Regeln so dürftig bestellt, dass er ihr wiederholt von Neuem beistehen müsse, um sie zu erhalten und um die Dinge nach seinem Willen gehen zu machen, was durchaus verkehrt sein würde.

Aus diesem Grunde also, dass in der Natur Alles nur nach ihren Gesetzen erfolgt, und dass diese Gesetze auf Alles, was die göttliche Einsicht vorstellt, sich erstrecken, und dass die Natur eine feste und unveränderliche Ordnung innehält, folgt auf das Klarste, dass das Wort »Wunder« nur auf die Meinungen der Menschen sich bezieht und nur ein Werk bedeutet, dessen natürliche Ursache wir an dem Beispiel eines andern bekannten Gegenstandes nicht erklären können, oder wo wenigstens Der, der dies nicht kann, das Wunder niederschreibt oder erzählt. Ich könnte zwar sagen, ein Wunder sei das, dessen Ursache aus den Prinzipien der natürlichen Dinge, soweit sie dem natürlichen Lichte bekannt sind, sich nicht erklären lasse; allein da die Wunder für den Verstand der Menge geschahen, welche die obersten Grundsätze der natürlichen Dinge gar nicht kannte, so haben offenbar die Alten das für ein Wunder gehalten, was sie nicht in der Weise erklären konnten, wie die Menge die natürlichen Dinge zu erklären pflegt, d.h. durch Benutzung der Erinnerung an einen andern ähnlichen Fall, den sie ohne Staunen sich vorzustellen pflegt; denn die Menge meint eine Sache dann genügend einzusehen, wenn sie

9   Ich verstehe hier unter Natur nicht blos den Stoff, d.h. Zustände, sondern noch unendlich Vieles ausser dem Stoffe.

sich nicht darüber verwundert. Die Alten und Alle bis ziemlich auf den heutigen Tag hatten nur diesen Maassstab für die Wunder; es kann deshalb nicht auffallen, wenn in der Bibel Vieles als Wunder berichtet wird, dessen Ursachen aus bekannten Naturgesetzen leicht erklärt werden kann. So habe ich dies schon in Kap. 2 gethan, bei dem Stillstehn der Sonne für Josua und bei ihrem Zurückgehen zur Zeit des Achaz; indess werde ich darüber bald noch ausführlicher sprechen bei der Erklärung der Wunder, die ich in diesem Kapitel zugesagt habe.

Es ist aber nun Zeit, zu dem *zweiten* Punkt überzugehen, wonach wir Gottes Wesen und Dasein und Vorsehung nicht durch die Wunder, sondern viel besser aus der festen und unveränderlichen Ordnung der Natur erkennen. Ich werde das in folgender Weise darlegen.

Da Gottes Dasein nicht von selbst klar ist, so muss es aus Begriffen gefolgert werden, deren Wahrheit so fest und unerschütterlich ist, dass keine Macht möglich und denkbar ist, die sie verändern könnte. Wenigstens müssen sie uns von der Zeit ab so gelten, wo wir das Dasein Gottes aus ihnen folgern, wenn wir aus ihnen dasselbe erhaben über jeden zufälligen Zweifel folgern wollen. Denn wenn man sich vorstellen könnte, dass diese Begriffe von irgend einer Macht verändert werden könnten, so wäre deren Wahrheit zweifelhaft und folglich auch unser Schluss für das Dasein Gottes, und es gäbe keine Gewissheit für irgend, einen Gegenstand. – Ferner kann nur das mit der Natur in Uebereinstimmung oder Widerspruch sein, was mit ihren Prinzipien stimmt oder denselben widerspricht. Nähme man daher an, dass in der Natur etwas von irgend einer Macht, sei sie, welche sie wolle, geschehen könnte, was der Natur widerspräche, so würde es auch jenen Begriffen widersprechen und müsste deshalb als widersinnig verworfen werden, oder man müsste an diesen obersten Begriffen, wie gezeigt, und folglich auch an Gott und an allen Regeln überhaupt zweifeln. Die Wunder sind also weit entfernt, als Werke, die der Ordnung der Natur widersprechen, das Dasein Gottes uns zu beweisen; vielmehr müssten sie uns daran zweifeln lassen, da man ohne sie dessen unbedingt gewiss sein konnte, sofern man nämlich weiss, dass Alles in der Natur eine feste und unveränderliche Regel befolgt.

Wenn man aber annimmt, dass ein Wunder das sei, was aus natürlichen Ursachen sich nicht erklären lässt, so kann dies in zwiefachem Sinne gemeint sein; einmal so, dass es zwar seine natürlichen Ursachen habe, die der menschliche Verstand nur nicht ermitteln könne, oder dass es keine Ursache ausser Gott oder Gottes Willen habe. Allein da Alles, was aus natürlichen Ursachen geschieht, auch nur durch Gottes Macht und Willen geschieht, so muss man dahin gelangen, dass das Wunder, mag es natürliche Ursachen haben oder nicht, ein

Werk ist, was aus Ursachen nicht erklärt werden kann, d.h. ein Werk, was die Begriffe der Menschen übersteigt. Aber aus einem Werke, und insbesondere aus einem, was unsern Verstand übersteigt, kann man nichts begreifen; denn Alles, was man klar und deutlich einsieht, muss durch sich selbst oder durch ein Anderes erkannt werden, was durch sich selbst erkennbar ist. Deshalb kann man aus einem Wunder oder einem Werke, was unsre Begriffe übersteigt, weder Gottes Wesen noch Dasein noch irgend etwas über Gott und seine Natur erkennen, vielmehr folgt, wenn Alles von Gott bestimmt und angeordnet ist, und die Wirkungen der Natur aus Gottes Wesen sich ergeben, und die Naturgesetze nur die ewigen Beschlüsse und Bestimmungen Gottes sind, dass wir Gott und seinen Willen um so besser erkennen, je besser wir die natürlichen Dinge erkennen und einsehen, wie sie von ihrer obersten Ursache abhängen, und wie sie nach den ewigen Naturgesetzen wirken.

Deshalb können in Bezug auf ungern Verstand mit weit mehr Recht die Werke, welche man klar und deutlich erkennt, Gottes Werke heissen und auf seinen Willen bezogen werden, als die, welche man nicht kennt, wenn sie auch die Einbildungskraft sehr beschäftigen und die Menschen zum Anstaunen hinreissen. Nur die Werke der Natur, welche klar und bestimmt erkannt sind, machen die Erkenntniss Gottes erhabener und lehren den Willen und die Beschlüsse Gottes auf das Klarste. Diejenigen treiben also ein leeres Spiel, welche, wo sie einen Gegenstand nicht verstehen, zum Willen Gottes ihre Zuflucht nehmen; fürwahr eine lächerliche Art, seine Unwissenheit zu bekennen!

Selbst wenn man aus den Wundern etwas folgern konnte, so konnte es doch in keinem Falle das Dasein Gottes sein. Denn das Wunder ist ein begrenztes Werk und druckt nur eine gewisse und begrenzte Macht aus; man kann daher daraus nicht das Dasein einer Ursache folgern, deren Macht unendlich ist, sondern höchstens eine Ursache von grösserer Macht. Ich sage »höchstens«, denn es kann auch aus dem Zusammenwirken vieler Ursachen ein Werk hervorgehen, dessen Gewalt und Macht schwächer ist wie die Macht dieser Ursachen zusammen, und doch grösser als die Macht jeder einzelnen Ursache. Allein wenn die Naturgesetze, wie gezeigt worden, sich auf unendlich Vieles erstrecken und unter der Bestimmung der Ewigkeit von uns begriffen werden, und da die Natur nach ihnen in einer festen und unveränderlichen Ordnung sich bewegt, so lehren sie selbst uns in gewisser Weise die Unendlichkeit, Ewigkeit und Unveränderlichkeit Gottes. Ich schliesse also, dass Gott, sein Dasein und seine Vorsehung aus den Wundern nicht erkannt werden kann, sondern dass diese weit besser aus der festen und unveränderlichen Ordnung der Natur erkannt werden. Dabei verstehe ich das Wunder in dem Sinne eines Werkes, was die Fassungskraft des Menschen übersteigt, oder von dem man dies annimmt. Denn so weit es als ein Werk gilt, was die Ordnung der Natur zerstört oder unterbricht oder deren Gesetzen widerspricht, so weit kann es (wie ich gleich zeigen werde) nicht blos keine Erkenntniss Gottes gewähren, sondern muss uns sogar die natürliche Kenntniss desselben nehmen und uns in Zweifel über Gott und Alles stürzen.

Auch erkenne ich hier keinen Unterschied zwischen einem Werke *gegen* die Natur und einem *über* die Natur, d.h. einem, das nach der Meinung Einiger der Natur zwar nicht widerstreitet, aber doch nicht von ihr hervorgebracht oder bewirkt werden kann. Denn das Wunder entsteht nicht ausserhalb, sondern innerhalb der Natur, wenn man es auch *über* die Natur stellt; es muss also nothwendig die Ordnung der Natur stören, wenn man diese überhaupt als eine feste und unveränderliche nach Gottes Rathschlüssen anerkennt. Geschähe daher etwas in der Natur, was aus ihren Gesetzen nicht folgte, so müsste es der Ordnung, die Gott in Ewigkeit durch die allgemeinen Naturgesetze für diese festgesetzt hat, widersprechen und würde deshalb *gegen* die Natur und ihre Gesetze sein, und wollte man daran glauben, so würde es uns an Allem zweifeln machen und zu dem Atheismus führen.

Damit glaube ich den *zweiten* Satz mit genügend festen Gründen bewiesen zu haben, und wir können daraus von Neuem folgern, dass ein Wunder, sei es *gegen* oder *über* die Natur, ein reiner Widerspruch ist. Deshalb kann in der Bibel unter Wunder nur ein Werk der Natur verstanden werden, das, wie gesagt, die Fassungskraft des Menschen übersteigt, oder von dem dies wenigstens angenommen wird.

Ehe ich jedoch zu dem *dritten* Punkte übergehe, möchte ich vorher meine Ansicht, dass Gott aus den Wundern nicht erkannt werden kann, durch das Ansehen der Bibel bekräftigen. Sie sagt dies zwar nirgends ausdrücklich, allein es kann leicht aus ihr abgeleitet werden, insbesondere aus des Moses (Deut. XIII.) Anweisung, den falschen Propheten, auch wenn er Wunder verrichtet, mit dem Tode zu strafen; denn er sagt: »Und (d.h. wenn auch) geschähe ein Zeichen und Wunder, was er Dir vorausgesagt hat u.s.w., so glaube (doch) den Worten des Propheten nicht, weil der Herr, Euer Gott, Euch versucht u.s.w. Der Prophet werde (deshalb) des Todes schuldig erklärt« u.s.w. Hieraus ergiebt sich, dass auch von falschen Propheten Wunder verrichtet werden können, und dass die Menschen, die nicht durch die wahre Erkenntniss und Liebe zu Gott redlich geschützt sind, ebenso leicht aus den Wundern falsche Götter, wie die wahren erfassen können. Denn Moses setzt hinzu: »weil Jehova, Euer Gott, Euch versucht, damit er wisse, ob Ihr ihn liebt von ganzem Herzen und ganzer Seele.« Ferner haben die Israeliten trotz der vielen Wunder keine gesunde Vorstellung von Gott gewinnen können, wie die Erfahrung gelehrt hat. Denn als sie glaubten, Moses sei von ihnen gegangen, so verlangten sie sichtbare Götter von Aaron, und ein Kalb, welche Schande! war der Begriff ihres Gottes, den sie aus so vielen Wundern sich gebildet hatten. So zweifelte auch Asaph an der Vorsehung Gottes, obgleich er so viele Wunder gehört hatte, und er wäre beinah vom wahren Wege abgewichen, wenn er nicht endlich die wahre Seligkeit erkannt gehabt hätte (Psalm XXXVII.). Auch Salomo, zu dessen Zeiten die Angelegenheiten der Juden in der höchsten Blüthe standen, argwöhnt, dass Alles nach Zufall geschehe (Pred. Sal. III. 19, 20, 21; IX. 2, 3). Endlich blieb es beinah allen Propheten dunkel, wie die Ordnung der Natur und die Erlebnisse der Menschen mit ihrem Begriff von Gottes Vorsehung sich vertragen können, obgleich dies doch den Philosophen, die nicht aus Wundern, sondern aus klaren Begriffen die Dinge zu begreifen suchen, immer sehr klar gewesen ist, nämlich Denen, die die wahre Glückseligkeit nur in die Tugend und Seelenruhe setzen und nicht wollen, dass die Natur ihnen, sondern dass sie der Natur gehorchen; denn sie sind gewiss, dass Gott die Natur leitet, wie es ihre allgemeinen Gesetze, und nicht, wie es die besonderen Gesetze der menschlichen Natur verlangen, und dass Gott daher nicht blos auf das menschliche Geschlecht, sondern auf die ganze Natur Rücksicht nimmt.

So erhellt auch aus der Schrift, dass die Wunder keine wahre Erkenntniss Gottes gewähren und die Vorsehung Gottes nicht klar beweisen. Wenn es aber oft in der Bibel heisst, Gott habe ein Wunder gethan, damit er den Menschen bekannt werde, wie in Exod. X. 2 es heisst, Gott habe die Aegypter getäuscht und ein Zeichen von sich gegeben, damit die Israeliten erkennten, dass er Gott sei, so folgt doch daraus noch nicht, dass die Wunder dies wirklich lehren, sondern nur, dass die Juden dies gemeint haben und so durch Wunder sich haben leicht überzeugen lassen. Denn oben im 2. Kapitel habe ich gezeigt, dass die Gründe der Propheten oder die aus den Offenbarungen gebildeten Gründe nicht aus allgemeinen Begriffen hervorgehen, sondern aus den verkehrten Zugeständnissen und Meinungen Derer, welchen die Offenbarung geschieht, oder welche der heilige Geist überzeugen will. Ich habe dies durch viele Beispiele belegt und auch durch das Zeugniss des Paulus, der mit den Griechen ein Grieche und mit den Juden ein Jude war.

Wenn nun auch diese Wunder die Aegypter und Juden nach ihren Meinungen überzeugen konnten, so vermochten sie doch nicht eine wahre Vorstellung und Erkenntniss Gottes zu geben, sondern sie brachten sie nur zu dem Eingeständniss, dass es ein Wesen gebe, was mächtiger als alles ihnen Bekannte sei, und was die Juden, denen damals Alles wider Erwarten glücklich von Statten ging, vor Allem begünstigte, nicht aber, dass Gott gleich für Alle sorge; denn das kann nur die Philosophie lehren. Deshalb glaubten die Juden und Alle, die nur aus dem wechselnden Stand der menschlichen Angelegenheiten und dem ungleichen Schicksal der Menschen Gottes Vorsehung abnahmen, dass die Juden Gott wohlgefälliger als die Uebrigen gewesen seien, obgleich sie sie an wahrer menschlicher Vollkommenheit nicht übertrafen, wie ich in Kap. 3 gezeigt habe.

Ich gehe zu dem *dritten* Punkte und will aus der Bibel zeigen, dass Gottes Beschlüsse und Gebote und folglich seine Vorsehung in Wahrheit nur die Ordnung der Natur sind; d.h. wenn die Bibel sagt, dies oder jenes sei von Gott oder durch seinen Willen gemacht, so will das in Wahrheit nur sagen, dass es nach den Gesetzen und der Ordnung der Natur geschehen sei, nicht aber, wie die Menge meint, dass die Natur so lange aufgehört habe zu wirken, oder dass ihre Ordnung eine Zeitlang unterbrochen worden sei. Die Bibel lehrt indess das, was sich auf ihre Lehre nicht bezieht, nicht geradezu, weil es nicht ihre Sache ist, wie ich bei dem göttlichen Gesetz dargelegt habe, die Dinge nach ihren natürlichen Ursachen und überhaupt spekulative Begriffe zu erklären. Ich muss deshalb meine Behauptung aus einigen Erzählungen der Bibel, die sie zufällig ausführlicher und mit mehr Nebenumständen giebt, durch Folgerungen ableiten und deshalb einige solche hier vorbringen.

So wird 1. Samuel IX. 15, 16 erzählt, Gott habe dem Samuel offenbart, dass er ihm den Saul schicken werde; dennoch sandte Gott ihn nicht zu Samuel, so wie die Menschen Einen zu dem Andern senden, sondern diese Sendung Gottes war nur die Ordnung der Natur. Saul suchte nämlich laut des vorgehenden Kapitels seine Eselinnen, die er verloren hatte, und als er schon ohne sie nach Hause gehen wollte, ging er auf den Rath seines Dieners zu dem Propheten Samuel, um von ihm zu erfahren, wo er sie finden könnte. Die ganze Erzählung ergiebt, dass Saul keinen andern Befehl Gottes, als diese Ordnung der Natur gehabt hat, um Samuel anzugehen. – In Psalm CV. 24 heisst es, Gott habe den Geist der Aegypter umgeändert, dass sie die Israeliten gehasst hätten. Auch das war eine ganz natürliche Veränderung, wie aus Exod. I. erhellt, wo der wichtige Grund erzählt wird, weshalb die Aegypter die Israeliten zu ihren Knechten machten. – Gen. IX. 13 sagt Gott dem Noah, er werde es ihm in einer Wolke geben, welche Handlung Gottes nichts Anderes ist als die Brechung und Zurückwerfung der Sonnenstrahlen, welche sie in den Wassertropfen erleiden. – In Psalm CXLVII. 18 wird jene natürliche Wirkung des Windes und der Wärme, welche den Reif und Schnee schmelzt, das Werk Gottes genannt, und in v. 15 der Wind und die Kälte der Spruch und das Wort Gottes. – In Psalm CIV. 4 heissen der Wind und das Feuer die Boten und Diener Gottes, und dergleichen findet sich noch Vieles in der Bibel, was klar ergiebt, dass Gottes Beschluss, Befehl, Spruch und Wort nur die Wirksamkeit und Ordnung der Natur bezeichnet. Deshalb hat sich unzweifelhaft alles in der Bibel Erzählte natürlich zugetragen, und dabei wird es doch auf Gott bezogen, da es, wie gesagt, nicht Sache der Bibel ist, die Dinge nach ihren natürlichen Ursachen darzulegen, sondern nur das zu erzählen, was die Einbildungskraft lange beschäftigt, und zwar in einer Weise und einem Vortrag, der mehr dahin zielt, das Staunen zu erregen und dem Geist der Menge die Gottesfurcht einzuprägen. Findet man daher in der Bibel Etwas, wovon man keinen Grund angeben kann und was neben, ja gegen die Natur sich scheinbar zugetragen hat, so darf das nicht bedenklich machen, sondern man muss die wirklichen Ereignisse für natürliche ansehen. Dies folgt auch daraus, dass bei den Wundern sich manche Nebenumstände finden, die bei deren dichterischen Darstellungen nicht immer erwähnt werden, welche klar zeigen, dass die Wunder aus natürlichen Ursachen hervorgegangen sind. So musste, als die Aegypter an dem Aussatze litten, Moses Asche in die Luft streuen (Exod. IX. 10). Auch die Heuschrecken kamen auf einen natürlichen Befehl Gottes nach Aegypten, nämlich durch einen Tag und Nacht wehenden Ostwind, und verliessen es bei einem sehr starken Westwind (Exod. X. 14, 19). Derselbe Wind, nämlich der Westwind, der die ganze Nacht stark blies, öffnete auch auf Befehl Gottes den Juden den Weg durch das Meer (Exod. XIV. 21). Damit endlich Elias den für todt gehaltenen Knaben auferweckte, musste er sich einige Male auf ihn legen, bis er warm wurde und endlich die Augen öffnete (2. Könige IV. 34, 35). So werden auch in dem Evangelium Johannis Kap. 9 einige Umstände erwähnt, die Jesus bei Heilung des Blinden benutzt hat, und so findet sich Vieles in der Bibel, was ergiebt, dass die Wunder etwas Anderes als den unbedingten Befehl Gottes, wie man sagt, erfordern. Man muss annehmen, dass wenn auch nicht alle Umstände und ihre natürlichen Ursachen, wenigstens nicht sämmtlich erzählt werden, sie doch nicht ohne solche geschehen sind; dies erhellt auch aus Exod. XIV. 27, wo erzählt wird, dass das Meer auf einen blossen Wink Mosis wieder angeschwollen sei, und des Windes nicht gedacht wird. Dennoch heisst es in dem Hohenlied (Exod. XV. 10), es sei geschehen, weil Gott mit seinem Winde (d.h. mit dem stärksten Winde) geblasen habe; dieser Umstand wird in der Erzählung nicht erwähnt, und das Wunder erscheint dadurch grösser.

Allein man behauptet vielleicht, dass sich sehr Vieles in der Bibel finde, was durch natürliche Ursachen nicht erklärt werden könne; so, dass die Sünden der Menschen und ihr Gebet Ueberschwemmungen oder Fruchtbarkeit der Erde bewirken können; dass der Glaube die Blinden heilen könne, und andere Erzählungen dieser Art in der Bibel. Allein ich glaube schon darauf geantwortet zu haben, indem ich zeigte, dass die Bibel die Dinge nicht nach ihren nächsten Ursachen schildert, sondern nur in einer solchen Ordnung und Darstellung, die die Menschen und vorzüglich die ungebildete Klasse am meisten zur Gottesfurcht bestimmen kann. Deshalb wird von Gott und den Dingen nur sehr uneigentlich geredet; sie will nicht die Vernunft überführen, sondern die Einbildungskraft und das Gefühl der Menschen erregen und beschäftigen. Wenn die Bibel den Untergang eines Reiches, so wie ein politischer Geschichtschreiber es thut, berichten wollte, so würde dies die Menge nicht rühren; wohl aber, wenn sie, wie es geschieht, Alles dichterisch ausmalt und auf Gott bezieht. Sagt also die Bibel, dass die Erdewegen der Menschen Sünden unfruchtbar gewesen, oder dass Blinde durch den Glauben geheilt worden, so darf uns das nicht mehr überraschen, als wenn sie sagt, Gott sei über der Menschen Sünden erzürnt, betrübt; er bereue, ihnen Gutes verheissen und gewährt zu haben, oder dass Gott bei dem Anblick eines Zeichens sich des Versprechens erinnert, und vieles Andere, was entweder dichterisch dargestellt oder nach den Ansichten und Vorurtheilen des Verfassers erzählt wird. Deshalb kann man ohne Ausnahme annehmen, dass alle wirklichen, in der Bibel erzählten Ereignisse wie Alles nach Naturgesetzen geschehen sind, und findet sich etwas, was geradezu den Naturgesetzen widerstreitet oder aus ihnen nicht abzuleiten ist, so muss man annehmen, dass es von gottlosen Menschen der Bibel zugesetzt worden. Denn Alles gegen die Natur ist auch gegen die Vernunft, und was gegen die Vernunft ist, ist Unsinn und zu verwerfen.

Ich habe nunmehr nur noch Einiges über die Erklärung der Wunder zu sagen oder besser zu wiederholen, da das Wichtigste schon gesagt worden ist, und durch einige Beispiele zu erläutern, was ich zum *Vierten* versprochen habe. Ich thue dies, damit nicht durch eine schlechte Erklärung der Wunder man voreilig annehme, in der Bibel etwas dem natürlichen Licht Widersprechendes gefunden zu haben.

Sehr selten erzählen die Menschen einen Vorfall so einfach, wie er sich zugetragen hat, ohne etwas von sich selbst der Erzählung einzumischen; vielmehr werden sie bei dem Anblick oder beim Hören eines Neuen, wenn sie nicht gegen ihre vorgefassten Meinungen sehr auf ihrer Hut sind, meist so davon eingenommen, dass sie etwas ganz Anderes als das Gesehene oder Gehörte auffassen; insbesondere wenn der Vorfall die Fassungskraft des Erzählers oder Zuhörers übersteigt, und er für einen bestimmten Ausgang der Sache ein besonderes Interesse hat. Deshalb erzählen die Menschen in ihren Chroniken und Geschichten mehr ihre Meinungen als die vorgefallenen Dinge, und derselbe Vorgang wird von zwei Menschen mit verschiedenen Meinungen so verschieden berichtet, dass sie gar nicht von einem und demselben Fall zu sprechen scheinen, und dass man meist aus der blossen Erzählung die Meinung des Chronisten und Geschichtschreibers leicht entnehmen kann. Ich könnte dafür viele Beispiele aus Werken von Philosophen, welche über Naturgeschichte – geschrieben, und von Geschichtschreibern beibringen, wenn es nicht überflüssig wäre. Aus der Bibel will ich nur einen Fall erwähnen; über die anderen mag der Leser selbst urtheilen.

Zur Zeit Josua's glaubten die Juden, wie erwähnt, mit allen Ungebildeten, dass die Sonne sich in ihrem täglichen Laufe bewege, die Erde aber still stehe, und dieser Meinung passten sie das Wunder an, was sich ereignete, als sie gegen die fünf Könige kämpften. Sie erzählten nicht einfach, dass jener Tag länger als gewöhnlich gewesen, sondern Sonne und Mond hätten still gestanden oder in ihrem Lauf eingehalten, und dies half ihnen damals, die Heiden, welche die Sonne anbeteten, zu überzeugen, dass die Sonne unter der Macht eines andern Wesens stehe, auf dessen Wink sie ihren natürlichen Gang verändern müsse. So fassten sie theils aus religiösen Vorstellungen, theils aus vorgefassten Meinungen die Sache ganz anders auf, als sie sich zutragen musste, und erzählten sie danach.

Zur Erklärung der Wunder in der Bibel, und um aus ihren Erzählungen den wahren Vorgang herauszufinden, muss man die Meinungen der ersten Erzähler und Derer, die es niederschrieben, kennen und diese von dem unterscheiden, was die Sinne ihnen zeigen konnten. Ohnedem vermengt man diese Meinungen und Urtheile mit dem Wunder, wie es sich wirklich zugetragen hat, und dies ist auch nicht blos deshalb nöthig, sondern man kann auch nur dann die wirklichen Ereignisse von den eingebildeten, die nur in der Phantasie des Propheten ihren Sitz haben, unterscheiden. Denn in der Bibel wird Vieles als wirklich geschehen berichtet und geglaubt, was doch nur Vorstellung und Einbildung war; so dass Gott (das höchste Wesen) von dem Himmel herabgestiegen sei (Exod. XIX. 18; Deut. V. 24), und dass der Berg Sinai geraucht habe, weil Gott mit Feuer umgeben auf ihn herabgestiegen sei; dass Elias in einem feurigen Wagen und mit feurigen Pferden zum Himmel aufgestiegen sei. Dies Alles waren nur Bilder der Einbildungkraft, angepasst an die Meinungen Derer, die uns dies, so wie sie es sich vorstellten, d.h. als wirkliche Ereignisse berichten. Denn Jedermann, der nur etwas mehr als die grosse Menge versteht, weiss, dass Gott keine rechte und linke Hand hat, sich weder bewegt noch ausruht, an keinem Orte, sondern unendlich ist, und dass er alle Vollkommenheit enthält. Das weiss, wie gesagt, wer die Dinge nach den Begriffen des reinen Verstandes prüft, und nicht so, wie seine Einbildungskraft durch die Sinne erregt wird, wie dies bei der Menge geschieht. Deshalb stellt diese sich Gott körperlich vor, wie er die königliche Herrschaft führt; sein Thron wird auf der Höhe des Himmels über die Sterne gestellt, deren Entfernung von der Erde man nicht für gross annimmt.

Aus solchen und ähnlichen Meinungen sind, wie erwähnt, die meisten Vorfälle in der Bibel zurechtgestellt; der Philosoph darf sie deshalb nicht als wirkliche ansehen. Endlich ist für das Verständniss der Wunder und dessen, was davon sich wirklich zugetragen, die

Kenntniss der hebräischen Ausdrücke und Bilder nöthig. Wer das nicht beachtet, wird in der Bibel viele Wunder finden, an die ihre Berichterstatter nie gedacht haben, und er wird deshalb nicht blos die Dinge und Wunder, so wie sie wirklich sich ereignet, sondern auch die Meinung der heiligen Schriftstellen ganz verkennen. So sagt z.B. Zacharias XIV. 7, wo er von einem kommenden Kriege spricht: »Der Tag wird einzig sein; nur Gott wird ihn kennen; nicht (wird er sein) Tag oder Nacht, aber zur Abendzeit wird Licht werden.« Damit scheint er ein

grosses Wunder zu verkünden, und doch will er damit nur sagen, dass die Schlacht den ganzen Tag schwanken wird; dass nur Gott den Ausgang kenne, und dass sie gegen Abend den Sieg gewinnen werden; denn in solchen Ausdrücken pflegten die Propheten die Siege und Niederlagen der Völker zu verkünden und niederzuschreiben.

So schildert Esaias XIII. die Zerstörung Babylons folgendermassen: »weil die Sterne des Himmels mit ihrem Licht nicht leuchten werden, die Sonne bei ihrem Aufgange sich verdunkeln und der Mond den Glanz seines Lichtes nicht entsenden wird.« Niemand wird glauben, dass dies bei Zerstörung dieses Reiches sich zugetragen, so wenig wie das, was er hinzufügt: »deshalb will ich den Himmel erzittern lassen, und die Erde soll von ihrer, Stelle gerückt werden.« Ebenso sagt Esaias XLVIII. letzter Vers, um den Juden anzudeuten, dass sie von Babylon sicher nach Jerusalem zurückkehren und auf der Reise von Durst nicht geplagt werden würden: »Und sie haben nicht gedürstet; er führte sie durch Wüsten und liess ihnen das Wasser ans den Felsen fliessen; er schlägt den Stein, und es flossen die Wasser.« Damit will er nur andeuten, dass die Juden in der Wüste Quellen, wie dies ja zu geschehen pflegt, finden würden, aus denen sie ihren Durst stillen könnten. Denn als sie mit Bewilligung: des Cyrus nach Jerusalem zogen, sind ihnen keine solchen Wunder begegnet. In dieser Art findet sich Vieles in der Bibel, was nur jüdische Redeweise ist. Ich brauche dies nicht einzeln aufzuführen, sondern erinnere nur am Allgemeinen, dass die Juden mit solchen Ausdrücken nicht blos auszuschmücken, sondern hauptsächlich auch ihre Gottesfurcht zu bezeichnen pflegten. Denn aus diesem Grunde findet sich in der heil. Schrift das »Gott segnen« statt »verfluchen« (l. Könige XXI. 10; Hiob II. 9), und. deshalb bezogen sie Alles auf Gott, und deshalb scheint die Bibel nur Wunder zu erzählen, wo sie von den natürlichsten Dingen spricht, wie ich davon einige Beispiele gegeben habe. Deshalb ist der Ausdruck der Schrift dass Gott das Herz des Pharao verhärtet, nur eine Bezeichnung für den Ungehorsam desselben, und wenn es heisst, Gott öffnet die Fenster des Himmels, so bedeutet dies nur, dass es viel geregnet habe, u. s. w.

Wenn man daher darauf Acht hat, dass in der Bibel Vieles sehr kurz, ohne Nebenumstände und beinah verstümmelt erzählt wird, so wird man beinah Nichts in ihr finden, was dem natürlichen Licht widerspricht, und die anscheinend dunkelsten Stellen können bei mässiger Ueberlegung verstanden und leicht erklärt werden.

Damit glaube ich das, was ich wollte, klar dargelegt zu haben. Ehe ich indess dieses Kapitel schliesse, muss ich noch erwähnen, dass ich hier bei den Wundern ein ganz anderes Verfahren wie bei der Weissagung beobachtet habe. Ueber letztere habe ich nichts behauptet, was ich nicht aus den in der heiligen Schrift geoffenbarten Grundlagen ableiten konnte; allein hier habe ich das Wichtigste blos aus den Prinzipien abgeleitet, die das natürliche Licht lehrt. Ich habe dies absichtlich gethan; denn die Weissagung übersteigt den menschlichen Verstand und ist eine rein theologische Frage; ich konnte deshalb über ihr Wesen nichts behaupten noch wissen, als nur aus den offenbarten Grundlagen. So war ich genöthigt, die Geschichte der Weissagung zusammenzustellen, um daraus gewisse Regeln abzuleiten, die auch die Natur und die Eigenschaften der Weissagung soweit als möglich erkennen Hessen. Allein bei den Wundern ist die Frage, ob man zugeben könne, dass in der Natur etwas gegen ihre Gesetze geschieht, oder was daraus nicht abgeleitet werden könne, eine rein philosophische; ich bedurfte deshalb jener Mittel nicht und hielt es für gerathener, diese verschlungene Frage auf den durch das natürliche Licht erkannten Grundlagen, als den bekanntesten, aufzulösen. Ich sage, ich habe dies für gerathener gehalten; denn ich hätte sie auch aus den blossen Aussprüchen und Grundlagen der Bibel leicht lösen können. Ich will das, um es Jedermann klar zu machen, mit Wenigem zeigen. An einigen Stellen sagt die Bibel von der Natur im Allgemeinen, dass sie ihre feste und unveränderliche Ordnung einhalte; so in Psalm CXLVIII. 6 und Jeremias XXI. 35, 36, und der Philosoph sagt in seinem Prediger I. 10 auf das Klarste, dass nichts Neues in der Welt sich ereignet; und v. 11 sagt er zur Erläuterung dessen, dass wenn auch scheinbar ein Neues sich ereigne, dies doch nichts Neues sei, sondern schon in früheren Zeiten, von denen man keine Kunde habe, da gewesen sei; »denn«, sagt er, »von den Alten ist bei den Heutigen keine Erinnerung, und von dem Heutigen wird keine bei den Nachkommen sein.« Dann sagt er III. 11: »Gott habe Alles zu ihrer Zeit gut angeordnet«, und v. 14 »er wisse, dass, was Gott thue, in Ewigkeit bleiben werde, und dass dem nichts zugefügt noch abgenommen werden könne.«

Dies Alles sagt deutlich, dass die Natur eine feste und unverbrüchliche Ordnung bewahrt, dass Gott in allen uns bekannten und unbekannten Jahrhunderten derselbe gewesen, und dass die Naturgesetze so vollkommen und fruchtbar seien, dass ihnen nichts zugesetzt oder abgenommen werden könne; endlich, dass die Wunder von den

Menschen nur wegen ihrer Unwissenheit für etwas Neues gehalten werden. Dies also lehrt die Bibel mit ausdrücklichen Worten, aber keineswegs, dass in der Natur etwas geschehe, was ihren Gesetzen widerspreche oder daraus nicht folge; man darf daher auch der Bibel dergleichen nicht andichten. Dazu kommt, dass die Wunder Ursachen und Umstände erfordern, wie ich gezeigt habe, und dass sie nicht aus, ich weiss nicht welcher königlichen Herrschaft, die die Menge Gott beilegt, hervorgehen, sondern aus der göttlichen Herrschaft und ihrem Beschluss, d.h., wie ich aus der Bibel dargethan, aus den Gesetzen und der Ordnung der Natur. Endlich können auch Verführer Wunder verrichten, wie aus Deut. XIII. und Matth. XXIV. 24 erhellt.

Es erhellt also, dass die Wunder natürliche Ereignisse und deshalb so zu erklären sind, um die Worte Salomo's zu gebrauchen, dass sie weder ein Neues, noch der Natur zu widersprechen scheinen; vielmehr müssen sie den natürlichen Dingen möglichst annähernd aufgefasst werden, und zu dem Ende habe ich einige aus der Bibel selbst entlehnte Regeln gegeben. Wenn ich sage, dass die Bibel dies lehre, so meine ich doch damit nicht, dass sie dies als Lehren gebe, die zum Heile nöthig wären, sondern dass schon die Propheten sie so wie ich aufgefasst haben. Deshalb mag Jeder, wie er es für sein Verständniss des Gottesdienstes und der Religion am besten hält, darüber ungehindert denken, und dies ist auch die Meinung des Josephus, der am Schluss seines II. Buches der Alterthümer schreibt: »Niemand misstraue dem Worte ›Wunder‹, wenn alte und arglose Männer überzeugt sind, der Weg des Heils durch das Meer sei durch Gottes Willen oder von selbst geöffnet worden. Denn auch den Gefährten Alexander's des Grossen hat ehedem wie den Widersachern das Pamphylische Meer sich geöffnet, da kein anderer Ausweg übrig war, und hat ihnen so mit Gottes Willen den Durchgang gewährt, um die persische Herrschaft zu zerstören, und Alle, welche die Thaten Alexander's beschrieben haben, bestätigen es. Deshalb mag hierbei Jeder es halten, wie es ihm beliebt.« – Dies sind die Worte des Josephus und sein Urtheil über den Glauben an Wunder.

Siebentes Kapitel

Ueber die Auslegung der Bibel.

Jedermann führt es zwar im Munde, dass die heilige Schrift Gottes Wort sei, was den Menschen die wahre Seligkeit und den Weg des Heils zeige, aber in Wahrheit urtheilt man ganz anders. Denn die grosse Menge denkt nicht daran, nach den Lehren der heiligen Schrift zu leben; alle ihre eigenen Erdichtungen giebt sie für Gottes Wort ans und strebt nur unter dem Vorwand der Religion, Andere zu gleicher Meinung zu nöthigen. Die Theologen sind meist nur bedacht, ihre Erfindungen und Einfälle aus der heiligen Schrift herauszupressen und mit göttlichem Ansehn zu umgeben. Mit wenig Bedenken und mit um so grösserer Frechheit legen sie die Bibel oder die Gedanken des heiligen Geistes aus, und haben sie noch eine Sorge, so ist es nicht die, dem heiligen Geist einen Irrthum anzuheften und von dem Wege des Heils abzuirren, sondern nur von Anderen nicht widerlegt zu werden, damit ihr eignes Ansehn nicht unter die Füsse komme und von Anderen verachtet werde. Wenn die Menschen das, was sie mit Worten von der Bibel bezeugen, im ernsten Sinne sagten, dann müssten sie einen andern Lebenswandel führen, und es würde nicht so viel Uneinigkeit ihren Geist bewegen; sie würden nicht mit so viel Hass kämpfen und nicht mit so blindem und verwegenem Eifer die Schrift auslegen und Neues in der Religion ausdenken, und sie würden nur das als Lehre der Schrift festzuhalten wagen, was sie selbst deutlich lehrt. Endlich hätten dann jene Gotteslästerer, welche sich nicht gescheut haben, die Schrift an vielen Stellen zu verfälschen, ein solches Verbrechen gefürchtet und ihre gotteslästerlichen Hände davon fern gehalten. Allein der Ehrgeiz und die Verbrechen haben es endlich dahin gebracht, dass die Religion nicht mehr in der Befolgung der Lehren des heiligen Geistes, sondern in der Vertheidigung menschlicher Erfindungen besteht, und dass die Religion nicht in der Liebe gefunden wird, sondern in Aussäung von Uneinigkeit unter den Menschen und in Ausbreitung des erbittertsten Hasses, der mit dem falschen Namen göttlichen Eifers und brennenden Verlangens beschönigt wird. Mit diesen Uebeln verband sich der Aberglaube, welcher die Menschen Vernunft und Natur zu verachten lehrt und sie nur das bewundern und verehren lässt, was jenen beiden widerspricht.

Es kann deshalb nicht auffallen, wenn man zur Erhöhung der Verehrung und Bewunderung der Bibel sie so auszulegen sucht, wie sie der Vernunft und Natur am meisten widerspricht. Deshalb träumt man von verborgenen tiefen Geheimnissen in der heiligen Schrift; man erschöpft sich in Auffindung derselben, d. h. des Unsinns, und vernachlässigt dabei das Nützliche. Alles, was sie so in ihrem Wahnsinn erfinden, wird dem heiligen Geist zugeschrieben und mit der grössten Anstrengung und Leidenschaft vertheidigt. Denn es verhält sich mit den Menschen so, dass, was er mit dem reinen Verstande begreift auch mit diesem vertheidigt; aber ebenso die Meinungen, wozu die Leidenschaft ihn treibt, nur mit diesen vertheidigt.

Um nun diesem Wirrwarr zu entgehen und den Geist von den theologischen Vorurtheilen zu befreien und menschliche Erdichtungen nicht für göttliche Lehren zu nehmen, habe ich über die richtige Auslegungsweise der Bibel zu handeln und sie auseinander zu setzen. Ohnedem kann man nicht mit Gewissheit wissen, was die Bibel und was der heilige Geist lehren will. Diese Weise der Bibelerklärung, um es mit wenig Worten zu sagen, unterscheidet sich nicht von der Naturerklärung, sondern stimmt mit ihr ganz überein. So wie die letztere vorzüglich darin besteht, das Einzelne in der Natur passend zusammenzustellen, um aus diesen festen Unterlagen die Begriffe der natürlichen Dinge abzuleiten, so müssen auch bei der Bibelerklärung die zuverlässigen Thatsachen zusammengestellt und daraus, als den sichern Unterlagen und Anfängen, die Meinung der Verfasser der Bibel in richtigen Folgerungen abgeleitet werden. So wird Jeder, wenn er nämlich keine weitern Anfänge und Unterlagen zur Auslegung der Bibel und Erörterung ihres Inhaltes zulässt, als was die Schrift selbst und ihre Geschichte bietet, ohne Gefahr des Irrthums vorschreiten und ebenso sicher das erörtern können, was unsere Fassungskraft übersteigt, als was man mit dem natürlichen Licht erkennt. Damit aber klar erhelle, dass dieser Weg nicht nur sicher, sondern auch der einzige ist, welcher mit der Weise der Naturerklärung übereinstimmt, ist zu erinnern, dass die Bibel sehr oft von Dingen handelt, die aus den Grundsätzen des natürlichen Lichts nicht abgeleitet werden können. Den grössten Theil derselben bilden Gesichte und Offenbarungen, und die Geschichte enthält hauptsächlich Wunder, d. h. wie im vorigen Kapitel gezeigt worden, Erzählungen ungewöhnlicher Naturereignisse, die den Meinungen und dem Verstande der betreffenden Geschichtschreiber angepasst worden sind. Ebenso sind die Offenbarungen den Meinungen der Propheten angepasst, wie ich im zweiten Kapitel dargelegt habe, und diese übersteigen in Wahrheit den menschlichen Verstand. Deshalb muss man die Erkenntniss von beinah alledem, was die Schrift enthält, aus ihr selbst entnehmen, ebenso wie bei der Naturerkenntniss diese von der Natur entnommen werden muss.

Was aber die moralischen Lehren anlangt, welche die Bibel enthält, so könnte sie zwar aus den gemeinen Begriffen abgeleitet werden, allein man kann daraus nicht beweisen, dass die Schrift sie lehre, sondern dies kann nur aus der Bibel selbst entnommen werden. Ja, wenn man ohne Vorurtheil die Göttlichkeit der Bibel bezeugen will, so kann sie für uns nur darin bestehen, dass sie die wahren Lehren der Moral enthält. Daraus allein kann ihre Göttlichkeit bewiesen werden; denn ich habe gezeigt, dass die Weissagungen nur deshalb für gewiss gelten können, weil die Propheten rechtliche und gute Gesinnungen hatten. Deshalb können auch *wir* nur aus gleichem Grunde ihnen vertrauen. Aus Wundern kann dagegen Gottes göttliche Natur nicht bewiesen werden, wie ich schon dargelegt habe; nicht zu erwähnen, dass auch falsche Propheten sie verrichten konnten. Daher kann die Göttlichkeit der Schrift nur daraus sich ergeben, dass sie die wahre Tugend lehrt, und dies kann sich aus der Schrift allein ergeben. Wäre dies nicht möglich, so könnte man nicht ohne grosse Bedenken sie annehmen und ihre Göttlichkeit bezeugen. Somit muss die ganze Erkenntniss der Schrift aus ihr selbst entlehnt werden.

Endlich giebt die Bibel keine Definitionen der Dinge, von denen sie spricht, so wenig wie die Natur. Sowie daher aus den verschiedenen Vorgängen in der Natur die Definitionen der natürlichen Dinge gefolgert werden müssen, so sind sie hier aus den verschiedenen Erzählungen, die denselben Gegenstand in der Bibel behandeln, abzunehmen. Deshalb ist die allgemeine Regel für die Bibelerklärung, der Schrift keine Lehre zuzuschreiben, die aus der Geschichte der Bibel sich nicht klar ergiebt. Es ist deshalb zu ermitteln, wie die Geschichte der Bibel beschaffen sein, und was sie vorzüglich enthalten muss.

Erstens muss sie die Natur und Eigenthümlichkeit der Sprache enthalten, in der die Bücher der Bibel geschrieben worden, und die ihre Verfasser zu sprechen pflegten. So wird man den verschiedenen Sinn, den eine Rede im gewöhnlichen Sprachgebrauch zulässt, ermitteln können. Da aber sämmtliche Verfasser des Alten und Neuen Testaments Juden waren, so ist vor Allem die Geschichte der hebräischen Sprache nothwendig; nicht blos zum Verständniss der Bücher des Alten Testaments, die in dieser Sprache geschrieben sind, sondern auch des Neuen, da sie, obgleich sie in andern Sprachen veröffentlicht worden, doch den Charakter des Hebräischen an sich haben.

Zweitens muss sie die Aussprüche jedes Buches sammeln und auf gewisse Hauptpunkte zurückführen, damit man Alles, was einen Gegenstand betrifft, bei der Hand habe. Ferner muss sie alle zweideutigen oder dunklen oder sich widersprechenden Stellen bemerken, wobei ich eine Stelle dunkel oder deutlich nenne, deren Sinn aus dem Text der Rede schwer oder leicht verständlich ist. Denn die Schwierigkeit liegt nur in dem Sinn der Rede, nicht in ihrer Wahrheit. Insbesondere hat man sich vorzusehen und bei Aufsuchung des Sinnes der Bibel sich nicht im Voraus von einer Begründungsweise einnehmen zu lassen, die nur auf den Grundlagen der natürlichen Erkenntniss beruht, wobei ich der Vorurtheile nicht erwähne, und den wahren Sinn nicht mit der Wahrheit der Thatsachen zu verwechseln. Jener ist aus dem Sprachgebrauch allein oder aus Erwägungen abzunehmen, welche nichts als die Bibel zu Hülfe nehmen.

Dieses Alles will ich zur nähern Deutlichkeit mit einem Beispiel erläutern. Die Aussprüche Mosis: »Gott ist das Feuer« und »Gott ist eifersüchtig« sind dem Wortsinne nach ganz klar; ich rechne sie deshalb zu den klaren, obgleich sie rücksichtlich der Wahrheit und des Grundes zu den dunkelsten gehören; ja, obgleich ihr Wortsinn dem natürlichen Licht widerstreitet, so muss doch an ihrem Wortsinn festgehalten werden, wenn er nicht auch den Grundsätzen und den aus der Bibel sich ergebenden Grundlagen klar entgegensteht. Umgekehrt müssen Sätze, deren wörtlicher Sinn den der Bibel entlehnten Grundsätzen widerspricht, selbst wenn sie mit der Vernunft gänzlich stimmen, doch anders, nämlich metaphorisch erklärt werden. Um also zu wissen, ob Moses geglaubt habe, Gott sei ein Feuer oder nicht, darf dies nicht daraus abgenommen werden, dass diese Meinung nicht mit der Vernunft stimmt oder ihr widerspricht; sondern es kann nur aus andern Aussprüchen Mosis ermittelt werden. Da nämlich Moses auch an vielen Stellen klar ausspricht, Gott habe keine Aehnlichkeit mit den sichtbaren Dingen, welche am Himmel, auf Erden und im Wasser sind, so kann man daraus folgern, jene Stelle oder alle seien als Vergleichungen zu nehmen. Da jedoch von dem Wortsinne so wenig wie möglich abzugehen ist, so muss vorher geprüft werden, ob dieser einmalige Ausspruch: »Gott ist das Feuer«, einen andern Sinn neben dem wörtlichen gestattet, d.h. ob das Wort »Feuer« noch etwas Anderes als das natürliche Feuer bedeutet. Findet sich dies nach dem Sprachgebrauch nicht, so darf diese Stelle auch nicht anders ausgelegt werden, so sehr sie auch der Vernunft widerspricht; vielmehr müssen alle übrigen, obgleich sie mit der Vernunft stimmen, dieser angepasst werden. Ist auch dies nach dem Sprachgebrauch nicht möglich, dann lassen sich diese Stellen nicht vereinigen, und deshalb kann kein Urtheil über sie gefällt werden. Allein da das Wort »Feuer« auch für Zorn und Eifersucht gebraucht wird (Hiob XXXI. 12), so lassen sich die Aussprüche Mosis leicht vereinigen, und man kann mit Recht sagen, dass beide Ausdrücke: »Gott ist ein Feuer« und »Gott ist eifersüchtig« nur dasselbe bedeuten. Ferner sagt Moses deutlich, dass Gott eifersüchtig sei, und nirgends sagt er, dass er von den Leidenschaften, d. h. den Gemüthserregungen frei sei; deshalb kann man annehmen, dass Moses selbst dieses geglaubt hat oder wenigstens hat sagen wollen, wenn man auch überzeugt ist, dass dies der Vernunft widerspreche. Denn es ist uns, wie gesagt, nicht erlaubt, dem Sinne der Schrift nach den Geboten unserer Vernunft und nach unsern vorgefassten Meinungen Gewalt anzuthun; vielmehr muss das Verständniss der Bibel lediglich aus ihr selbst entnommen werden.

Drittens muss die Geschichte der Bibel Alles, was mit diesen Büchern der Propheten sich zugetragen hat, enthalten, soweit es bekannt ist; ebenso den Lebenslauf, den Charakter und die Beschäftigungen des Verfassers eines jeden Buches: wer er gewesen, bei welcher Gelegenheit, zu welcher Zeit, für wen und in welcher Sprache er geschrieben hat. Endlich muss das Schicksal eines jeden Buches mitgetheilt werden: wie es im Anfang aufgenommen worden, in Welcher Hände es gekommen, welche verschiedene Lesarten vorhanden, und auf wessen Antrieb es unter die heiligen Bücher aufgenommen worden, und endlich, wie alle diese, jetzt für heilig geltenden Bücher zu einem Buche verbunden worden sind. Dies Alles hat die Geschichte der Bibel zu enthalten. Denn wenn man entscheiden soll, welche Aussprüche als Gesetze und welche als moralische Lehren gelten sollen, so muss man den Lebenslauf, den Charakter und die Beschäftigungen des Verfassers kennen, und man wird seine Worte um so leichter auslegen können, je besser man seine Neigungen und seine Denkweise kennt. Um ferner die ewigen Lehren nicht mit den zeitlichen oder mit den nur für Wenige gegebenen zu verwechseln, muss man auch wissen, bei welcher Gelegenheit, zu welcher Zeit und für welches Volk oder Jahrhundert alle diese Lehren niedergeschrieben worden sind. Auch die Kenntniss der übrigen erwähnten Umstände ist erheblich, um neben dem Ansehn des Buches zu wissen, ob es von verfälschenden Händen hat entstellt werden können oder nicht, ob Irrthümer sich eingeschlichen, und ob sie von genügend erfahrenen und zuverlässigen Männern verbessert worden sind. Dies Alles ist zu wissen nöthig, damit man nicht im blinden Eifer Jedwedes, das uns geboten wird, annehme, sondern nur das Gewisse und Unzweifelhafte.

Erst nachdem man eine solche Geschichte der Bibel erreicht hat und fest sich vorgenommen hat, Nichts als Lehre der Propheten anzunehmen, als was aus dieser Geschichte folgt oder deutlich hergeleitet werden kann, ist es Zeit, sein Augenmerk auf den Geist der Propheten und des heiligen Geistes zu lenken. Auch dazu ist eine ähnliche Weise und Ordnung nöthig, wie sie angewendet wird, wenn man die Natur aus ihrer Geschichte erklären will. So wie man bei der Erforschung der natürlichen Dinge vor Allem darauf bedacht ist, die allgemeinsten und der ganzen Natur gemeinsamen Punkte zu ermitteln, d.h. die Bewegung und die Ruhe mit den Gesetzen und Regeln, welche die Natur stets beobachtet und nach denen sie ununterbrochen wirkt: und so, wie man von da allmählich zu dem mehr Besonderen vorschreitet, ebenso muss auch aus der Geschichte der Bibel zunächst das Allgemeinste ermittelt werden, was die Grundlage und der Boden für die ganze Bibel ist und das, was in ihr als die ewige und allen Sterblichen heilsamste Lehre von allen Propheten empfohlen wird. Dahin gehört z.B., dass Gott nur als *einer* und allmächtiger besteht, dem allein die Anbetung gebührt, der für Alle sorgt und der vor Allen Diejenigen liebt, welche ihn verehren und ihren Nächsten wie sich selbst lieben.

Dieses und Aehnliches, sage ich, lehrt die Bibel überall so klar und ausdrücklich, dass dies von Niemand je in Zweifel gezogen worden ist. Wer aber Gott sei, und in welcher Weise er Alles sieht und dafür sorgt, dies und Aehnliches lehrt die Schrift absichtlich und als eine ewige Wahrheit nicht; vielmehr haben die Propheten selbst, wie schon oben gezeigt worden, darin nicht übereingestimmt. Deshalb kann man über Dergleichen keine Lehre des heiligen Geistes aufstellen, wenn man es auch aus natürlichem Licht ganz gut vermöchte.

Nachdem diese allgemeine Lehre der Bibel richtig erkannt worden, muss man zu dem mehr Besonderen übergehen, was auf den gemeinsamen Lebenswandel sich bezieht, und was wie Bäche aus dieser allgemeinen Lehre abfliesst. Dahin gehören alle äussern besondern Handlungen der wahren Tugend, die nur bei passender Gelegenheit geschehen können. Die dabei sich vorfindenden Zweideutigkeiten und Dunkelheiten müssen nach der allgemeinen Lehre der Bibel erklärt und entschieden werden, und bei etwaigen Widersprüchen sind die Gelegenheit, die Zeit und für wen die Bücher geschrieben worden, zu beachten. Wenn z.B. Christus sagt: »Selig sind die Trauernden, denn sie werden Trost empfangen«, so kann man aus diesen Worten nicht abnehmen, welche Trauernde er meint. Allein später sagt er, man solle nur für das Reich Gottes und seine Gerechtigkeit sorgen, und er empfiehlt es als das höchste Gut (Matth. VI. 33). Daraus folgt, dass Christus unter den Trauernden nur Die versteht, welche um die Vernachlässigung des Reiches Gottes und der Gerechtigkeit durch die Menschen trauern; denn nur dies können Die betrauern, welche blos das göttliche Reich oder die Billigkeit lieben und die übrigen Güter verachten.

Wenn Christus ferner sagt: »Wer Dich auf Deine rechte Wange schlägt, dem halte auch die linke hin«, u.s.w., so würde er, wenn er dies als Gesetzgeber den Richtern geboten hätte, das Gesetz Mosis damit aufgehoben haben; allein da er offen das Gegentheil erklärt (Matth. V. 17), so muss man beachten, wer dies gesagt hat, wann und zu welcher Zeit es gesagt worden; da hat Christus es gesagt, nicht um als Gesetzgeber Gesetze zu geben, sondern als Lehrer von Lebensregeln; er wollte, wie gezeigt, nicht die äussern Handlungen, sondern die Gesinnung verbessern. Ferner sagt er es unterdrückten Menschen, die in einem verderbten Staate lebten, wo die Gerechtigkeit vernachlässigt wurde, und dessen Untergang er herannahen sah. Und so sehen wir, dass dasselbe, was hier Christus bei dem bevorstehenden Untergang der Stadt lehrt, von Jeremias bei der ersten Zerstörung der Stadt, also zu einer ähnlichen Zeit, gelehrt worden ist (Klagen Jerem. III. die Buchstaben Tet und Jot). Da somit dies nur zu Zeiten der Unterdrückung von den Propheten gelehrt worden, da es nirgends als ein Gesetz verordnet worden, vielmehr Moses, der nicht in einer Zeit der Unterdrückung schrieb, sondern, dies halte man fest, einen guten Staat begründen wollte, zwar auch die Rache und den Hass gegen den Nächsten verdammt hat, aber doch Auge um Auge zu nehmen geboten hat: so ergiebt sich aus den Grundlagen der Bibel, dass diese Lehre Christi und des Jeremias über Ertragung des Unrechts und Gestattung der Gottlosen zu Allem nur für Orte gilt, wo die Gerechtigkeit verabsäumt wird, in Zeiten der Unterdrückung, aber nicht für einen guten Staat. Vielmehr ist in einem guten Staate, wo die Gerechtigkeit gehandhabt wird, Jeder schuldig, wenn er sich als einen Gerechten zeigen will, das Unrecht vor den Richter zu bringen (Levit. V. 1), nicht aus Rache (Levit. XIX. 17, 18), sondern um der Gerechtigkeit willen, zum Schutz der Gesetze des Vaterlandes, und damit den Bösen ihre Bosheit nicht zum Vortheil gereiche, was Alles auch mit der natürlichen Vernunft übereinstimmt.

In dieser Weise könnte ich noch mehr Beispiele beibringen; indess wird dies genügen, um meine Ansicht und den Nutzen dieser Art der Auslegung darzulegen, worauf es mir jetzt nur ankommt. Allein bisher habe ich nur die Stellen der Bibel erörtert, welche sich auf den Lebenswandel beziehen, und die deshalb leichter erklärt werden können, da über diese in Wahrheit unter den Verfassern der biblischen Bücher kein Streit bestanden hat. Dagegen kann das Uebrige, was in der Bibel die Spekulation betrifft, nicht so leicht verstanden werden; der Weg dazu ist enger. Denn die Propheten weichen in spekulativen Fragen, wie gezeigt, von einander ab, und die Erzählungen sind da den Vorurtheilen jedes Jahrhunderts sehr anbequemt worden. Deshalb kann man auf die Meinung eines Propheten aus deutlichem Stellen eines andern keinen Schluss ziehen und sie nur da zur Erläuterung benutzen, wo ganz feststeht, dass Beide genau dieselbe Ansicht gehabt haben. Ich will daher mit Wenigem darlegen, wie in solchen Fällen die Meinung des Propheten aus der Geschichte der Bibel zu gewinnen ist.

Auch hier muss mit dem Allgemeinsten begonnen werden, und man muss vor Allem aus den klarsten Stellen der Bibel ermitteln, was die Weissagung oder Offenbarung ist, und worin sie hauptsächlich besteht. Dann ist zu ermitteln, was ein Wunder ist, und so muss in dieser Weise mit den gemeinsamen Begriffen verfahren werden. Von da muss man zu den Ansichten des einzelnen Propheten übergehen und erst alsdann den Sinn der einzelnen Offenbarungen oder Weissagungen in der Erzählung und die Wunder ermitteln. Welche Vorsicht hierbei nöthig, damit man dabei die Meinung des Propheten und Geschichtschreibers nicht mit der Absicht des heiligen Geistes und mit dem wahren Sachverhalt verwechsle, habe ich früher an mehreren Beispielen gezeigt; ich brauche es deshalb hier nicht weitläufiger darzulegen. Indess halte man für die Erklärung der Offenbarungen fest, dass dieses Verfahren nur zu dem führt, was die Propheten wirklich gesehen und gehört haben, nicht aber was sie mit ihren Hieroglyphen bezeichnen oder vorstellen wollten; dies kann man nur errathen, aber nicht sicher aus den Grundlagen der Bibel ableiten.

Damit habe ich die Weise der Schrift-Erklärung dargelegt und zugleich bewiesen, dass es der alleinige sichere Weg zur Erforschung ihres Sinnes ist; allerdings müssen Diejenigen mehr Gewissheit haben, wenn es Deren giebt, welche die sichere Ueberlieferung oder wahre Auslegung von den Propheten selbst erhalten haben, wie die Pharisäer sagen, oder welche einen Hohenpriester haben, der in Auslegung der Schrift nicht irren kann, wie die Katholiken sich eines solchen rühmen. Allein da ich weder über diese Ueberlieferung, noch über das Ansehen des Papstes Gewissheit erlangen kann, so kann ich auch darüber nichts Gewisses feststellen. Letzteres haben die ältesten oder ersten Christen, Jenes die ältesten Sekten der Juden bestritten, und bedenkt man die Reihe von Jahren, um Anderes nicht zu erwähnen, durch welche die Pharisäer nach der Lehre ihrer Rabbiner diese Ueberlieferung bis zu Moses hinauf führen, so findet man, dass sie falsch ist, wie ich auch an einem andern Orte darlege. Deshalb muss eine solche Ueberlieferung als sehr verdächtig gelten, und wenn ich auch bei meinem Verfahren *eine* Ueberlieferung der Juden annehmen muss, nämlich die Bedeutung der hebräischen Worte, die wir von ihnen empfangen haben, so zweifle ich, wenn auch nicht an dieser, doch an der andern. Denn Niemandem konnte es jemals Etwas nützen, die Bedeutung eines Wortes zu verändern, wohl aber den Sinn einer Rede. Auch wäre Jenes ausserordentlich schwer gewesen; denn wer den Sinn eines Wortes ändern wollte, musste auch alle Schriftsteller, die in dieser Sprache geschrieben und das Wort in seiner gewöhnlichen Bedeutung gebraucht haben, entweder im Geist und Sinn eines Jeden erklären oder mit der höchsten Vorsicht verfälschen. Auch schützt das Volk ausser den Gelehrten die Sprache; aber den Sinn der Reden und die Bücher schützen nur die Gelehrten; und deshalb konnte es wohl kommen, dass die Gelehrten den Sinn einer Rede in einem sehr seltenen Buche, das sie in ihrer Gewalt hatten, verändern oder verderben konnten, aber nicht die Bedeutung der Worte. Dazu kommt, dass, wer die gewohnte Bedeutung eines Wortes verändern will, nur schwer dies für die spätere Zeit im Sprechen und Schreiben festhalten kann. Dies und andere Gründe zeigen, dass es Niemandem in den Sinn hat kommen können, eine Sprache zu verfälschen, wohl aber oft die Meinung eines Schriftstellers durch Verdrehung und falsche Auslegung seiner Rede.

Wenn nun mein Verfahren, wonach das Verständniss der Bibel nur aus ihr selbst geschöpft werden soll, das einzig wahre ist, so muss man da alle Hoffnung aufgeben, wo dieses Mittel zum vollen Verständniss der Bibel nicht ausreicht. Die in der Bibel selbst enthaltenen Schwierigkeiten und Mängel für die Gewinnung eines vollen und sichern Verständnisses der heiligen Bücher werde ich hier darlegen.

Mein Verfahren trifft darin auf eine grosse Schwierigkeit, dass es die volle Kenntniss der hebräischen Sprache voraussetzt. Woher soll diese entnommen werden? Die alten hebräischen Sprachgelehrten haben der Nachwelt über die Grundlagen und die Gesetze dieser Sprache nichts hinterlassen; wenigstens besitzen wir nichts der Art von ihnen, kein Wörterbuch, keine Sprachlehre, keine Redekunst. Das jüdische Volk hat alle Zierden, allen Schmuck eingebüsst, was nach so viel Niederlagen und Verfolgungen nicht zu verwundern ist, und hat nur wenige Bruchstücke der Sprache und alten Bücher gerettet; die Namen der Früchte, der Vögel, der Fische und vieles Andere sind durch die Ungunst der Zeiten beinahe gänzlich verloren gegangen. Ferner ist die Bedeutung vieler Namen und Worte in der Bibel entweder ganz unbekannt oder bestritten. Neben Allem diesem entbehrt man vorzüglich der Lehre über die Satzbildung in dieser Sprache; denn die Ausdrücke und Redewendungen, welche dem jüdischen Volke eigenthümlich waren, hat die verzehrende Zeit beinahe sämmtlich aus dem Gedächtniss der Menschen vertilgt. Ich werde deshalb nicht immer, wie ich möchte, den verschiedenen Sinn einer Rede, welche sie nach dem Sprachgebrauch zulässt, ermitteln können; und wir werden vielen Reden begegnen, die zwar in den bekanntesten Worten ausgedrückt sind, aber deren Sinn sehr dunkel, ja unverständlich ist.

Zu diesem Mangel, dass man keine vollständige Geschichte der hebräischen Sprache hat, kommt die Natur und der Bau dieser Sprache hinzu, aus welchem so viel Zweideutigkeiten entspringen, dass sich kein Verfahren finden lässt, was zu dem wahren Sinn aller Sätze der Bibel mit Sicherheit führte. Denn neben den allen Sprachen gemeinsamen Ursachen der Zweideutigkeit hat diese Sprache noch besondere, welche die Quelle vieler solcher Zweideutigkeiten sind, und ich halte es der Mühe werth, sie hier anzugeben.

Die *erste* Zweideutigkeit und Dunkelheit in den Darstellungen der Bibel entspringt daraus, dass die Buchstaben derselben Sprachwerkzeuge einander vertreten. Die Juden theilen nämlich die Buchstaben des Alphabets in fünf Klassen nach den Organen, welche zu dem Sprechen dienen, nämlich nach den Lippen, der Zunge, den Zähnen, dem Gaumen und der Kehle. So heissen z.B. das *Alpha, Ghet, Hgain, He* Kehllaute und werden, so viel mir bekannt, ohne Unterschied einer für den andern gebraucht. *El*, was »zu« bedeutet, wird oft statt *hgal* gebraucht, was »über« bedeutet, und umgekehrt. Davon kommt es, dass alle Redetheile entweder zweideutig oder sinnlos werden.

Die andere Zweideutigkeit der Rede entspringt aus der mehrfachen Bedeutung der Binde- und Bei-Worte. So dient z.B.: *Vau* sowohl zum Verbinden wie zum Trennen; es bezeichnet: »und«, »aber«, »weil«, »hingegen«, »demnächst«. *Ki* hat sieben oder acht Bedeutungen und heisst: »weil«, »obgleich«, »wenn«, »wie«, »was«, »die Verbrennung« u.s.w. Und dasselbe gilt beinahe von allen diesen Nebenredetheilen.

Eine *dritte* Quelle vieler Zweifel ist der Mangel des Präsens, des Präteritums, Imperfects, Plusquamperfects, des Futuri perfecti und anderer in den übrigen Sprachen sehr gebräuchlichen Zeiten, bei dem Indicativ der Zeitworte. Ebenso fehlten denselben im Imperativ und Infinitiv alle Zeiten ausser dem Präsens, und im Conjunctiv haben die Zeitworte gar keine Zeitform. Allerdings kann dieser Mangel an Zeit- und Beziehungsformen nach gewissen aus den Grundlagen der Sprache entlehnten Regeln leicht, ja mit grosser Feinheit ergänzt werden; allein die alten Schriftsteller haben dies ganz verabsäumt und gebrauchen durch einander die zukünftige Zeit für die gegenwärtige und für die vergangene, und umgekehrt diese für die kommende;

ferner den Indicativ für den Imperativ und Conjunctiv auf Kosten aller Bestimmtheit der Rede.

Neben diesen drei der hebräischen Sprache eigenthümlichen Ursachen der Zweideutigkeit muss ich noch zwei andere erwähnen, deren jede von noch viel grösserer Bedeutung ist. Die eine ist, dass die Hebräer keine Buchstaben für die Selbstlaute haben; die zweite, dass sie die Redetheile nicht durch besondere Interpunktions-Zeichen von einander trennen und dies weder ausdrücken noch andeuten. Wenn auch Beides, die Selbstlaute und diese Zeichen, durch Punkte und Striche nachgeholt werden können, so kann man sich doch nicht darauf verlassen, da sie von Leuten aus späteren Zeiten herrühren, deren Ansehen bei uns nicht gelten kann, da die Alten ohne Punkte, d.h. ohne Selbstlaute und Accente geschrieben haben, wie aus vielen Zeugnissen erhellt. Nur die Spätern haben, je nach der ihnen zusagenden Auslegung der Bibel, Beides hinzugefügt. Daher sind die jetzt vorhandenen Accente und Punkte nur Auslegungen der Neuem und verdienen nicht mehr Glauben und Ansehen als die übrigen Erklärungen der Autoren. Wer dies nicht kennt, weiss nicht, wie der Verfasser des Briefes an die Hebräer zu entschuldigen ist, dass er in Kap. XI. 21 den Text der Gen. XLVII. 31 ganz anders auslegt, als es in dem punktirten Texte lautet, als hätte der Apostel den Sinn der Bibel von den Punktisten lernen müssen, während nach meiner Ansicht die Punktisten die Schuld tragen. Damit Jedermann einsehe, wie der Unterschied blos von dem Mangel der Selbstlaute gekommen ist, will ich beiderlei Auslegung hier angeben. Die Punktisten haben mit ihren Punkten es so ausgelegt: »und es krümmt sich Israel oben«, oder wenn man den Buchstaben *Hgain* in das *Alpha* desselben Organs verändert, »gegen den Kopf des Lagers.« Dagegen sagt der Verfasser des Briefes: »und es krümmt sich Israel über den Kopf des Stabes«, indem er *mate* statt *mita* liest; ein Unterschied, der nur in den Selbstlautern liegt. Da nun in dieser Erzählung nur von dem einsamen Alter des Jakob, aber nicht, wie in dem folgenden Kapitel, von seiner Krankheit gesprochen wird, so scheint die Absicht des Geschichtschreibers wahrscheinlich die gewesen zu sein, dass Jakob sieh über den Kopf des Stabes, dessen die Greise hohen Alters zu ihrer Stütze bedürfen, aber nicht des Lagers gebeugt habe, zumal dann ein Umtausch der Buchstaben nicht nöthig ist. Mit diesem Beispiel habe ich nicht blos jene Stelle in dem Briefe an die Hebräer mit dem Text des 1. Buch Mosis vereinigen, sondern auch zeigen wollen, wie wenig man sich auf die heutigen Punkte und Accente verlassen kann. Jede vorurtheilsfreie Bibelerklärung muss hier mit Zweifeln vorgehen und von Neuem untersuchen.

Aus diesem Bau und Zustand der hebräischen Sprache kann man, um auf meine Aufgabe zurückzukommen, leicht entnehmen, dass die hieraus entstehenden Schwierigkeiten durch kein Mittel der

Auslegung ganz beseitigt werden können. Insbesondere kann man nicht hoffen, durch eine gegenseitige Vergleichung der Stellen dies zu erreichen, obgleich sie der einzige Weg bleibt, um den wahren Sinn einer Stelle aus den näheren, nach dem Sprachgebrauch zulässigen Bedeutungen zu ermitteln. Eine solche Vergleichung kann hier nur zufällig eine Erläuterung gewähren, da kein Prophet in der Absicht geschrieben hat, um seine oder Anderer Worte absichtlich zu erläutern. Auch kann man die Meinung des einen Propheten oder Apostels nicht aus der eines andern entnehmen, ausgenommen in Dingen, die den Lebenswandel betreffen, wie ich bereits gezeigt habe; dagegen ist es bei spekulativen Fragen und bei Erzählung von Wundern und Ereignissen nicht zulässig.

Ich könnte nun durch Beispiele belegen, dass in der Bibel viele ganz unerklärbare Stellen enthalten sind; indess lasse ich dies jetzt gern bei Seite, da ich noch weiter auszuführen habe, welchen Schwierigkeiten die wahre Auslegungsweise der Bibel begegnet, und was hierbei noch zu wünschen übrig bleibt.

Eine weitere Schwierigkeit entsteht nämlich daraus, dass zu diesem Mittel der Auslegung eine Kenntniss aller Unfälle, die die Bücher der Schrift betroffen haben, nöthig ist, während doch das Meiste davon unbekannt; denn die Urheber oder, wenn man lieber will, die Verfasser vieler Bücher sind uns entweder ganz unbekannt oder zweifelhaft, wie ich gleich zeigen werde. Auch die Gelegenheit, weshalb, und die Zeit, wann diese Bücher, deren Verfasser wir nicht kennen, geschrieben worden, sind uns unbekannt; ebenso, in wessen Hände diese Bücher gerathen sind, in welchen Exemplaren seine verschiedenen Lesarten sich befunden haben, und ob nicht mehr dergleichen Lesarten bei Anderen bestanden haben. Wie wichtig diese Kenntniss aber ist, habe ich an seiner Stelle gezeigt, und einiges dort absichtlich unerwähnt Gebliehene will ich hier in Betracht nehmen.

Liest man ein Buch, was Unglaubliches oder Unverständliches enthält oder in dunklen Ausdrücken abgefasst ist, und kennt man den Verfasser und die Zeit und den Anlass dazu nicht, so ist es vergeblich, sich über dessen Sinn zu vergewissern. Es ist dann unmöglich zu wissen, was der Verfasser gewollt oder wollen gekonnt hat, während, wenn man dies genau kennte, man sein Urtheil so einrichten könnte, dass man ohne vorgefasste Meinung dem Verfasser oder Dem, für den er schrieb, nicht mehr oder weniger, als Recht ist, zutheilt, und dass man nur an das denkt, was der Verfasser im Sinn hatte, und was die Zeit und Gelegenheit verlangte.

Hierin wird mir Jeder beistimmen. Denn es trifft sich oft, dass man ähnliche Geschichten in verschiedenen Büchern findet, worüber man sehr verschieden urtheilt, je nach der Kenntniss, die man von den Verfassern hat.

So entsinne ich mich, einst in einem Buche von einem Manne gelesen zu haben, der der rasende Roland hiess, auf einem geflügelten Ungeheuer durch die Lufttritt und damit über beliebige Länder hinwegflog; er allein metzelte eine ungeheure Zahl Menschen und Riesen nieder, und dergleichen mehr, was für den gesunden Verstand ganz unfassbar war. Eine dieser ähnlichen Geschichte hatte ich im Ovid über Perseus gelesen und noch eine ähnliche in dem Buch der Richter und Könige über Simson (der allein und ohne Waffen Tausende von Menschen niedermetzelte) und von Elias, der durch die Luft flog und endlich in einem feurigen Wagen und mit feurigen Rossen gen Himmel fuhr. Obgleich nun diese Erzählungen einander sehr gleichen, so urtheilen wir doch über jede sehr verschieden, nämlich dass der Verfasser der ersten nur Possen hat schreiben wollen; der Zweite aber politische Dinge und der Dritte heilige; und Alles dies nehmen wir nur in Folge der Meinungen an, die wir über deren Verfasser hegen. Hieraus erhellt, dass ohne Kenntniss der Verfasser, welche dunkel und unverständlich geschrieben haben, die Erklärung ihrer Schriften unmöglich bleibt.

Aus denselben Gründen muss man, um die wahren Lesarten bei dunklen Geschichten zu ermitteln, wissen, in wessen Händen die Exemplare mit den verschiedenen Lesarten sich befunden haben, und ob nicht noch andere sich bei Personen von grösserer Zuverlässigkeit finden.

Eine andere Schwierigkeit bei Erklärung der Bibel in dieser Weise liegt darin, dass wir sie nicht mehr in der ursprünglichen Sprache besitzen. Denn das Evangelium Matthäi und unzweifelhaft auch der Brief an die Hebräer ist nach allgemeiner Annahme hebräisch abgefasst worden, welcher Text aber nicht mehr vorhanden ist. Von dem Buche Hiob ist es zweifelhaft, in welcher Sprache es abgefasst worden; Aben Hezra behauptet in seinem Kommentar, es sei aus einer andern Sprache in das Hebräische übersetzt worden, und davon komme seine Dunkelheit. Ueber die apokryphischen Bücher sage ich nichts, da sie von sehr verschiedener Gültigkeit sind.

Dies sind nun alle Schwierigkeiten der Auslegungsweise der Bibel, die aus ihrer eignen Geschichte, soweit sie zu haben ist, hervorgehen. Ich halte sie für so gross, dass ich behaupten möchte, wir kennen den wahren Sinn der Bibel in ihren meisten Stellen weder mit Gewissheit noch mit Wahrscheinlichkeit. Indess muss ich wiederholt erinnern, dass alle diese Schwierigkeiten nur da die Auffindung des Sinnes der Propheten hindern, wo es sich um unbegreifliche und nur eingebildete Dinge handelt, aber nicht bei verständlichen Gegenständen, von denen man klare Begriffe bilden kann. Denn Dinge, die von Natur leicht erfassbar sind, können nie so dunkel ausgedrückt werden, dass sie nicht dennoch leicht zu verstehen wären, nach dem Sprüchwort: »Für den Klugen ist genug gesagt.« *Euclid*, der nur über einfache und höchst verständliche Dinge schrieb, wird von Jedem in jeder Sprache verstanden; denn um dessen Meinung zu treffen und des wahren Sinnes gewiss zu sein, braucht es keiner vollständigen Kenntniss der Sprache, in der er geschrieben hat; eine gewöhnliche Kenntniss, wie die des Knaben, reicht dazu hin, und man braucht dazu weder das Leben noch die Beschäftigungen und den Charakter des Verfassers zu wissen; auch nicht die Schicksale des Buches, nicht die verschiedenen Lesarten und nicht, wie und auf wessen Rath man es aufgenommen hat. Was hier über Erklärung gesagt ist, gilt von allen Schriftstellern über von Natur verständliche Gegenstände; deshalb nehme ich auch an, dass man die Meinung der Bibel rücksichtlich der sittlichen Vorschriften aus ihrer Geschichte, wie wir sie haben, leicht fassen und über ihren wahren Sinn Gewissheit erlangen kann. Denn die Lehren der wahren Frömmigkeit werden in den gebräuchlichsten Worten ausgedrückt, und sie selbst sind sehr bekannt, einfach und leicht verständlich; das wahre Heil und die Seligkeit besteht in der Ruhe der Seele, und man findet diese wahre Ruhe nur in dem, was man klar erkennt. Daraus folgt, dass man die Meinung der Bibel in Betreff der heilsamen, zur Seligkeit erforderlichen Dinge sicher auffinden kann, und man braucht deshalb um das Uebrige nicht so besorgt zu sein, da es meist unbegreiflich und unverständlich ist und deshalb mehr die Neugierde erregt als Nutzen bringt.

Damit glaube ich die wahre Auslegungsweise der Bibel dargelegt und meine Ansicht darüber genügend ausgesprochen zu haben. Ausserdem wird man unzweifelhaft bemerken, dass dieses Verfahren kein Licht ausser dem natürlichen verlangt. Denn das Wesen und die Kraft dieses natürlichen Lichts besteht vorzüglich in Ableitung und Folgerung der dunkeln Dinge aus bekannten oder als solchen gegebenen Schlüssen, und mehr verlangt meine Auslegung nicht. Ich gebe zu, dass sie nicht für die sichere Aufklärung alles Inhaltes der Bibel zureicht; allein dies ist nicht ihre Schuld, sondern kommt davon, dass der wahre und rechte Weg, den sie zeigt, noch niemals gebahnt, von den Menschen nicht betreten und deshalb im Lauf der Zeiten sehr steil und unwegsam geworden ist, wie die von mir selbst bezeichneten Schwierigkeiten klar darlegen.

Ich habe nun nur noch die Ansicht meiner Gegner zu prüfen. Zunächst die, wonach das natürliche Licht keine Kraft zur Auslegung der Bibel haben, sondern ein übernatürliches Licht dazu vorzugsweise nöthig sein soll. Ich überlasse hier meinen Gegnern, dieses über das Natürliche gehende Licht näher zu erklären; denn ich kann nur vermuthen, dass man damit ebenfalls, nur in dunklem Ausdrücken, hat einräumen wollen, dass der wahre Sinn der Bibel meist zweifelhaft sei. Giebt man nämlich auf die Erklärungen meiner Gegner Acht, so findet man, dass sie nichts Uebernatürliches, sondern nur blosse Vermuthungen enthalten. Man vergleiche nur damit die Erklärungen

Derer, die offen gestehen, dass sie das natürliche Licht besitzen, und man wird sie diesen sehr ähnlich finden, soweit man dabei vernünftig, bedachtsam und sorgsam verfahren ist. Wenn man sagt, das natürliche Licht reiche dazu nicht aus, so erhellt die Unwahrheit davon theils aus dem früher dargelegten Umstand, dass die Schwierigkeit der Bibel-Erklärung nicht von dem Mangel an Kraft des natürlichen Lichts kommt, sondern nur von der Nachlässigkeit, wenn nicht Bosheit der Menschen, welche die Geschichte der Bibel zu einer Zeit, wo es noch möglich war, nicht ausbildeten, und daraus, dass, wie Alle, glaube ich, einräumen, das übernatürliche Licht ein göttliches, nur den Gläubigen gewährtes Geschenk sein soll, da doch die Propheten und Apostel nicht blos den Gläubigen, sondern hauptsächlich den Ungläubigen und Gottlosen zu predigen pflegten, mithin diese gewiss fähig waren, die Meinung der Propheten und Apostel zu verstehen; denn sonst hätten die Propheten und Apostel Knaben und Kindern gepredigt, nicht vernünftigen Leuten, und Moses hätte seine Gesetze umsonst gegeben, wenn nur die Gläubigen sie hätten verstehen können, die keines Gesetzes bedürfen. Wer daher ein übernatürliches Licht zum Verständniss des Sinnes der Propheten und Apostel verlangt, scheint vielmehr des natürlichen Lichts zu ermangeln, und ich kann unmöglich glauben, dass er eine göttliche Gabe besitze.

Maimonides' Ansicht war eine ganz andere; er fühlte, dass jede Stelle der Bibel verschiedener, ja entgegengesetzter Auslegungen fähig sei, und dass man über den wahren Sinn keine Gewissheit haben könne, bevor man nicht wisse, dass die Stelle in dieser Auslegung nichts enthält, was mit der Vernunft streitet oder ihr widerspricht. Widerspricht der wirkliche Sinn der Vernunft, so meint er, dass die Stelle, auch wenn sie noch so klar sei, doch anders ausgelegt werden müsse, und sagt dies deutlich im Buche More Nebuchim, Th. 2, Kap. 25 mit den Worten: »Wisset, dass ich mich trotz der Worte, welche die Bibel über die Schöpfung der Welt enthält, nicht scheue zu sagen, dass die Welt von Ewigkeit bestanden hat. Denn der Stellen, welche sagen, die Welt sei geschaffen, sind nicht mehr als derer, welche sagen, Gott sei körperlich, und der Weg zur Erklärung der Stellen, die über die Erschaffung der Welt handeln, ist uns nicht verschlossen oder versperrt, und wir hätten sie auslegen können, wie wir es bei der Körperlichkeit Gottes gemacht haben, und vielleicht wäre dies leichter gewesen, und wir hätten bequemer diese Stellen erklären und die Ewigkeit der Welt feststellen können, als es bei der Erklärung der heiligen Schriften geschehen, wo wir die Körperlichkeit des gesegneten Gottes beseitigten. Wenn ich dies nicht thue und nicht glaube (nämlich, dass die Welt ewig sei), geschieht es aus zwei Gründen: 1) weil klar bewiesen ist, dass Gott nicht körperlich ist, und alle jene Stellen demgemäss erklärt werden müssen, deren Wortsinn damit in Widerspruch steht; denn sie müssen offenbar eine Erklärung (neben der wörtlichen) verstatten. Aber die Ewigkeit der Welt beruht auf keinem Beweise, deshalb braucht man den Schriften keine Gewalt anzuthun und sie gegen den scheinbaren Sinn auszulegen, zu dessen Gegentheil ich allerdings durch die Vernunft bestimmt werden könnte. Zweitens widerspricht der Glaube, dass Gott unkörperlich sei, den Grundlagen des Gesetzes nicht; dagegen zerstört die Annahme der Ewigkeit der Welt in dem Sinne des *Aristoteles* das Gesetz von Grund aus.«

Aus diesen Worten des *Maimonides* folgt deutlich, was ich gesagt habe; denn wäre er selbst in seiner Vernunft gewiss, dass die Welt ewig sei, so würde er nicht anstehen, die Schrift zu pressen und auszulegen, bis sie selbst dies zu lehren schiene; ja, er wäre gleich überzeugt gewesen, dass die Schrift, obgleich sie überall dagegen spricht, doch die Ewigkeit der Welt habe lehren wollen. Mithin konnte er über den wahren Sinn der Schrift bei aller Klarheit derselben nicht sicher sein, so lange er selbst die Wahrheit bezweifelte oder derselben nicht sicher war. Denn so lange man dieser Wahrheit nicht sicher ist, so lange weiss man nicht, ob der Gegenstand mit der Vernunft stimmt oder ihr widerstreitet, und deshalb auch nicht, ob der wörtliche Sinn der wahre Sinn der Bibel ist oder nicht.

Wäre diese Ansicht richtig, so würde ich unbedingt anerkennen, dass man noch eines andern als des natürlichen Lichtes zur Auslegung der Bibel bedarf. Denn beinahe der ganze Inhalt der Bibel kann aus Grundsätzen des natürlichen Lichtes, wie gezeigt, nicht abgeleitet werden, deshalb kann auch das natürliche Licht uns über dessen Wahrheit keine Auskunft geben, folglich auch nicht über den wahren Sinn und die Meinung der Bibel, sondern es würde dazu eines andern Lichtes bedürfen. Wenn diese Ansicht wahr wäre, würde weiter folgen, dass die Menge, welche in der Regel die Beweise nicht kennt oder dazu keine Zeit hat, den Inhalt der Bibel nur auf Treue und Glauben der Philosophen annehmen und diese in der Schrifterklärung für untrüglich halten müsste, und dies wäre fürwahr eine neue Autorität in der Kirche und ein neues Geschlecht von Priestern und Päpsten, was von der Menge mehr belacht als verehrt werden würde.

Allerdings verlangt auch mein Verfahren die Kenntniss der hebräischen Sprache, mit deren Erlernung die Menge sich nicht abgeben kann; allein deshalb trifft dieser Einwand mich nicht, denn das niedere Volk der Juden und Heiden, für die ehedem die Propheten und Apostel gepredigt und geschrieben haben, verstand deren Sprache und damit auch deren Meinung, aber nicht die Gründe der Dinge, die sie lehrten, obgleich sie nach *Maimonides* auch diese hätten verstehen müssen, um den Sinn des Propheten zu fassen. Deshalb folgt ans meiner Erklärungsweise nicht, dass die Menge sich nothwendig bei dem Zeugniss der Erklärer beruhigen müsse; denn ich zeige ein Volk, welchem die Sprache der Propheten und Apostel geläufig war;

aber *Maimonides* wird kein Volk zeigen können, welches die Gründe der Dinge einsieht und daraus deren Sinn entnimmt. Was aber das heutige niedrige Volk anlangt, so habe ich schon gezeigt, dass das zum Heil Nöthige auch ohne Kenntniss der Gründe in jeder Sprache leicht verstanden werden könne, weil es allgemein bekannt ist und geübt wird, und die Menge sich dabei und nicht bei dem Zeugniss der Ausleger beruhigt. In allem Uebrigen geht es ihr wie den Gelehrten selbst.

Ich kehre indess zur Meinung von *Maimonides* zurück und will sie noch genauer untersuchen. Zuerst setzt er voraus, dass die Propheten in Allem übereingestimmt und die grössten Philosophen und Theologen gewesen seien; denn er meint, sie hätten aus der Wahrheit der Dinge ihre Lehre abgeleitet; allein diese ist falsch, wie ich im zweiten Kapitel gezeigt habe. Dann nimmt er an, dass der Sinn der Schrift aus ihr selbst sich nicht ergeben könne; denn die Wahrheit der Dinge ergebe sich aus ihr nicht, da sie keine Beweise habe, und das, was sie lehre, lehre sie nicht durch Definitionen und aus den ersten Ursachen. Deshalb soll nach *Maimonides* der wahre Sinn der Bibel sich nicht aus ihr ergeben und nicht aus ihr entnommen werden können. Aber auch dies ist falsch, wie aus diesem Kapitel erhellt. Denn ich habe mit Gründen und Beispielen erwiesen, dass der Sinn der Bibel aus ihr selbst sich ergiebt und selbst bei Dingen, die nach dem natürlichen Licht bekannt sind, aus ihr allein entnommen werden muss.

Er nimmt endlich an, dass uns erlaubt sei, die Worte der Schrift nach unsern vorgefassten Meinungen zu erklären, zu verdrehen und den Wortsinn, wenn er auch noch so klar und ausdrücklich ist, zu verleugnen und in einen andern zu verkehren. Eine solche Erlaubniss geht offenbar zu weit und ist zu verwegen, denn sie widerspricht geradezu dem, was in diesem Kapitel und früher dargelegt worden ist. Aber wenn ich ihm auch diese grosse Freiheit gestattete, was erreichte er damit? Fürwahr nichts; denn der Inhalt der Bibel ist zum grössern Theil unbeweisbar und kann daher auf diese Art nicht erforscht und nach dieser Regel nicht erklärt und erläutert werden. Befolgt man dagegen meine Regeln, so kann man Vieles dieser Art erklären und sicher darüber verhandeln, wie ich mit Gründen und durch die That gezeigt habe. Ebenso kann der Sinn des von Natur Begreiflichen leicht, wie ich gezeigt, aus dem Text der Rede entnommen werden; aber die Weise des *Maimonides* ist hier ohne Nutzen. Dazu kommt, dass sie alle Gewissheit zerstört, welche die Menge bei einem andächtigen Lesen und Jedermann bei Befolgung meines Verfahrens über den Sinn der Bibel gewinnen kann. Ich verwerfe deshalb diese Ansicht des *Maimonides*; sie ist schädlich, unnütz und widersinnig.

Was ferner die Ueberlieferung der Pharisäer anlangt, so habe ich schon früher bemerkt, dass sie sich nicht gleich bleibt; dagegen bedarf die Autorität der Päpste eines überzeugenden Zeugnisses, und deshalb verwerfe ich sie. Zeigte die Bibel uns dieselbe ebenso deutlich, wie bei den Juden die Hohenpriester ehedem für ihre Autorität daraus ableiten konnten, so würde es mich nicht stören, dass es unter den Römischen Päpsten Ketzer und Gottlose gegeben hat, die ihr Amt auf unredliche Weise erlangt hatten; denn auch unter den jüdischen Hohenpriestern gab es Ketzer und Gottlose; aber doch kam denselben nach dem Gebote der Bibel die oberste Macht der Schrifterklärung zu. (Man sehe Exod. XVII. 11, 12; XXXIII. 10 und Malach. II. 8.) Allein da die Päpste kein solches Zeugniss uns vorweisen können, so bleibt ihre Machtvollkommenheit verdächtig, und wenn man, durch das Beispiel der Juden verleitet, behauptet, die katholische Religion bedarf ebenfalls eines Hohenpriesters, so muss ich bemerken, dass die Gesetze Mosis, als das einheimische Recht, nothwendig zu ihrer Erhaltung einer öffentlichen Macht bedurften; denn könnte Jeder das öffentliche Recht nach seinem Belieben auslegen, so könnte kein Staat bestellen; er würde sich sofort auflösen, und das öffentliche Recht zu einem privaten werden. Mit der Religion verhält es sich aber ganz anders. Sie besteht nicht sowohl aus äusserlichen Handlungen als aus der Einfalt und Wahrhaftigkeit der Seele und gehört deshalb nicht zu dem öffentlichen Recht und zur Staatsgewalt. Diese Einfalt und Wahrhaftigkeit der Seele wird den Menschen nicht durch das Gebot der Gesetze noch durch die Macht des Staates beigebracht, und Niemand kann durch Gewalt oder Gesetze genöthigt werden, selig zu werden. Dazu gehörten fromme und brüderliche Ermahnungen, eine gute Erziehung und vor Allem Freiheit des eignen Urtheils.

Da mithin Jedem das Recht der Gedankenfreiheit auch in Religionssachen zustellt und Niemand sich dieses Rechtes begeben kann, so hat auch Jeder das Recht und die Macht, über Religion frei zu urtheilen und also auch sie für sich zu erklären und auszulegen. Denn die Macht der Gesetzes-Auslegung und die höchste Entscheidung über öffentliche Angelegenheiten stellt der Obrigkeit nur zu, weil es sich dabei um das öffentliche Recht handelt. Deshalb muss aus gleichem Gründe die oberste Macht, die Religion auszulegen und darüber zu entscheiden, dem Einzelnen zustehn, da es das Recht des Einzelnen ist. Es wäre also weit gefehlt, wenn man ans der Macht der jüdischen Hohenpriester zur Erklärung des einheimischen Rechts die Macht des Papstes in Rom zur Erklärung der Religion folgern wollte, da vielmehr daraus sich ergiebt, dass jeder Einzelne diese Macht hat. Zugleich erhellt, dass meine Regeln der Schriftauslegung die besten sind. Denn ist die oberste Macht dazu bei jedem Einzelnen, so kann nur das natürliche, Allen gemeinsame Licht zur Regel bei der Auslegung dienen, aber kein Übernatürliches Licht und keine äussere Autorität. Auch darf sie dann nicht so schwierig sein, dass nur die scharfsinnigsten Philosophen sie geben können, sondern sie muss dem natürlichen und allgemeinen Verstande und den Fähigkeiten der Menschen zugänglich sein, wie dies bei meinen Regeln der Fall ist; da die dabei vorkommenden Schwierigkeiten nicht in der Natur meines Verfahrens liegen, sondern nur aus der Nachlässigkeit der Menschen entstanden sind.

Achtes Kapitel

Darin wird gezeigt, dass die Bücher Mosis und Josua's, der Richter, Ruth, Samuel's und der Könige nicht von diesen selbst verfasst sind, und es wird untersucht, ob sie von Mehreren oder nur von Einem und von wem abgefasst worden sind.

Im vorigen Kapitel habe ich von den Grundlagen und Regeln der Erkenntniss der Bibel gehandelt und gezeigt, dass diese nur in deren wahrhaftiger Geschichte besteht; allein die Alten haben letztere trotz ihrer Nothwendigkeit vernachlässigt, und wenn sie darüber Etwas geschrieben oder überliefert haben, so ist es durch die Ungunst der Zeiten verloren gegangen, und damit ist ein grosser Theil der Grundlagen und Grundsätze dieser Erkenntniss ausgefallen. Es liesse sich dies noch ertragen, wenn die Spätern sich in den wahren Grenzen gehalten und das Wenige, was sie empfangen oder gefunden hatten, getreulich ihren Nachfolgern überliefert hätten, ohne Neues aus ihrem Gehirn hinzuzuschmieden. Deshalb ist die Geschichte der Bibel nicht allein unvollständig geblieben, sondern auch mit Lügen angefüllt worden, d.h. es kann nichts Vollständiges darauf errichtet werden, sondern Alles bleibt mangelhaft.

Es ist nun meine Aufgabe, diese unterlagen der Schrift-Erkenntniss zu verbessern und nicht blos die unbedeutendem und gemeinen Vorurtheile der Theologie zu beseitigen. Allein ich fürchte, dass ich dies zu spät beginne; denn die Sache hat sich schon so befestigt, dass man von keiner Berichtigung Etwas hören mag, vielmehr das, was man unter dem Schein der Religion angenommen, hartnäckig vertheidigt; deshalb ist für die Vernunft keine Stelle, ausser bei Wenigen in Vergleich zu den Andern, übrig; so vollständig haben diese Vorurtheile bereits den Sinn der Menschen eingenommen. Dennoch will ich es versuchen und nicht nachlassen, da ich die Sache nicht als verzweifelt ansehen kann.

Um aber dies ordentlich zu thun, werde ich mit den Vorurtheilen in Betreff der wahren Verfasser der heiligen Schriften beginnen und zunächst mit dem Verfasser der Bücher Mosis. Man hält beinahe allgemein Moses für denselben, und die Pharisäer behaupteten dies so hartnäckig, dass jeder Andersdenkende für einen Ketzer galt; selbst Aben Hezra, ein Mann von freiem Geist und nicht geringer Gelehrsamkeit, welcher, so viel ich weiss, zuerst dieses Vorurtheil bemerkte, hat nicht gewagt, seine Meinung offen auszusprechen; er hat vielmehr sie nur mit dunklen Worten angedeutet; aber ich scheue es nicht, sie deutlicher zu machen und die Sache klar zu legen.

Die Worte Aben Hezra's in seinem Kommentar über das vierte Buch Mosis lauten so: »Jenseit des Jordan u.s.w.; sobald Du nur das Geheimniss der Zwölf verstehst,« auch »und Muses schrieb das Gesetz« und »Cenahita war damals auf Erden«, »auf dem Berge Gottes« wird es offenbart werden; dann auch »siehe das Bett, sein eisernes Bett«, »dann wirst Du die Wahrheit erkennen.« – Mit diesen wenigen Worten deutet er an und zeigt zugleich, dass es nicht Moses gewesen, der die fünf Bücher geschrieben, sondern Jemand anders, der viel später gelebt hat, und dass das Buch, was Moses geschrieben, ein ganz anderes gewesen. Um dies zu zeigen, bemerkt er 1) dass die Vorrede zu dem 4. Buche von Moses, der den Jordan nicht überschritten, nicht habe geschrieben werden können; 2) dass das eigentliche Buch des Moses ganz und sehr bündig auf der Oberfläche eines Altars geschrieben gewesen (Deut. XXVII., Josua VIII. 37 s. w.), der nach dem Bericht der Rabbiner nur aus zwölf Steinen bestanden hat; es konnte deshalb lange nicht den Umfang wie die jetzigen fünf Bücher haben. Dies hat Aben Hezra wahrscheinlich mit »dem Geheimniss der Zwölfe« andeuten wollen, wenn er nicht vielleicht die zwölf Verwünschungen damit gemeint hat, die sich in der Vorrede zum 4. Buch Mosis befinden, und die vielleicht nach seiner Ansicht in dem Gesetzbuche sich nicht befunden haben, weil Moses den Leviten befiehlt, neben dem geschriebenen Gesetze selbst auch noch diese Verwünschungen vorzulesen, damit sie das Volk durch einen Eid zur Beobachtung der geschriebenen Gesetze verpflichteten. Vielleicht hat auch das letzte Kapitel des 4. Buches über den Tod Mosis andeuten wollen, dass das Kapitel aus 12 Versen besteht. Indess brauche ich diese und andere Vermuthungen hier nicht weiter zu prüfen. Er bemerkt endlich 3) dass es im 4. Buche XXXI. 6 heisst: »und Moses hat ein Gesetz geschrieben«, was nicht Worte von Moses sein können«, sondern nur die eines andern Schriftstellers, der Mosis Thaten und Schriften beschreibt.

Er macht 4) auf die Stelle Gen. XII. 6 aufmerksam, wo bei der Erzählung, dass Abraham das Land der Kananiter besehen habe, der Verfasser hinzufügt, »die Kananiter waren damals im Lande«, womit er die Zeit, wo er dies schrieb, ganz ausschliesst, so dass er nach dem Tode Mosis, wo die Kananiter schon vertrieben waren und jene Landstriche nicht mehr besassen, dies geschrieben haben muss. Ben Hezra deutet dies in seinem Kommentar zu dieser Stelle an, indem er sagt: »und der Kananiter war damals im Lande; es scheint, dass Kanaan (ein Enkel Noah's) das von Andern besessene Land in Besitz nahm; wenn dies nicht richtig ist, so steckt in dieser Sache ein Geheimniss, und wer es einsieht, der schweigt.« D.h. wenn Kanaan in dieses Land einfiel, wird der Sinn sein: »Kanaan sei dann schon im Lande gewesen«, wobei die vergangene Zeit ausgeschlossen wird, wo es von einem andern Volk bewohnt wurde. Hat aber Kanaan dieses Land zuerst bebaut (wie aus Gen. X. folgt), dann schliesst der Text die gegenwärtige Zeit, nämlich die des Schreibenden aus und also nicht die von Moses, zu dessen Zeit sie jenes Land noch besessen. Dieses ist das Geheimniss, was er zu bewahren empfiehlt.

Er bemerkt 5) dass Gen. XXII. 14 der Berg Morya der Berg Gottes genannt werde, welchen Namen er erst erhielt, als er zum Bau des Tempels geweiht worden, und diese Auswahl war zu Mosis Zeit noch nicht geschehen; denn Moses spricht von keinem von Gott erwählten Ort, sondern weissagt, dass Gott einen Ort erwählen werde, dem der Name Gottes gegeben werden soll. Endlich bemerkt er 6) dass Deut. III. der Erzählung des Königs Og von Basan Folgendes eingeschoben ist: »Nur König Og von Basan blieb von den Uebrigen[10] Riesen, weil sein Bett ein eisernes Bett war; wenigstens ist das (Bett), welches in Rabat den Söhnen Hamon gehört hat, neun Ellen lang u.s.w.« Diese Einschiebung zeigt deutlich, dass der Verfasser dieser Bücher lange nach Moses gelebt hat; denn so spricht nur Jemand, der sehr alte Dinge erzählt und Ueberbleibsel zur Beglaubigung erwähnt. Ohne Zweifel ist dieses Bett erst zu David's Zeit, der diese Stadt eroberte, wie 2. Sam. XII. 30 erzählt wird, gefunden worden. Allein nicht blos hier, sondern auch etwas später schiebt der Verfasser den Worten Mosis folgende Worte ein: »Jair, der Sohn Manasse's, erwarb die ganze Gerichtsbarkeit des Argobus bis zur Grenze von Gesurita und Mahachatita und nannte diese Gegend nach seinem Namen mit Basan, die Ortschaften des Jair bis zum heutigen Tag.« Dieses fügt, wie gesagt, der Verfasser zur Erklärung der Worte Mosis hinzu, die er eben berichtet hatte: »und das übrige Gilead und ganz Bassan, das Reich des Og habe ich dem Stamm Manasse's gegeben und die ganze Gerichtsbarkeit des Argobus unter dem ganzen Bassan, welches das Land der Riesen heisst.« Unzweifelhaft wussten die Juden zur Zeit dieses Verfassers, welches die Ortschaften des Jair vom Stamme Jehuda waren, aber nicht die Namen der Gerichtsbarkeit des Argobus und des Landes der Riesen, deshalb musste er erklären, welche Orte es waren, die von Alters her so genannt wurden, und den Grund angeben, weshalb zu seiner Zeit sie den Namen des Jair führten, der zum Stamm Juda und nicht Manasse gehörte (Chronik II. 21,22).

Damit habe ich die Meinung von Aben Hezra und die Stellen der Bücher Mosis erläutert, die er zur Bestätigung anführt. Allein er hat nicht Alles und nicht das Wichtigste bemerkt, da in diesen Büchern

---

10 Im Hebräischen bedeutet »rephaim« die Verdammten, scheint aber auch ein Eigenname zu sein nach 1. Chron. Kap. 20. Ich glaube deshalb, dass es hier eine Familie bezeichnet.

noch andere und bedeutendere Stellen hierfür vorhanden sind. *Erstens* spricht nämlich der Verfasser dieser Bücher von Moses nicht nur in der dritten Person, sondern giebt auch oft Zeugniss über ihn. So: »Gott hat mit Moses gesprochen.« »Gott sprach mit Moses von Angesicht zu Angesicht.« »Moses war der Demüthigste aller Menschen« (Num. XII. 3). »Moses war erzürnt über die Heerführer« (Num. XXXI. 14). »Moses ein göttlicher Mann« (Deut. XXXIII. 1). »Moses, der Knecht Gottes, ist gestorben.« »Niemals ist in Israel ein Prophet wie Moses erstanden« u.s.w. Dagegen spricht und erzählt Moses seine Handlungen in erster Person in dem Buche, wo das Gesetz, was Moses dem Volke erklärt, und was er geschrieben hatte, beschrieben wird; es heisst da: »Gott hat mit mir gesprochen« (Deut. II. 1, 17 u.s.w.). »Ich habe Gott gebeten« u.s.w. Nur am Ende des Buches, nachdem er die Worte des Moses berichtet, fährt der Verfasser wieder in der dritten Person von ihm zu erzählen fort, wie Moses dieses Gesetz (das er nämlich erklärt hatte) dem Volke schriftlich übergeben, es zum letzten Male ermahnt und er dann sein Leben ausgehaucht habe. Dies Alles, die Art des Ausdrucks, die Zeugnisse und der Zusammenhang der ganzen Erzählung beweist, dass diese Bücher von jemand Anderem als Moses geschrieben worden sind.

Dazu kommt *zweitens*, dass diese Erzählung nicht blos berichtet, wie Moses gestorben, begraben, und die Juden dreissig Tage in Trauer versetzt worden; sondern dass es auch darin nach Vergleichung des Moses mit allen späteren Propheten heisst, er habe sie alle übertroffen. Die Worte sind: »Niemals hat es einen Propheten in Israel wie Moses gegeben, der Gott von Angesicht zu Angesicht geschaut hat.« Ein solches Zeugniss kann weder Moses noch Jemand, der ihm unmittelbar gefolgt ist, ausstellen, sondern nur Jemand, der viele Jahrhunderte später gelebt hat, zumal der Verfasser wie von einer vergangenen Zeit spricht, nämlich: »Niemals *hat* es einen Propheten gegeben«; und ebenso sagt er von dem Begräbniss: »Niemand *hat* ein solches bis auf diesen Tag gesehen.«

Es ist *drittens* zu erwähnen, dass mehrere Orte nicht mit den Namen, die sie bei Lebzeiten Mosis hatten, benannt werden, sondern mit anderen, die ihnen viel später beigelegt worden sind. So heisst es, »dass Abraham die Feinde bis gen Dan verfolgt habe« (Gen. XIV. 14:), welchen Namen die Stadt erst lange nach Josua's Tode erhielt (Richter. XVIII. 29).

Manchmal wird *viertens* die Erzählung über die Zeit von Mosis Leben hinausgeführt. So heisst es Exod. XVI. 34, dass die Kinder Israels das Manna vierzig Jahre gegessen, bis sie in bewohnte Gegenden gekommen, und bis sie an die Grenzen des Landes Kanaan gelangt, also bis zu der Zeit, worüber im Buch Josua V. 12 gesprochen wird. Ebenso heisst es Gen. XXXVI. 31: »Das sind die Könige, die in Edom regiert haben, bevor ein König über die Kinder Israel's herrschte.«

Offenbar meint hier der Verfasser, dass die Idumäer Könige gehabt, ehe David sie unterwarf und Statthalter in Idumäa einsetzte (2. Samuel VIII. 14).

Aus alledem erhellt klarer wie die Mittagsonne, dass die fünf Bücher Mosis nicht von Diesem, sondern von Jemand geschrieben worden sind, der viele Jahrhunderte nach Moses gelebt hat. Aber wenn es dem Leser beliebt, so kann man auch die Bücher, welche Moses selbst verfasst und die in den sogenannten Büchern Mosis erwähnt werden, hinzunehmen; auch aus ihnen ergiebt sich, dass es andere als diese gewesen sind. *Erstens* erhellt ans Exod. XVII. 14, dass Moses auf Befehl Gottes den Krieg gegen Hamalek geschrieben hat; aber in welchem Buche, ergiebt diese Stelle nicht; dagegen wird Num. XXI. 12 ein Buch erwähnt, was:»Von den Kriegen Gottes« hiess, und in diesem sind ohne Zweifel dieser Krieg gegen Hamalek und ausserdem alle Lagerabsteckungen erzählt wurden, die nach Versicherung des Verfassers der Bücher Mosis Num. XXXIII. 2 von Moses beschrieben worden sind. Aus Exod. XXIV. 47 ergiebt sich, dass er ein anderes Buch, »Buch des Vertrages« genannt,[11] den Israeliten vorgelesen hat, als sie den ersten Vertrag mit Gott eingegangen waren. Dieses Buch oder dieser Brief enthält indess nur wenig, nämlich die Gesetze oder Befehle Gottes, welche Exod. XX. 22 bis XXIV. angegeben werden, was Niemand bestreiten wird, der mit gesundem Urtheil und ohne Parteilichkeit dieses Kapitel liest. Es heisst dort, dass sobald Moses die Absicht des Volkes, mit Gott einen Vertrag einzugehen, erkannte, er sofort die Aussprüche und Gesetze Gottes niederschrieb und am frühen Morgen, nach einigen Ceremonien, der ganzen Versammlung die Bedingungen des Vertrages vorgelesen habe, denen das Volk demnächst und nachdem es sie sicher verstanden hatte, vollständig zustimmte. Aus dieser Kürze der Zeit und aus der Absicht, einen Vertrag zu schliessen, folgt, dass dieses Buch nur das wenige hier Erwähnte enthalten haben kann. Es steht endlich fest, dass Moses im vierzigsten Jahre nach dem Auszuge ans Aegypten alle von ihm gegebenen Gesetze dem Volke nochmals erklärt (Deut. I. 5) und es von Neuem dazu verpflichtet (Deut. XXIX. 14) und endlich ein Buch geschrieben hat, was die Erklärung dieser Gesetze und den neuen Vertrag enthielt (Deut. XXXI. 9). Dieses Buch hiess »das Buch des Gesetzes Gottes«; Josua hat es dann vermehrt durch die Erzählung des Vertrages, wodurch das Volk zu seiner Zeit sich von Neuem verpflichtete, und den er zum dritten Male mit Gott einging (Josua XXIV. 25, 26). Da wir nun kein Buch haben, das diesen Vertrag des Moses und den des Josua enthält, so ist offenbar dieses Buch verloren gegangen, oder man muss mit dem Chaldäischen Erklärer Jonathan die Worte der Schrift auf das Tollste willkürlich verdrehen, der dieser Schwie-

11   »*Sepher*« bezeichnet im Hebräischen häufig einen Brief oder eine Schrift.

rigkeit wegen lieber die Schrift verdrehen, als seine Unwissenheit eingestehen wollte. Er übersetzte nämlich die Worte aus dem Buche Josua (XXIV. 26): »Und es hat Josua diese Worte in das Buch des Gesetzes Gottes eingeschrieben« in das Chaldäische so: »Und Josua schrieb diese Worte und bewahrte sie mit dem Buche des Gesetzes Gottes.« – Was soll man da mit Leuten anfangen, die nur das sehen, was ihnen gefällt? Was ist dies Anderes, als die Schrift selbst verleugnen und eine neue im eignen Gehirne schmieden?

Ich folgere also, dass dieses Buch des Gesetzes Gottes, was Moses verfasste, nicht unsere fünf Bücher Mosis gewesen ist, sondern ein ganz anderes, was der Verfasser der letzteren seinem Werke am passenden Orte einfügte; denn dies ergiebt sich auf das Klarste aus dem oben Gesagten und dem hier Folgenden. Es sagt nämlich im Buch Mosis am angeführten Orte der Verfasser, dass Moses das von ihm geschriebene Buch des Gesetzes den Priestern übergeben und ihnen befohlen habe, es dem ganzen Volke zu bestimmten Zeiten vorzulesen. Demnach kann dieses Buch nicht den Umfang der fünf Bücher Mosis gehabt haben, wenn es in einer Zusammenkunft so verlesen werden konnte, dass Alle es verstanden. Auch darf man nicht übersehen, dass Moses von allen Büchern, die er verfasst hatte, nur dies eine mit dem zweiten Vertrag und Lobgesang, den er später schrieb, damit das ganze Volk ihn lernte, gewissenhaft aufzubewahren und zu bewachen geboten hat. Denn bei dem ersten Vertrag hatte er nur Die, welche anwesend waren, verpflichtet; im zweiten aber auch alle ihre Nachkommen (Deut. XXIX. 14, 15); deshalb befahl er dieses Buch des zweiten Vertrages für die kommenden Jahrhunderte gewissenhaft aufzubewahren und ausserdem auch den Lobgesang, der vorzugsweise die kommenden Jahrhunderte berücksichtigt. Da nun nicht feststeht, dass Moses ausser diesem noch mehr Bücher geschrieben hat, und er nur das Büchelchen des Gesetzes mit dem Lobgesang für die Nachkommen sorgfältig aufzuheben geboten hatte, und da endlich unsere fünf Bücher Mosis Manches enthalten, was Moses nicht geschrieben haben kann, so erhellt, dass Niemand mit Grund, sondern nur gegen alle Gründe, behaupten kann, Moses sei der Verfasser unserer fünf Bücher Mosis.

Vielleicht fragt man aber hier, weshalb Moses nicht auch die Gesetze geschrieben habe, da sie ihm doch zuerst offenbart wurden? d.h. ob er in den vierzig Jahren keines von den von ihm erlassenen Gesetzen niedergeschrieben habe, ausser den wenigen, die in dem Buche des ersten Vertrages enthalten gewesen ? Darauf antworte ich, dass es zwar vernünftig scheint, wenn Moses zur Zeit und da, wo er die Gesetze bekannt machte, sie auch niedergeschrieben hätte; allein deshalb dürfen wir noch nicht behaupten, dass er es gethan habe; denn ich habe oben gezeigt, dass man in solchen Fällen nur das annehmen darf, was ans der Bibel selbst sich ergiebt oder was aus ihren alleinigen Grundlagen sich als begründete Folge ableiten lässt, aber nicht, was blos der Vernunft entspricht. Ueberdem nöthigt auch die Vernunft uns dazu nicht; denn vielleicht hat der Rath der Aeltesten die Erlasse Mosis dem Volke schriftlich mitgetheilt; diese hat dann der Verfasser gesammelt und der Geschichte des Lebens Mosis einverleibt.

So viel über die fünf Bücher Mosis; es ist Zeit, nun auch die übrigen zu prüfen. Bei dem Buch *Josua's* ergeben ähnliche Gründe, dass es nicht von ihm selbst verfasst ist; denn ein Anderer ist es, der von Josua bezeugt, dass sein Ruf auf der ganzen Erde verbreitet gewesen sei (Kap. VII. 1); dass er keines von den Geboten Mosis weggelassen (VIII. letzter Vers und XI. 15), dass er alt geworden, Alle zur Versammlung berufen und endlich den Geist aufgegeben habe. Endlich wird auch Einiges erzählt, was sich erst nach seinem Tode ereignet hat; nämlich dass nach seinem Tode die Israeliten Gott so lange verehrt, als die alten Männer, die ihn gekannt, gelebt hätten. Auch XVI. 10 heisst es, dass (Ephraim und Manasse) »den in Gazer wohnenden Kananiter nicht vertrieben, sondern (fügt er hinzu) dieser habe zwischen dem Euphrat bis heutigen Tages gewohnt und sei zinspflichtig gewesen.« Dies ist dasselbe, was im Buch der Richter Kap. 1 erzählt wird, und auch der Ausdruck: »bis auf den heutigen Tag« zeigt, dass der Verfasser einen alten Vorfall erzählt. Aehnlich ist es mit dem Text XV. letzter Vers, über die Kinder Jehuda's und die Geschichte von Kaleb, XV. 14. Auch der Fall, welcher XXII. 10 u. f. von den drittehalb Stämmen erzählt wird, welche einen Altar jenseit des Jordan erbauten, scheint sich nach Josua's Tode ereignet zu haben; denn in der ganzen Erzählung wird Josua nicht genannt; das Volk allein berathschlagt, ob es den Krieg führen soll, sendet Gesandte, erwartet deren Antwort und beschliesst zuletzt. Endlich folgt aus X. 14 klar, dass dieses Buch erst viele Jahrhunderte nach Josua geschrieben worden. Denn es heisst: »kein andrer Tag wie dieser ist vorher oder später gewesen, wo Jemand Gott (so) gehorcht hätte« u.s.w. Hat daher Josua je ein Buch geschrieben, so war es gewiss das, was X. 13 bei demselben Vorfall erwähnt wird. – Was aber das *Buch der Richter* anlangt, so wird wohl Niemand mit gesundem Verstande glauben, dass die Richter selbst es verfasst; denn die Nachschrift der ganzen Geschichte im Kap. 21 zeigt deutlich, dass das ganze nur von einem Verfasser geschrieben worden. Ferner sagt derselbe wiederholt, dass zu jenen Zeiten kein König in Israel gewesen, und also ist es offenbar, nachdem die Könige zur Herrschaft gekommen, geschrieben. – Auch bei den Büchern *Samuel's* brauche ich mich nicht lange aufzuhalten, da sich die Erzählung über sein Leben hinaus erstreckt. Nur das Eine will ich bemerken, dass auch dieses Buch viele Jahrhunderte nach Samuel geschrieben worden ist, da 1. IX. 6 der Verfasser in Klammern sagt: »vor Alters sagte Jeder in Israel, wenn er ging, Gott zu befragen: Wohlan, gehen wir zu dem Sehenden! Denn wer heute Prophet, hiess vor Alters ein Sehender.« – Endlich ergeben die *Bücher der Könige*, dass sie aus den Büchern von Salomo's Thaten (1. Könige XI. 5), aus der Chronik der Könige von Jehuda (IX. 19, 29) und aus der Chronik der Könige Israels ausgezogen worden sind. Alle bisher genannten Bücher sind daher von Anderen verfasst, und die in ihnen enthaltenen Vorfälle werden als vergangene erzählt. Giebt man auf die Verbindung und den Inhalt all dieser Bücher Acht, so ersieht man leicht, dass sie alle von *einem* Geschichtschreiber verfasst worden, welcher die alte Geschichte der Juden vom Anfang bis zur ersten Zerstörung der Stadt schreiben wollte; denn diese Bücher stehen in einem solchen Zusammenhange, dass dies allein beweist, wie sie nur die Erzählung eines Verfassers enthalten. Sobald die Erzählung von Mosis Leben aufhört, geht er mit den Worten zur Geschichte von Josua über: »Und es begab sich, dass, nachdem Moses, der Knecht Gottes, gestorben, Gott zu Josua sagte u.s.w.« Und nachdem diese Erzählung mit dem Tode Josua's geendet hat, beginnt er mit demselben Uebergang und derselben Verknüpfung die Geschichte der Richter: »Und es begab sich, nachdem Josua gestorben war, dass die Kinder Israels von Gott erbaten u.s.w.« Dann lässt er diesem Buche als Anhang das Buch Ruth so folgen: »Und es begab sich in diesen Tagen, wo die Richter Recht sprachen, dass eine Hungersnoth in jenem Lande war.« In derselben Weise lässt er dann das I. Buch Samuelis folgen, und von da macht er den gewohnten Uebergang zu dem zweiten und knüpft daran, ehe die Geschichte David's beendet, das I. Buch der Könige, in dem er die Geschichte David's fortsetzt und endlich nach diesem das II. Buch, was mit derselben Formel anfängt.

Auch der Zusammenhang und die Folge der Erzählungen ergiebt, dass nur *Einer* sie verfasst, der ein bestimmtes Ziel sich vorgesetzt gehabt. Denn er fängt mit dem ersten Ursprung des jüdischen Volkes an; dann folgt der Reihe nach, bei welcher Gelegenheit und zu welcher Zeit Moses Gesetze gegeben und ihnen Vieles geweissagt; dann, wie sie nach Mosis Prophezeiung das versprochene Land erobert (Deut. VII.) und dann die Gesetze verlassen haben (Deut. XXXI. 16), und wie dann viel Uebel gekommen (daselbst 17); wie sie dann Könige wählen gewollt (Deut. XVII. 14), die auch je nach ihrer Gesetzesbeobachtung glücklich oder unglücklich regiert haben (Deut. XXVIII. 36. und letzter Vers), bis der Verfasser zuletzt den Untergang des Reiches, wie Moses ihn vorausgesagt, erzählt. Alles Uebrige, was auf die Bestätigung des Gesetzes keinen Bezug hat, hat der Verfasser entweder ganz mit Stillschweigen übergangen, oder er verweist den Leser an andere Geschichtschreiber. So zielen alle diese Bücher dahin ab, die Sprüche und Gebote Mosis zu erzählen und durch den Ausgang der Dinge zu bestätigen. In Betracht dieser drei Umstände, nämlich des einfachen Inhalts all dieser Bücher, ihrer Verbindung, und dass sie von einem Andern viele Jahrhunderte nach den Ereignissen verfasst worden, schliesse ich, wie gesagt, dass sie alle von *einem* Verfasser herrühren.

Wer dies gewesen, kann ich nicht so bestimmt nachweisen; allein ich vermuthe, dass es Hezra selbst gewesen ist. Mancherlei nicht unerhebliche Umstände lassen mich dies annehmen. Denn da der Verfasser, den wir nunmehr als *einen einzigen* kennen, die Erzählung bis zur Freiheit Jojachims fortführt und noch hinzufügt, er habe, so lange er (d.h. Jojachim oder des Sohnes von Nebukadnezar; denn die Worte sind zweideutig) gelebt, an des Königs Tafel mit gesessen, so folgt, dass es Niemand vor Hezra gewesen sein kann. Nun sagt aber die Bibel von Niemand, der damals berühmt gewesen, ausser Hezra (Hezra VII. 10), dass er seine Arbeit auf die Erforschung des Gesetzes Gottes und dessen Vervollständigung verwendet, und dass er ein gewandter Schriftsteller (Hezra VII. 6) im Gesetze Mosis gewesen. Ich kann deshalb nur vermuthen, dass Hezra diese Bücher verfasst hat. Ferner erhellt aus diesem Zeugniss über Hezra, dass er nicht allein seine Arbeit auf die Erforschung des Gesetzes Gottes verwendet, sondern auch auf dessen Zusammenstellung, und auch Nehem. VIII. 9 heisst es: »dass sie gelesen haben das Buch des Gesetzes Gottes mit der Erklärung, und dass sie ihren Verstand angestrengt und die Schrift verstanden haben.« Da aber in dem Buch Mosis nicht blos das Buch Gottes oder sein grösster Theil enthalten ist, sondern auch Vieles zu dessen näherer Erläuterung, so vermuthe ich, dass dieses Buch das von Hezra geschriebene Buch des Gesetzes Gottes ist, mit der Zusammenstellung und Erläuterung, die sie damals gelesen haben. Dass aber darin Vieles in Klammern zu mehrerer Erläuterung eingeschaltet worden ist, davon habe Ich zwei Beispiele bei Gelegenheit der Erklärung des Ausspruchs Aben Hezra's gegeben, und dieser Art finden sich noch mehrere; so z.B. II. 9: »Und in Sehir wohnten früher die Horiten; aber die Söhne Esau's vertrieben sie und verjagten sie aus ihrem Anblick und haben an deren Stelle gewohnt, wie Israel gethan im Lande seiner Erbschaft, was Gott ihm gegeben hat.« Er erläutert nämlich v. 3 und 4 dieses Kapitels, dass sie den Berg Sehir, der an die Söhne Esau's durch Erbschaft gekommen war, nicht als einen unbewohnten in Besitz genommen haben, sondern dass sie ihn und die Horiten, welche ihn vorher bewohnt, mit Krieg überzogen und zuletzt diese, wie die Israeliten nach dem Tode Mosis die Kananiter, vertrieben und vertilgt haben. Auch werden die Verse 6, 7, 8 und 9 des Kap. X. den Worten Mosis eingeschoben; denn Jedermann sieht, dass Vers 8, welcher anfängt: »Zu jener Zeit trennte Gott den Stamm Levi« nothwendig auf Vers 5 bezogen werden muss, und nicht auf den Tod Aaron's. Hezra scheint dies nur eingeschoben zu haben, weil Moses in dieser Erzählung von dem Kalbe, das das Volk angebe-

tet hatte, gesagt hatte (IX. 20), »er habe bei Gott für Aaron gebeten.«
Dann erläutert er, wie Gott zu der Zeit, von der Moses hier spricht,
sich den Stamm Levi erwählt, um damit den Grund der Erwählung
und weshalb die Leviten nicht zu einem Theile der Erbschaft berufen
worden, darzulegen, und dann erst führt er mit den Worten Mosis
den Faden der Geschichte weiter. Dazu nehme man die Vorrede des
Buches und alle die Stellen, welche von Moses in der dritten Person
sprechen. Ausserdem hat er viel Anderes, was wir nicht mehr erkennen können, unzweifelhaft, damit die Menschen seiner Zeit es besser
verständen, hinzugefügt oder anders ausgedrückt. Hätten wir des
Moses eigenes Buch des Gesetzes, so würden wir unzweifelhaft in
den Worten, wie in der Anordnung und den Gründen der Vorschriften grosse Abweichungen finden. Denn wenn ich nur die zehn Gebote
dieses Buches mit den zehn Geboten im zweiten (wo deren Geschichte
von Grund aus erzählt wird) vergleiche, so weichen sie schon in alledem von diesem ab. So wird das vierte Gebot nicht blos anders erlassen, sondern auch viel weiter gefasst, und der Grund desselben weicht
gänzlich von dem im II. Buche Angeführten ab. Endlich ist auch die
Reihenfolge, in der hier das zehnte Gebot erklärt wird, eine andere,
als im II. Buche.

Dies ist sowohl hier als an anderen Stellen, wie erwähnt, nach
meiner Annahme von Hezra geschehen, weil Dieser das Gesetz Gottes
den Menschen seiner Zeit erklärt hat, und deshalb ist es das Buch
des Gesetzes Gottes, was er selbst geordnet und erläutert hat. Dies
Buch wird von allen, die er geschrieben, das erste gewesen sein, weil
es die Gesetze des Landes enthält, die das Volk am nöthigsten
brauchte, und weil dieses Buch nicht, wie alle anderen, mit einer
Eingangsformel verbunden ist, sondern von freien Stücken mit den
Worten beginnt: »Dies sind die Worte Mosis u.s.w.« Aber nachdem
er dies vollendet und dem Volke die Gesetze gelehrt hatte, mag er
sich zur Abfassung der vollständigen Geschichte des jüdischen Volkes,
von Erschaffung der Welt bis zur gänzlichen Zerstörung der Stadt,
gewendet und dann dieser Geschichte das Buch der Gesetze (das V.
Buch Mosis) an seinem Orte eingeschoben haben. Vielleicht hat er
die ersten fünf Bücher die Bücher Mosis genannt, weil darin vorzüglich dessen Leben enthalten ist; er hat den Namen von dem Haupt-
gegenstande entlehnt. Deshalb hat er auch das sechste das des Josua,
das siebente das der Richter, das achte Ruth, das neunte und zehnte
das des Samuel und das elfte und zwölfte das der Könige genannt.
Ob aber Hezra die letzte Hand an dieses Werk gelegt und nach seinem
Plan vollendet hat, darüber sehe man das folgende Kapitel.

Neuntes Kapitel

Weitere Untersuchungen über diese Bücher; nämlich ob Hezra die letzte Hand an sie gelegt, und ob die Randbemerkungen, die sich in mehreren hebräischen Handschriften finden, verschiedene Lesarten gewesen sind.

Wie sehr die vorstehende Untersuchung über den wahren Verfasser dieser Bücher zu deren völligem Verständniss beiträgt, ergiebt sich schon aus den Stellen, die ich zur Rechtfertigung meiner Ansicht angeführt habe, und die ohnedem Jedermann völlig dunkel erscheinen müssten. Indess bleibt neben dem Verfasser noch manches Andere bei diesen Büchern zu beachten, was der gemeinsame Aberglaube der Menge hat übersehen lassen. Dazu gehört vor Allem, dass Hezra, den ich für den Verfasser derselben so lange halten werde, bis mir ein Anderer sicherer nachgewiesen sein wird, an die in diesen Büchern enthaltenen Erzählungen nicht die letzte Hand gelegt hat; vielmehr hat er die Geschichten nur von verschiedenen Schrifstellern gesammelt und oft nur einfach abgeschrieben, aber ohne Prüfung und richtige Ordnung sie der Nachwelt hinterlassen. Welche Gründe, wenn es nicht ein vorzeitiger Tod gewesen, ihn an der Vollendung dieses Werkes in aller Beziehung gehindert haben, vermag ich nicht zu errathen. Allein die Sache selbst ergiebt sich, obgleich uns diese alten Schriftsteller fehlen, doch aus den wenigen Bruchstücken, die wir von ihnen haben, auf das Ueberzeugendste. So ist die Geschichte von Hiskia (2. Könige XVIII. 17 u. f.) dem Bericht des Esaias entnommen, wie dieser sich in den Chroniken der Könige von Juda befindet. Denn man findet diese ganze Geschichte mit denselben Worten, Weniges ausgenommen, in dem Buche des Esaias, was die Chroniken der Könige von Juda enthalten (2. Chronik XXXII. vorletzter Vers), und aus diesen geringen Abweichungen kann man nur abnehmen, dass verschiedene Lesarten von dieser Erzählung des Esaias bestanden haben; sofern nicht Jemand auch hier ein Geheimniss sich erträumen will. Ferner ist das letzte Kapitel dieses Buches in Jeremias' letztem Kapitel v. 39 u. 40 enthalten. Ferner findet sich 2. Sam. VII. in 1. Chron. XVII. abgeschrieben; doch sind die Worte an mehreren Stellen so sonderbar geändert, dass man leicht erkennt, wie diese zwei Kapitel aus zwei verschiedenen Handschriften der Geschichte Nathan's entlehnt sind. Endlich wird die Abstammung der Könige von Idumaea Gen. XXXVI. 30 u. f. mit denselben Worten auch in 1. Chron. I. gegeben, obgleich feststeht, dass der Verfasser dieses Buches seine Erzählung aus anderen Schriften, als den zwölf hier dem Hezra zugeschriebenen Büchern, entlehnt hat. Hätten wir daher diese Geschichtschreiber selbst, so ergäbe sich die Sache geradezu; allein da dies nicht der Fall ist, so können wir nur die Erzählungen selbst, ihre Anordnung, Verbindung, ihre mancherlei Wiederholungen und ihre

Abweichungen in der Berechnung der Zeit prüfen, um ein Urtheil über das Uebrige fällen zu können.

Deshalb sind diese Punkte, wenigstens die erheblicheren, zu erwägen, und zwar zuerst die Erzählung von Juda und Tamar, welche der Verfasser Gen. XXXVIII. so zu erzählen beginnt: »Es begab sich aber zu dieser Zeit, dass Judas sich von seinen Brüdern trennte.« Diese Zeit muss auf die, von der er unmittelbar vorher gesprochen, bezogen werden; allein dies ist nicht möglich. Denn von dieser Zeit, nämlich der, wo Joseph nach Aegypten gebracht worden, bis wo der Erzvater Jakob mit seiner ganzen Familie dahin gezogen ist, kann man nur 22 Jahre rechnen. Denn Joseph war 17 Jahre alt, als ihn seine Brüder verkauften, und 30 Jahre, als ihn Pharao aus dem Gefängniss holen liess; rechnet man die sieben fetten und zwei magere Jahre, so ergiebt dies 22 Jahre. In einem solchen Zeiträume konnten aber so viele Dinge sich nicht ereignen; nämlich dass Juda drei Kinder mit einer Frau, welche er damals ehelichte, eines nach dem andern erzeugt habe, von denen der Aelteste, als sein Alter es ihm gestattete, die Tamar zum Weibe nahm, und dass nach dessen Tode der andere Bruder sie geheirathet, der auch gestorben, und dass lange nachdem dies Alles geschehen, Judas selbst von dieser Schwiegertochter Tamar, die er als solche nicht gekannt, wiederum zwei Söhne in einer Geburt erhalten, von denen in diesem Zeitraum ebenfalls einer noch Vater geworden ist. Da mithin dies Alles nicht auf die Zeit, worüber das I. Buch Mosis spricht, bezogen werden kann, so muss die Stelle sich nothwendig auf eine andere Zeit beziehen, von welcher ein anderes Buch handelte; deshalb hat Hezra diese Geschichte einfach abgeschrieben und ohne Prüfung in die andere eingeschoben. Allein nicht blos dieses Kapitel, sondern die ganze Geschichte von Jakob und Joseph muss aus verschiedenen Büchern entnommen und abgeschrieben worden sein, so wenig stimmt sie unter sich überein. So heisst es Gen. XLVII., dass Jakob, als er, von Joseph geführt, Pharao zuerst begrüsst, 130 Jahr alt gewesen; zieht man davon 22 Jahre ab, welche er wegen der Abwesenheit Joseph's in Trauer verbracht hat, und die 17 Jahre des Alters von Joseph, als er verkauft wurde, und endlich 7 Jahre, die Jakob für die Rahel diente, so zeigt er sich doch in einem sehr vorgerückten Alter, nämlich 84 Jahre alt, als er die Lea zum Weibe nahm, und dagegen kann die Dina nur 7 Jahre alt gewesen sein, als sie von Sechem Gewalt erlitt, und Simeon und Levi können kaum 12 und 11 Jahre alt gewesen sein, als sie jene ganze Stadt verwüsteten und ihre Einwohner mit dem Schwerte tödteten.

Ich brauche hier nicht die ganzen fünf Bücher Mosis durchzugehen; es genügt, dass darin alle Gebote und Geschichten durch einander ohne Ordnung erzählt werden und weder auf die Zeit noch darauf geachtet wird, dass dieselbe Geschichte öfters und verschieden wiederkehrt, um einzusehen, dass dies Alles ohne Ordnung gesammelt und angehäuft worden, um es später leichter zu prüfen und in Ordnung zu bringen. So sind nicht blos die Geschichten in den fünf Büchern Mosis, sondern auch die bis zur Zerstörung der Stadt in den obigen sieben Büchern gesammelt worden.

So ergiebt Richter II. 6 deutlich, dass ein neuer Schriftsteller herbeigenommen worden (der auch die Thaten Josua's beschrieben hatte), dessen Worte einfach abgeschrieben worden sind. Denn nachdem unser Verfasser im letzten Kapitel von Josua erzählt hat, dass er gestorben und begraben worden, und im Anfang dieses Buches das zu erzählen versprochen hatte, was nach dessen Tode sich zugetragen, konnte er, wenn er dem Faden seiner Geschichte folgen wollte, nicht das anfügen, was er hier von Josua selbst zu erzählen beginnt. – So sind auch die Kapitel 17, 18 u. f. 1. Samuelis aus einem anderen Schriftsteller entlehnt, der einen anderen Grund annahm, weshalb David den Hof Saul's zu besuchen begonnen hatte, und welcher von dem Kap. 16 dieses Buchs erzählten ganz verschieden ist. Er nahm nämlich nicht an, dass David, nach dem Rath der Knechte von Saul gerufen, zu ihm gegangen, wie in Kap. 16 erzählt wird, sondern dass David zufällig von seinem Vater zu den Brüdern in das Lager gesendet worden, und dass er dem Saul bei Gelegenheit des Sieges über den Philister Goliath erst bekannt geworden und am Hofe behalten worden sei. – Dasselbe vermuthe ich von Kap. 26 dieses Buches; dass nämlich der Verfasser dieser Geschichte, die auch in Kap. 24 enthalten, nach der Meinung eines Anderen zu berichten scheint.

Indess lasse ich dies bei Seite und gehe zur Prüfung der Zeitrechnung über. 1. Könige VI. heisst es, dass Salomo den Tempel 480 Jahre nach dem Auszug aus Aegypten erbaut habe; allein aus den Ereignissen selbst ergiebt sich ein viel längerer Zeitraum. Denn

Moses führte das Volk in der Wüste ...

40 Jahre

Auf Josua, der 110 Jahre alt wurde,
    kommen nach der Meinung des Josephus
    und Anderer nicht mehr als ...

26 Jahre

Kusan Rishgataim hält das Volk
    in Unterthänigkeit ...

8 Jahre

Hothiel, der Sohn des Kanaz richtete ...

40 Jahre

Heglon, der König von Moab, hat die
    Herrschaft über das Volk gehabt ...

18 Jahre

Ehud und Samgar waren Richter ...

	80 Jahre
Jachin, König von Kanaan, herrschte wieder über das Volk …	
	20 Jahre
Das Volk hatte nachher Ruhe …	
	40 Jahre
Dann beherrschte es Midian …	
	7 Jahre
Zur Zeit Gideon's war es frei …	
	40 Jahre
Unter der Herrschaft des Abimelech war es …	
	3 Jahre
Tola, Sohn der Pua, war Richter …	
	23 Jahre
Dann Jair …	
	22 Jahre
Das Volk war wieder in Gewalt der Philister und Ammoniter …	
	18 Jahre
Jephta war Richter …	
	6 Jahre
Absan von Bethlehem …	
	7 Jahre
Elon von Sebulon …	
	10 Jahre
Habdan von Pirhaton …	
	8 Jahre
Das Volk war wieder in der Gewalt der Philister …	
	40 Jahre
Samson war Richter …	
	20 Jahre
Heli aber …	
	40 Jahre
Das Volk war wieder in der Gewalt der Philister, ehe es Samuel befreite …	
	20 Jahre
David herrschte …	
	40 Jahre
Salomon vor dem Bau des Tempels …	
	4 Jahre
Was die Summe von …	
	530 Jahren
ergiebt.	

Dazu kommen noch die Jahre jenes Jahrhunderts, in dem nach dem Tode Josua's der jüdische Staat in der Blüthe stand, bis er von Kusan Rishgataim unterworfen wurde; deren Zahl muss gross gewesen sein, denn ich kann nicht glauben, dass gleich nach dem Tode Josua's Alle, die seine Wunder gesehen hatten, auf einmal gestorben wären, noch dass ihre Nachfolger mit einem Schlage den Gesetzen den Abschied gegeben und aus der höchsten Tugend in die höchste Schlechtigkeit und Trägheit verfallen wären, und auch nicht, dass Kusan Rishgataim sie gesagt gethan unterworfen habe. Vielmehr gehört dazu ein ganzes Zeitalter, und deshalb hat offenbar die Schrift in Kap. II. 7, 9, 10 des Buches der Richter die Geschichte vieler Jahre zusammengefasst und mit Stillschweigen übergangen. Auch müssen noch die Jahre zugerechnet werden, wo Samuel Richter war, die die Schrift auch nicht angiebt; ferner die Jahre aus der Regierung des Königs Saul, die ich oben weggelassen habe, weil aus seiner Geschichte nicht klar erhellt, wie lange er regiert hat. Es heisst zwar 1. Samuel XIII. 1, er habe zwei Jahre regiert, allein dieser Text ist verdorben, und aus der Geschichte selbst ergiebt sich eine grosse Zahl Jahre. Die Verderbniss des Textes kann Niemand, der nur etwas von der hebräischen Sprache versteht, bezweifeln. Denn er beginnt so: »ein Jahr war Saul geboren, als er regierte, und zwei Jahre hat er über Israel regiert.« Wer sieht hier nicht, dass die Zahl der Jahre bei dem Alter des Saul, als er die Regierung erlangte, weggeblieben ist? Ebenso unzweifelhaft folgt aus der Geschichte selbst eine grössere Zahl von Jahren. Denn in Kap. 27 v. 7 dieses Buches heisst es, dass David bei den Philistern, zu denen er wegen Saul geflohen war, ein Jahr vier Monat geblieben sei; dann wären aber nur acht Monate für die übrigen Ereignisse geblieben, was Niemand glauben kann. Josephus hat wenigstens am Ende des Buch VI. seiner Alterthümer den Text so verbessert: »Saul herrschte also bei Lebzeiten Samuel's 18 Jahre und nach dessen Tode noch 2 Jahre.« – Ebenso stimmt diese ganze Geschichte Kap. 13 nicht mit dem Vorgehenden. Zu Ende von Kap. 7 wird erzählt, dass die Philister von den Juden so geschlagen worden, dass sie bei Lebzeiten Samuel's es nicht gewagt, die Grenzen Israel's zu überschreiten; hier dagegen, dass die Juden bei Lebzeiten Samuel's von den Philistern überfallen worden und zu so grossem Elend und Armuth gebracht worden, dass sie weder Waffen zu ihrer Vertheidigung noch Mittel für deren Anfertigung hatten.

Es würde grosse Mühe kosten, wenn ich alle diese Geschichten aus dem 1. Buch Samuelis so vereinigen wollte, dass man sie für die Arbeit und Anordnung eines Schriftstellers halten könnte. Indess kehre ich zu meiner Aufgabe zurück. Es müssen also der obigen Rechnung noch die Jahre der Regierung Saul's zugesetzt werden. Endlich habe ich auch die Jahre der Verwirrung bei den Juden nicht mitgezählt, weil sie aus der Bibel sich nicht ergeben. Ich kann der

Zeit nicht entnehmen, wo das, was in Kap. 17 bis zu Ende des Buches der Richter erzählt wird, vorgefallen ist.

Hieraus erhellt, dass die wahre Zeitrechnung sich aus diesen Berichten nicht ergiebt, und dass sie selbst hierbei nicht übereinstimmen, sondern verschiedene Rechnungen haben, und man muss deshalb anerkennen, dass diese Geschichten aus verschiedenen Schriften gesammelt und weder geordnet noch geprüft worden sind.

Nicht geringer scheint der Unterschied in der Zeitrechnung bei den Büchern der Chronik der Könige Juda's und den Büchern der Chronik der Könige Israel's zu sein. In letzteren heisst es, dass Jerobeam, der Sohn Ahab's, die Regierung antrat im zweiten Jahre der Regierung Jerobeam's, des Sohnes von Josaphat (2. Könige I. 17); dagegen in Chronik der Könige Juda's, dass Jerobeam, der Sohn Josaphat's, zur Regierung kam im fünften Jahre der Regierung Jerobeam's, des Sohnes Ahab's (VIII. 16 daselbst). Vergleicht man überdem die Geschichten in den Büchern der Chronik mit denen in den Büchern der Könige, so findet man manche ähnliche Abweichungen, die ich hier nicht darzulegen brauche, so wenig wie die Erfindungen Derer, welche diese Geschichten mit einander in Uebereinstimmung zu bringen gesucht haben. Die Rabbiner verfahren hierbei ganz sinnlos, und die Kommentatoren, die ich gelesen, träumen, erdichten und thun der Sprache die grösste Gewalt an. So wenn es in 2. Chronik heisst, Aghazias sei 42 Jahr alt gewesen, als er regierte, so erdichten Manche, diese Jahre begönnen mit der Herrschaft des Homri und nicht von der Geburt Agazra's, und wenn sie dies als die Meinung des Verfassers der Bücher der Chronik erweisen könnten, so würde ich unzweifelhaft behaupten, er habe nicht sprechen können. In dieser Weise wird Aehnliches ausgedacht, und wäre dieses wahr, so würde ich geradezu sagen, die alten Juden hätten weder ihre Sprache noch die Weise zu erzählen gekannt, und ich könnte dann keine Regel und Unterlage für die Auslegung der Bibel anerkennen, und es wären alle Erdichtungen erlaubt.

Meint man, ich spreche hier zu allgemein und ohne genügende Grundlage, so möge man selbst mir die Ordnung in diesen Geschichten zeigen, welche ein Geschichtschreiber in seiner Erzählung ohne Fehler befolgen könnte, und man möge bei den Erklärungs- und Vereinigungsversuchen die Ausdrücke und Redewendungen und die Ordnung und Verbindung der Perioden so streng beobachten und erklären, dass sie nach dieser Erklärung beim Schreiben befolgt werden können. Vermag Jemand dies, so werde ich sofort ihm die Hand reichen, und er wird für mich der grosse Apoll sein. Denn ich gestehe, dass, so lange ich auch gesucht habe, ich nichts der Art je habe finden können. Ich füge hinzu, dass ich hier nichts schreibe, was ich nicht schon lange und längst überlegt gehabt, und obgleich ich als Knabe in die gewöhnlichen Ansichten über die Bibel eingeführt worden bin, so habe ich doch dergleichen zuletzt nicht annehmen können.

Indess brauche ich den Leser nicht länger hier festzuhalten und zu verzweifelten Dingen aufzufordern; es war aber nöthig, die Sache selbst darzulegen, um meine Ansicht deutlicher zu machen, und ich gehe daher nun zu den weiteren Schicksalen dieser Bücher über. Denn ich muss ausser dem Obigen bemerken, dass diese Bücher von der späteren Zeit nicht so sorgfältig aufbewahrt worden sind, dass keine Fehler sich hätten einschleichen können. Die älteren Abschreiber haben manche zweifelhafte Lesarten bemerkt und manche Lücken, wenn auch nicht überall. Ob diese Fehler so erheblich sind, dass sie den Leser stören, darüber streite ich nicht; ich halte sie nicht für so bedeutend, wenigstens nicht für Die, welche die Schriften mit freierem Urtheil lesen, und ich kann wenigstens behaupten, dass ich in Betreff der Moralvorschriften keinen Fehler und keine Verschiedenheit der Lesart bemerkt habe, welche den Sinn dunkel oder zweifelhaft machen könnte. Allein man will auch bei dem Uebrigen keine Fehler zugestehen, sondern behauptet, Gott habe durch besondere Vorsehung alle Bücher der Bibel unversehrt erhalten, und die verschiedenen Lesarten seien das Zeichen tiefer Geheimnisse, und dies soll auch von den Sternchen in der Mitte des Abschnittes 28 gelten; ebenso seien in den Spitzen der Buchstaben grosse Geheimnisse enthalten. Ich weiss nicht, ob man dies aus Dummheit und greisenhafter Unterwürfigkeit oder aus Uebermuth und Bosheit, als hätte man allein die Geheimnisse Gottes, behauptet; aber ich weiss, dass ich nichts bei ihnen gefunden habe, was nach Geheimniss aussähe, sondern nur kindische Gedanken. Ich habe auch einige Kabbalisten gelesen und näher kennen gelernt, über deren Tollheit ich nicht genug staunen kann. und dass Fehler sich eingeschlichen haben, dies wird Niemand mit gesunden Sinnen bestreiten können, welcher den Text Saul's liest, der aus 1. Sam. XIII. 11 schon angeführt worden, und ebenso 2. Sam. VI. 2, wo es heisst: »Und es erhob sich und ging David und das ganze Volk, was bei ihm war, aus Juda, um die Bundeslade Gottes von da wegzutragen.« Jedermann muss hier sehen, dass der Ort, wohin sie gingen, um die Lade fortzutragen, nämlich Kirjat Joharim, ausgelassen ist. Auch 2. Sam. XIII. 32 ist verstellt und verstümmelt; es heisst: »Und Absalon floh und ging zu Ptolemäus, dem Sohn Hamihud's, König von Gesur, und trauerte seinen Sohn alle Tage, und Absalon floh und ging nach Gesur und blieb dort drei Jahre.« Dergleichen Stellen habe ich früher noch mehrere mir bemerkt, die ich jetzt nicht zur Hand habe; dass die Randbemerkungen an einzelnen Stellen der hebräischen Manuskripte zweifelhafte Lesarten gewesen sind, kann Niemand bezweifeln, welcher beachtet, dass die meisten aus der grossen Aehnlichkeit der hebräischen Buchstaben unter einander entstanden sind; so gleicht der Buchstabe *Kaf* dem *Bet, Jod* dem *Vau,*

Dalet dem *Res* u.s.w. Ein Beispiel ist 2. Sam. V., vorletzter Vers, wo es heisst: »und in dieser (Zeit) wo Du es hören wirst;« hier steht am Rande: »wenn Du es hören wirst,« und Richter XXI. 22, wo steht: »und wenn deren Väter und Brüder in Menge (d.h. häufig) zu uns kämen« u.s.w., ist am Rande bemerkt: »zu kämpfen.« Derart findet sich sehr Vieles. Ferner sind viele Randbemerkungen aus dem Gebrauch der Buchstaben entstanden, welche sie »Ruhende« nennen, die nämlich meist nicht ausgesprochen werden, und wo einer für den anderen gebraucht wird. Z.B. 3. Buch Mosis XXV. 27 heisst es: »Und es wird das Hans befestigt werden, was in der Stadt ist, die keine Mauer hat;« am Rande steht aber: »welche eine Mauer hat.«

Obgleich dies Alles sehr einleuchtend ist, so will ich doch auf einige Ausführungen der Pharisäer antworten, womit sie zeigen wollen, dass diese Randbemerkungen von den Verfassern der heiligen Bücher selbst beigefügt oder angedeutet worden, um damit ein Geheimniss anzuzeigen. Ihren ersten Grund, der mich wenig berührt, entnehmen sie aus der gebräuchlichen Weise, die Schriften zu lesen. Wenn diese Noten, sagen sie, wegen der verschiedenen Lesart beigesetzt worden, worüber die Späteren gar nicht entscheiden konnten, wie ist es da gekommen, dass man den Sinn dieser Randbemerkungen überall festgehalten hat? Weshalb haben die Abschreiber den Sinn, den sie festhalten wollten, nur am Rande bemerkt? Vielmehr hätten sie dann den Text selbst so schreiben sollen, wie er gelesen werden sollte, und nicht den Sinn und die Lesart, die sie am meisten billigten, am Rande bemerken.

Einen zweiten Grund, der etwas mehr Schein hat, entnimmt man aus der Natur der Sache; nämlich die Fehler sollen nicht absichtlich, sondern zufällig in die Handschriften gekommen sein, und was sich so ereignet, wechselt. Allein in fünf Büchern ist das Wort »Mädchen«, mit Ausnahme einer Stelle, mangelhaft, ohne den Buchstaben *He*, gegen die grammatikalische Kegel geschrieben, dagegen am Rande richtig nach der allgemeinen grammatikalischen Regel. Ist dies auch aus Zufall durch ein Versehen der abschreibenden Hand gekommen? Wie war es möglich, dass die Feder bei Gelegenheit dieses Namens immer eilte? Auch hätte man diesen Fehler leicht und ohne Bedenken nach den grammatikalischen Regeln ergänzen und verbessern können. Da also diese Lesarten nicht vom Zufall herrühren, und da man diese offenbaren Fehler nicht verbessert habe, so seien sie sicherlich absichtlich von den ursprünglichen Verfassern gemacht worden, um damit etwas zu bezeichnen.

Darauf kann ich jedoch leicht antworten. Was aus der bei ihnen entstandenen Gewohnheit abgeleitet wird, kann mich nicht bedenklich machen. Man kann nicht wissen, zu was der Aberglaube führt; vielleicht ist es daher gekommen, weil sie beide Lesarten für gleich gut und zulässig hielten und deshalb, um nichts zu verabsäumen, eine zum Schreiben, die andere zum Lesen einrichteten. Sie scheuten sich vor einem Urtheil in einer so grossen Sache, damit sie nicht das Falsche für das Wahre wählten, und wollten deshalb keines vorziehen, was geschehen wäre, wenn sie *eine* Lesart allein hätten schreiben und vorlesen lassen, namentlich da in heiligen Büchern Randbemerkungen nicht eingeschrieben werden. Oder es ist vielleicht daher gekommen, dass sie Einzelnes, obgleich es richtig abgeschrieben war, doch anders und so, wie es am Rande bemerkt wurde, vorgelesen haben wollten. Deshalb wurde allgemein eingeführt, dass die Schriften nach den Randbemerkungen verlesen wurden. Was aber die Abschreiber veranlasst, dergleichen ausdrücklich Vorzulesenden am Rande zu bemerken, werde ich gleich sagen; denn nicht alle Randbemerkungen sind zweifelhafte Lesarten, sondern auch die ungewöhnlichen werden angemerkt, d.h. veraltete Worte und solche, welche nach den Sitten jener Zeit kein öffentliches Vorlesen gestatteten, da die alten Schriftsteller ohne bösen Willen die Dinge nicht in höfischer Zweideutigkeit, sondern mit ihren rechten Namen bezeichneten. Als aber Bosheit und Ueppigkeit einriss, begann man das von den Alten ohne Anstoss Gesagte zu den Unanständigkeiten zu rechnen. Doch brauchte man deshalb die Schrift selbst nicht zu ändern, sondern man sorgte, um der Schwäche der Menge zu Hülfe zu kommen, dass die Worte »Beischlaf« und »Exkremente« öffentlich in anständigerer Weise verlesen wurden, wie es nämlich am Rande vermerkt war. Mag endlich der Grund, weshalb es in Gebrauch kam, die Schriften nach den Randbemerkungen zu verlesen und zu erklären, gewesen sein, welcher er wolle, so war es jedenfalls nicht der, dass die wahre Auslegung danach geschehen solle. Denn selbst die Rabbiner weichen im Talmud oft von den Masoreten ab und hatten andere Lesarten, die sie billigten, wie ich gleich zeigen werde. Auch findet sich am Rande Manches, was nach dem Sprachgebrauch weniger zu billigen ist. So heisst es z.B. 2. Samuel IV. 23: »weil der König es that, nach der Meinung seines Dieners«. Dieser Satzbau ist ganz regelmässig und stimmt mit dem in v. 16 desselben Kapitels; dagegen stimmt die Randbemerkung (Deines Knechtes) nicht mit der Person des Zeitwortes. So heisst es auch XVI. letzter Vers dieses Baches: »und da er befragt (d.h. befragt wird) das Wort Gottes.« Hier steht am Rande »Jemand« statt des Nominativs des Zeitwortes, was nicht richtig sein kann; denn es ist in dieser Sprache üblich, unpersönliche Zeitwörter in der dritten Person des Singulars zu gebrauchen, wie die Grammatiker wissen. In dieser Weise finden sich viele Randbemerkungen, die keineswegs den Vorzug vor dem Text verdienen.

Die Antwort auf den zweiten Grund der Pharisäer ergiebt sich leicht aus dem Gesagten; dass nämlich die Abschreiber ausser den zweifelhaften Lesarten auch die veralteten Worte bemerkten. Denn unzweifelhaft hat in der hebräischen Sprache wie in allen anderen der spätere Sprachgebrauch Vieles ungewöhnlich und veraltet werden lassen. Dies fanden die letzten Abschreiber in den Büchern und notirten, wie gesagt, Alles, damit es vor dem Volke in den später gebräuchlichen Ausdrücken verlesen werde. Deshalb ist überall das Wort *nahgar* am Rande bemerkt, weil es im Alterthum beide Geschlechter bezeichnete und dasselbe wie bei den Lateinern *juvenis* (junger Mensch) bedeutete. So hiess auch die Hauptstadt der Juden vor Alters Jerusalem und nicht *Jerusaleim*. Ueber das Fürwort »er selbst« und »sie selbst« bin ich mit den Neueren einverstanden, welche den Buchstaben *Vau* in *Jod* verwandelten (welche Veränderung in der hebräischen Sprache häufig vorkommt) und so das weibliche Geschlecht bezeichnen wollten; allein die Alten pflegten das weibliche Fürwort hier von dem männlichen nur durch Vokale zu unterscheiden. So findet sich ferner manche unregelmässige Form der Zeitwörter bei den Früheren so, bei den Späteren anders, und endlich haben die Alten sich der verlängernden Buchstaben in ihrer Zeit zum Redeschmuck bedient. Dieses Alles könnte ich mit vielen Beispielen belegen; allein ich mag den Leser damit nicht ermüden. Fragt man mich aber, woher ich das wisse? so antworte ich, weil ich es bei den ältesten Schriftstellern, nämlich in der Bibel oft gefunden habe, aber die späteren sie nicht darin nachahmen mochten. Deshalb allein kennt man in den übrigen todten Sprachen doch die veralteten Worte.

Vielleicht hält man mir noch vor, dass ich den grössten Theil dieser Noten für zweifelhafte Lesarten erklärt habe, und fragt, weshalb sieh dann nie mehr als zwei Lesarten für eine Stelle finden? Weshalb nicht auch einmal drei oder mehr? Endlich, wie Manches in den Schriften der Sprachlehre offenbar widerspricht, was am Rande richtig ausgedrückt ist, so dass man kaum annehmen kann, die Abschreiber hätten über die rechte Lesart geschwankt. – Indess ist auch hierauf die Antwort leicht; auf den ersten Einwand erwidere ich, dass es mehr Lesarten gegeben hat, als unsere Handschriften angemerkt haben. Im Talmud finden sich mehrere, welche die Masoreten vernachlässigt haben, und an vielen Stellen gehen sie so offenbar davon ab, dass jener abergläubische Korrektor der Bombergianischen Bücher endlich in seiner Vorrede einräumen musste, dass er sie nicht zu vereinigen wisse. Er sagt: »Und hier weiss ich nichts zu antworten, als das Frühere,« nämlich »dass es der Gebrauch des Talmud sei, den Masoreten zu widersprechen.« Man kann deshalb nicht mit Grund behaupten, dass es nicht mehr als zwei Lesarten für eine Stelle gegeben habe. Doch gebe ich zu und glaube selbst, dass es deren niemals mehr als zwei gegeben habe, und zwar aus zwei Gründen; denn 1) konnte die Ursache, aus der diese Verschiedenheit der Lesarten entsprang, nur zu zweien führen, da sie, wie erwähnt, aus der Aehnlichkeit gewisser Buchstaben entstanden ist. Der Zweifel läuft deshalb immer darauf hinaus, ob von zwei Buchstaben *Bet* oder *Kaf, Jod* oder *Vau, Dalet* oder *Res* u.s.w. zu schreiben war, die am häufigsten gebraucht werden; weshalb es sich oft treffen konnte, dass jeder von beiden einen leidlichen Sinn gab. Ferner, ob eine Silbe lang oder kurz sein sollte, was durch die sogenannten ruhenden Buchstaben ausgedrückt wird. Hierzu kommt, dass nicht alle Randbemerkungen zweifelhafte Lesarten sind; viele sind, wie gesagt, des Anstandes wegen beigesetzt und zur Erklärung ungewohnter und veralteter Ausdrücke.

Der *zweite* Grund, weshalb nur zwei Lesarten sich zu einer Stelle finden, ist, dass die Abschreiber vermuthlich nur wenig Exemplare angetroffen haben, vielleicht nicht mehr als zwei oder drei. In der Abhandlung über die Abschreiber Kap. 6 werden nur drei erwähnt, die zu Hezra's Zeit gefunden sein sollen, weil man behauptet, dass Hezra selbst diese Bemerkungen beigesetzt habe. Wie dem auch sein mag, hatten sie nur drei, so konnten leicht zwei, ja alle drei bei einer Stelle übereinstimmen; denn es wäre wunderbar, wenn in blos drei Exemplaren auch drei verschiedene Lesarten bei einer Stelle sich finden sollten, und dass nach Hezra ein solcher Mangel an Exemplaren gewesen, darf Den nicht wandern, der nur 1. Maccabäer I. gelesen, oder das 7. Kapitel im 12. Buche der Alterthümer des Josephus. Vielmehr scheint es wie ein Wunder, dass nach einer so grossen und langen Verfolgung selbst so wenig sich haben erhalten können. Niemand kann hierüber zweifeln, der diese Erzählung nur mit einiger Aufmerksamkeit gelesen hat.

Hiermit ist erklärt, weshalb sich nirgends mehr als zwei Lesarten finden. Es kann deshalb daraus nicht im Mindesten geschlossen werden, dass die Bücher an den bemerkten Stellen absichtlich falsch abgefasst worden, um Geheimnisse anzudeuten.

Was aber den zweiten Einwand anlangt, dass einzelne Stellen so falsch geschrieben sind, dass sie unzweifelhaft dem Schreibgebrauch aller Zeiten widersprechen, weshalb sie unbedingt zu verbessern, aber nicht blos am Rande zu vermerken waren, so rührt mich dieser Einwand wenig; denn ich brauche nicht zu wissen, aus welchem Glauben sie es unterlassen haben. Vielleicht ist es aus Aufrichtigkeit geschehen; man wollte die Bücher, so wie man sie in den wenigen Exemplaren gefunden hatte, den Nachkommen überliefern und die Abweichungen der Originale nicht als zweifelhafte, sondern als verschiedene Lesarten vermerken. Ich selbst habe sie nur deshalb zweifelhaft genannt, weil sie es beinahe alle sind und ich nicht weiss, welche vorzuziehen ist.

Ferner bezeichneten die Abschreiber neben diesen zweifelhaften Lesarten auch noch durch einen leeren Zwischenraum, den sie mitten in den Abtheilungen liessen, dass die Stelle verstümmelt war. Die Masoreten geben die Zahl derselben an, nämlich 28, wo ein solcher leerer Raum sich befindet, und ich weiss nicht, ob sie auch in dieser Zahl ein Geheimniss verborgen glauben. Die Pharisäer halten gewissenhaft auf eine bestimmte Grosse dieses Zwischenraumes. Ein Beispiel, um ein solches anzuführen, ist Gen. IV. 8, welche Stelle so geschrieben ist:»Und Kain sagte zu seinem Bruder Abel...... und es traf sich, dass Kain, während sie auf dem Felde waren« u.s.w.; in dem leeren Raum sucht man die Worte, die Kain dem Bruder gesagt hat. Derart sind 28 Stellen ausser den schon bemerkten frei gelassen worden; doch würden, wenn dieser freie Raum nicht wäre, sie nicht als verstümmelt erscheinen. Doch genug davon.

Zehntes Kapitel

Die übrigen Bücher des Alten Testaments werden in gleicher Weise wie die vorgehenden untersucht.

Ich komme nun zu den übrigen Büchern des Alten Testamentes. Ueber die *beiden Chroniken* habe ich nichts Gewisses, und was sich der Mühe verlohnte, zu bemerken; wahrscheinlich sind sie lange nach Hezra und vielleicht nach Herstellung des Tempels durch Judas Maccabäus geschrieben. Denn Kap. 9 des ersten Buchs erzählt der Verfasser,»welche Familien zuerst (d.h. zur Zeit Hezra's) Jerusalem bewohnt hätten;« und dann giebt er v. 17»die Thürsteher« an, von denen zwei auch Nehem. XI. 19 genannt werden. Dies zeigt, dass diese Bücher lange nach dem Wiederaufbau der Stadt geschrieben worden sind. Ueber deren wahren Verfasser, ihr Ansehen, Nutzen und Lehre ist mir nichts bekannt. Ich wundere mich sogar, weshalb sie unter die heiligen Bücher aufgenommen worden sind, obgleich man das Buch der Weisheit, den Tobias und die anderen Apokryphen von dem Kanon der heiligen Schriften ausschloss. Indess will ich ihr Ansehn nicht verstärken, sondern ich lasse sie, wie sie sind, nachdem sie einmal allgemein aufgenommen worden sind.

Auch die *Psalmen* sind zur Zeit des wiederaufgebauten Tempels gesammelt und in fünf Bücher vertheilt worden; denn der 88. Psalm ist nach dem Zeugniss des Juden Philo ausgegeben worden, als König Jehojachim im Gefängniss zu Babylon sich befand, und der 89. Psalm, als er die Freiheit erlangt hatte; Philo würde dies gewiss nicht gesagt haben, wenn es nicht die allgemeine Ansicht seiner Zeit gewesen wäre, oder er es nicht von glaubwürdigen Männern erfahren hätte. Die *Sprüche Salomo's* sind vermuthlich um dieselbe Zeit gesammelt, spätestens zur Zeit des Königs Josia; denn Kap. XXIV. letzter Vers heisst es:»Dies sind auch die Sprüche Salomo's, welche die Männer Hiskia's, des Königs von Juda, übersetzt haben.« Aber ich kann hier die Kühnheit der Rabbiner nicht unerwähnt lassen, welche dieses Buch mit dem»Prediger« aus der Sammlung der Bibel ausschliessen und mit den anderen, die ich bemängelt, zurückhalten wollten. Dies wäre auch sicherlich geschehen, wenn sie nicht mehrere Stellen gefunden hätten, wo das Gesetz Mosis empfohlen wird. Es ist zu bedauern, dass diese heiligen und besten Sachen von ihrer Auswahl abhingen; doch weiss ich ihnen Dank, dass sie sie uns mitgetheilt, obgleich ich bezweifeln möchte, dass es im guten Glauben geschehen sei; indessen mag ich dies nicht streng untersuchen.

Ich gehe zu den Büchern der *Propheten*. Eine aufmerksame Betrachtung zeigt, dass die in ihnen befindlichen Weissagungen ans anderen Büchern zusammengetragen und selbst in diesen nicht immer in der Ordnung niedergeschrieben worden sind, in der sie von den Propheten selbst gesprochen oder geschrieben worden. Auch enthalten diese Bücher sie nicht sämmtlich, sondern nur was man hier und da finden konnte. Deshalb können diese Bücher nur als Bruchstücke der Propheten gelten. Denn *Esaias* beginnt unter der Regierung von Huzia zu weissagen, wie der Sammler im ersten Verse selbst bezeugt. Aber er hat damals nicht blos geweissagt, sondern auch die Thaten dieses Königs beschrieben (2. Chronika XXVI. 22), und dieses Buch haben wir nicht; denn das, was wir haben, ist, wie gezeigt, aus den Chroniken der Könige von Juda und Israel entlehnt. Dazu kommt, dass nach den Rabbinern dieser Prophet auch während der Regierung des Manasse geweissagt hat, von dem er zuletzt getödtet worden ist; und obgleich sie eine Fabel zu erzählen scheinen, so mögen sie doch wohl angenommen haben, dass alle seine Weissagungen verloren gegangen. – Von den Weissagungen des *Jeremias* ist das Geschichtliche ans verschiedenen Chroniken ausgezogen und gesammelt; denn die Nachrichten sind durch einander, ohne Rücksicht auf die Zeit, gehäuft, und derselbe Vorfall wird mehrmals in verschiedener Weise erzählt. In Kap. 21 wird der Anlass zur Gefangennehmung des Jeremias erzählt, weil er nämlich die Zerstörung der Stadt dem Zedechias auf sein Befragen vorausgesagt; dann bricht es hier ab, und Kap. 22 erzählt seine Predigt gegen Jehojachim, der vor Zedechias regierte, und dass er des Königs Gefangennehmung vorausgesagt habe. Dann wird in Kap. 25 beschrieben, was vorher, im vierten Jahre des Jehojachim, dem Propheten offenbart worden ist, und dann die Offenbarungen aus dessen erstem Regierungsjahre. In dieser Weise stellt der Verfasser die Weissagungen ohne Rücksicht auf die Zeit zusammen, bis er endlich in Kap. 38, als wenn diese 15 Kapitel in Klammern erzählt worden wären, wieder auf die in Kap. 21 begonnene Geschichte zurückkommt. Die Verbindung, mit der Kap. 38 beginnt, bezieht sich auf Vers 8, 9 und 10 von Kap. 21; und dann beschreibt er die letzte Gefangennehmung des Jeremias ganz anders und giebt für dessen lange Festhaltung im Vorhofe des Gefängnisses einen ganz anderen Grund an, als er in Kap. 37 erzählt hatte. Dies zeigt, wie Alles aus verschiedenen Schriften zusammengebracht worden; nur so lassen sich diese Mängel erklären. Die übrigen Weissagungen, die in dem anderen Kapitel enthalten sind, wo Jeremias in eigener Person spricht, scheinen aus dem Buche genommen zu sein, was Jeremias selbst dem Baruch diktirt hat; denn dies enthält, wie Kap. 36 v. 2 ergiebt, nur die dem Propheten von der Zeit des Josias bis zum 4 Jahr des Jehojachim geschehenen Offenbarungen; damit beginnt auch dieses Buch. Ebenso scheint ans jenem Buche das in Kap. 45 v. 2 bis Kap. 51 v. 59 Angeführte entnommen zu sein.

Auch das Buch des *Ezechiel* ist nur ein Bruchstück; die ersten Verse sagen dies klar; denn das Buch beginnt mit einer Verbindungs-formel, die sich auf Früheres bezieht und daran anschliessen will. Und nicht blos diese Formel, sondern der ganze Text der Rede setzt früher Geschriebenes voraus; denn das 30. Jahr, mit dem dieses Buch beginnt, zeigt, dass der Prophet in der Erzählung fortfährt, aber nicht damit anfängt. Der Verfasser selbst hat dieses in Vers 3 in Klammern so bemerkt: »Es war oft das Wort Gottes dem Ezechiel, dem Söhne des Buzus, im Lande der Chaldäer geworden« u.s.w., als wenn er sagen wollte, die hier verzeichneten Worte des Ezechiel beziehen sich auf andere, die ihm vor diesem 30. Jahre offenbart worden seien. Ferner berichtet Josephus in seinen Alterthümern Buch 10, Kap. 9, Ezechiel habe vorausgesagt, dass Zedechias Babylon nicht sehen werde; das findet sich in dem Buche, was wir haben, nicht; vielmehr heisst es Kap. 17, dass er gefangen nach Babylon geführt werden würde.

Von *Hoseas* kann ich nicht mit Gewissheit behaupten, dass er mehr geschrieben habe, als das nach ihm benannte Buch enthält. Doch ist es sonderbar, dass man nicht mehr von ihm hat, da er nach dem Zeugniss der Schrift länger als 84 Jahr geweissagt hat. Man weiss nur im Allgemeinen so viel, dass die Verfasser dieser Bücher weder alle Propheten noch alle Weissagungen derer, die wir haben, gesammelt haben. So haben wir von den Propheten, die während Manasse's Regierung auftraten, und die im Allgemeinen 2. Chronik XXXIII. 10, 18, 19 erwähnt werden, gar keine Weissagungen und auch nichts von allen diesen 12 Propheten; und von Jonas wird nur die Weissagung über Ninive erwähnt, obgleich er auch den Israeliten geweissagt hat, wie 2. Könige XIV. 25 ergiebt.

Ueber das Bach *Hiob* und Hiob selbst hat viel Streit unter den Gelehrten bestanden. Manche meinen, Moses habe es vertagst, und die ganze Geschichte sei nur gleichnissweise zu verstehen; einige Rabbiner lehren dies im Talmud, und auch *Maimonides* neigt sich in seinem Buche More Nebuchim dazu. Andere haben es für eine wahre Geschichte genommen, und ein Theil dieser meint, dieser Hiob habe zu Jakob's Zeiten gelebt und dessen Tochter Dina zur Frau genommen. Allein Aben Hezra versichert, wie erwähnt, in seinen Kommentarien zu diesem Buche, dass es aus einer anderen Sprache in das Hebräische übersetzt worden sei, und ich wünschte, er hätte dieses deutlicher dargelegt; dann ergäbe sich, dass auch die Heiden heilige Bücher gehabt haben. Die Sache bleibt daher zweifelhaft; doch glaube ich, Hiob ist ein Heide von standhaftem Geist gewesen, dem es erst gut, dann sehr schlecht und zuletzt wieder sehr gut gegangen ist. Ezechiel XIV. 12 nennt ihn neben Anderen, und ich glaube, dass dieses wechselnde Schicksal und die Beständigkeit der Seele des Hiob Vielen Anlass, über Gottes Vorsehung zu streiten, oder dem Verfasser den Anlass zur Aufstellung des Gespräches gegeben hat; denn dessen Inhalt und Stil ist nicht der eines unter Asche trauernden Kranken, sondern eines in seiner Bibliothek in Müsse Nachdenkenden. Deshalb möchte ich mit Aben Hezra annehmen, es sei aus einer anderen Sprache übersetzt, da es die heidnische Dichtkunst nachahmt; denn der Vater der Götter beruft zweimal die Versammlung, und Momus, der hier Satan heisst, beschneidet mit grosser Freiheit die Worte Gottes u.s.w. Doch bleiben dies blos Vermuthungen ohne Zuverlässigkeit.

Ich gehe zum Buch *Daniel*. Es enthält unzweifelhaft von Kap. 8 ab die eigene Schrift Daniel's; woher aber die vorgehenden 7 Kapitel genommen sind, weiss ich nicht; man kann vermuthen, aus einer Chronik der Chaldäer, da sie mit Ausnahme des ersten chaldäisch geschrieben worden. Stände dies fest, so wäre es das deutlichste Zeugniss, dass die Bibel nur so weit heilig ist, als man durch sie die in ihr enthaltenen Dinge versteht, aber nicht, soweit man nur die Worte oder die Sprache oder Rede versteht, die die Dinge bezeichnen, und dass ferner alle Bücher gleich heilig sind, welche das Beste lehren und erzählen, ohne Rücksicht auf die Sprache und das Volk, dem sie entlehnt sind. Ich kann hier nur bemerken, dass diese Kapitel chaldäisch geschrieben sind und trotzdem ebenso heilig sind als das Uebrige in der Bibel.

An dieses Buch Daniel's schliesst sich das erste von *Hezra* so, dass man leicht denselben Verfasser erkennt, der die Geschichte der Juden seit der ersten Gefangenschaft hinter einander zu erzählen fortfährt. Daran schliesst sich, wie ich glaube, das Buch *Esther*, da die Verbindungsformel, mit der es anfängt, auf kein anderes bezogen werden kann, und da es schwerlich dasselbe ist, was Mardochäus geschrieben hat. Denn in Kap. 9 v. 20, 21, 22 berichtet ein Dritter über Mardochäus, dass er Briefe geschrieben habe, und was diese enthalten haben; ferner in v. 31 desselben Kapitels, dass die Königin Esther die zu dem Fest der Loose (Purim) gehörige Angelegenheit bestimmt, und was in dem Buche gestanden habe, d.h. (wie es im Hebräischen lautet) in dem Allen zu jener Zeit (wo dieses geschrieben worden) bekannten Buche, und dieses ist nach Aben Hezra und Aller Geständniss mit anderen Büchern verloren gegangen. Endlich berichtet das Uebrige über Mardochäus der Verfasser der Chronik über die Kriege der Perser. Deshalb ist unzweifelhaft dieses Buch von demselben, der die Geschichte des Daniel und Hezra geschrieben, verfasst worden, und auch das Buch des *Nehemia*, da es das zweite Hezra's heisst. Ich halte daher die vier Bücher, des Daniel, des Hezra, der Esther und des Nehemia, für von einem Verfasser geschrieben; aber wer dieser gewesen, kann ich nicht einmal vermuthen. Um aber zu wissen, woher der Verfasser die Kenntniss dieser Geschichten erlangt und vielleicht den grössten Theil dieser Bücher entlehnt habe, bemerke ich, dass die Vorgesetzten oder Vornehmsten der Juden im zweiten Tempel, wie früher die Könige in dem ersten, Schreiber oder Geschichtschreiber hatten, welche die Jahresereignisse oder ihre Geschichte nach der Zeitfolge niederschrieben. Denn die Zeitgeschichte oder die Jahresereignisse der Könige werden hier und da in dem Buche der Könige erwähnt, und die der Vornehmsten oder der Priester des zweiten Tempels werden erwähnt in Nehem. XII. 23; dann in 1. Maccab. XVI. 24. Unzweifelhaft ist dies das Buch (Esther IX. 31), von dem ich eben gesprochen habe, was den Erlass der Esther und jene Schriften des Mardochäus enthielt, und das nach Aben Hezra verloren gegangen ist. Aus diesem Buche wird alles in unserem Enthaltene entlehnt und abgeschrieben sein; denn der Verfasser nennt kein anderes, und wir kennen auch weiter keins, was öffentlichen Glauben gehabt hätte. Dass diese Bücher nicht von Hezra oder Nehemia verfasst worden, erhellt daraus, dass Nehem. XII. 9, 10 ein Geschlechtsregister des Hohenpriesters Jesuhga bis zu Jaduha, dem sechsten Hohenpriester gegeben wird, der Alexander dem Grossen nach Unterwerfung des persischen Reichs entgegenging (Joseph. Alterth. XI. 8), und dass Philo der Jude ihn den sechsten und letzten Hohenpriester nennt. Ja es heisst in diesem Kapitel des Nehem.: »nämlich zur Zeit Eljasibi, Jojada's, Jonathan's und Jaduha's, unter der Herrschaft des Persers Darius sind sie geschrieben worden,« nämlich in Jahrbüchern, und Niemand wird glauben, Hezra und Nehemia seien so alt geworden, dass sie 14 persische Könige überlebt hätten. Denn der erste König Cyrus hat den Juden den Wiederaufbau des Tempels erlaubt und von da bis zu Darius, dem 14. und letzten Könige der Perser, zählt man 236 Jahre. Deshalb sind diese Bücher unzweifelhaft lange nach Wiederherstellung des Tempeldienstes durch Judas Maccabäus geschrieben worden, und zwar, weil damals von einigen Böswilligen, die wohl zur Sekte der Sadducäer gehörten, falsche Bücher Daniel's, Hezra's und der Esther vorgebracht wurden; denn die Pharisäer haben, so viel ich weiss, diese Bücher niemals angenommen. Allerdings finden sich im 4. Buch Hezra einige Fabeln, die auch im Talmud stehen; allein man kann dies nicht den Pharisäern zurechnen; denn nur ein Mensch ohne allen Verstand kann glauben, dass diese Fabeln nicht aus Scherz beigefügt worden; wahrscheinlich ist dieses geschehen, um deren Ueberlieferungen lächerlich zu machen.

Vielleicht sind sie auch zu jener Zeit geschrieben und bekannt gemacht worden, um dem Volke zu zeigen, dass die Weissagungen Daniel's in Erfüllung gegangen seien. Das Volk sollte dadurch in dem Glauben bestärkt werden, damit es in seinem grossen Unglück nicht an besseren Zeiten und seinem kommenden Glück verzage. Denn obgleich diese Bücher so neueren Ursprungs sind, so sind doch viele Fehler, wahrscheinlich durch die Eile der Abschreiber, in sie gekommen. Man findet in ihnen, wie in den anderen, Randbemerkungen, von denen ich in dem vorgehenden Kapitel gehandelt habe, und zwar in grösserer Anzahl, und ausserdem manche Stellen, die nur in der gleich zu erwähnenden Weise entschuldigt werden können. Ich will nur vorher über diese Randbemerkungen noch sagen, dass, wenn man den Pharisäern einräumte, dass sie gleichzeitig mit den Büchern selbst verfasst seien, dann nothwendig diese Verfasser selbst, wenn es vielleicht deren mehrere waren, sie deshalb beigefügt, weil die Jahrbücher, aus denen sie abgeschrieben worden, selbst nicht ganz genau abgefasst waren, und weil sie trotz des Offenbaren dieser Fehler doch nicht gewagt haben, die alten Schriften der Vorfahren zu verbessern. Ich brauche darüber nicht noch einmal mich ausführlicher auszulassen. Ich gehe deshalb zu dem, was am Rande nicht bemerkt ist. Und da weiss ich *erstlich* nicht, wieviel in Kap. 2 von Hezra eingedrungen sein mag; denn im v. 64 wird die Hauptsumme Aller genannt, welche einzeln in dem ganzen Kapitel aufgezählt werden, und es heisst zugleich, es wären 42,360 gewesen; rechnet man aber die einzelnen Summen zusammen, so ergiebt sich nur die Zahl 29,818. Es ist deshalb ein Irrthum in der Hauptsumme oder in den einzelnen. Erstere scheint richtig angegeben zu sein, da ohne Zweifel Jeder sie als fassbar in dem Gedächtniss behielt; aber mit den Theilsummen ging dies nicht. Läge also der Irrthum in der Hauptsumme, so würde ihn Jeder bemerkten und leicht verbessern. Dies wird dadurch bestätigt, dass Nehem. VII., wo dieses Kapitel des Hezra, was der Brief des Geschlechtsregisters heisst, abgeschrieben wird, wie der Vers 5 des Kap. 1 in Nehemia besagt, die Hauptsumme mit der im Buche Hezra stimmt, aber die einzelnen sehr abweichen; einzelne sind grösser, andere kleiner als in Hezra, und sie ergeben zusammen 31,089, weshalb in diesen einzelnen Summen sowohl bei Hezra als Nehemia sich mehrere Fehler eingeschlichen haben. Die Erklärer, welche diese offenbaren Widersprüche auszugleichen suchen, erdenken sich das Möglichste nach ihren Kräften, und während sie die Buchstaben und Worte der Schrift anbeten, geben sie, wie schon oben bemerkt, die biblischen Schriftsteller nur der Verachtung preis, als hätten sie nicht sprechen und richtig vortragen können. Ja, sie verdunkeln nur die Klarheit der Bibel; denn dürfte man überall dieselbe so auslegen, so gäbe es keine Rede mehr, deren Sinn nicht zweifelhaft wäre. Ich brauche indess mich hierbei nicht länger aufzuhalten; denn ich bin überzeugt, wenn ein Geschichtschreiber das thun wollte, was Jene dem biblischen Schriftsteller andächtig zugestehen, sie selbst ihn auslachen würden, und wenn sie es für eine Verleumdung Gottes halten, die Bibel für fehlerhaft zu erklären, wie soll man da sie selbst nennen, welche diesen Schriften alles Beliebige andichten und die heiligen Schriftsteller so blossstellen, dass sie ihnen kindisches Geschwätz und allerlei Verwirrung aufladen, die den klaren und deutlichen Sinn der Schrift verleugnen? denn was ist deutlicher in der Schrift, als dass Hezra mit Genossen in dem Briefe des Stammbaumes in Kap. 2 des Buches seines Namens die Zahl aller nach Jerusalem Gezogenen im Einzelnen angegeben hat, insofern in ihnen nicht blos die Zahl angegeben wird, die ihren Stammbaum angeben konnten, sondern auch derer, die dies nicht konnten? Was ist in Nehem. VII. 5 deutlicher, als dass er selbst diesen Brief einfach abgeschrieben hat? Wer dies also anders auslegt, verleugnet den wahren Sinn der Schrift und folglich die Schrift selbst. Was sie für fromm halten, nämlich eine Stelle der Schrift der anderen anzupassen, ist eine lächerliche Frömmigkeit, weil sie damit die klaren Stellen den dunkelen und die richtigen den fehlerhaften anpassen und die gesunden durch die faulen verderben. Es ist mir jedoch fern, sie Gotteslästerer zu nennen; sie haben nicht die Absicht, zu verleumden, und Irren ist menschlich. Doch ich kehre zu meiner Aufgabe zurück.

Ausser den Fehlern, welche man in den Summen des Briefes des Geschlechtsregisters sowohl bei Hezra als Nehemia anerkennen muss, finden sich auch mehrere in den Familiennamen, mehrere in den Stammbäumen, selbst in den Geschichten, und ich fürchte, selbst in den Weissagungen. Denn die Weissagung des Jeremias im Kap. 22 über Jechonia stimmt nicht mit dessen Geschichte (man sehe das Ende von dem 2. Buche der Könige und von Jeremias, und 1. Chronika III. 17, 18, 19, insbesondere die Worte des letzten Verses dieses Kapitels); denn ich verstehe nicht, wie er von Zidechia, dessen Augen sofort, als er den Tod der Söhne sah, ausgestochen wurden, sagen konnte: »Du wirst im Frieden sterben« u.s.w. (Jerem. XXXIV. 5). Will man die Weissagungen nach dem Erfolge auslegen, so müsste man die Namen ändern und statt Zidechia Jechonia, und für diesen jenen setzen. Dies ist weniger gegen den natürlichen Verstand, und ich will daher lieber die Sache als unfassbar dahingestellt sein lassen; denn wenn hier ein Fehler ist, trifft er den Verfasser und nicht einen Fehler der Handschriften. Was das übrige früher Erwähnte anlangt, so mag ich hier es nicht aufnehmen, da es nur den Leser ermüden würde; zumal Andere es schon gesagt haben. So hat R. Selamo wegen der offenbaren von ihm in den Geschlechtsregistern gefundenen Widersprüche in die Worte ausbrechen müssen (man sehe dessen Kommentar zu 1. Chronik. VIII.), »dass Hezras (der nach seiner Meinung die Bücher der Chronik geschrieben hat) die Söhne Benjamin's mit Namen nennt und seinen Stammbaum anders beschreibt, als er in dem 1. Buch Mosis enthalten ist, und dass er den grössten Theil der Levitischen Städte anders als Josua angiebt, was daher komme, dass er verschiedene Originalurkunden gefunden habe;« und bald darauf sagt er: »dass der Stammbaum Gibeon's und Anderer zweimal und verschieden beschrieben werde, weil Hezras verschiedene Briefe mit dem Stammbaum eines Jeden vorgefunden und bei deren Abschreibung der grösseren Zahl der Exemplare gefolgt sei; wo aber diese Zahl auf beiden Seiten gleich gewesen, habe er die Stammbäume aus beiden abgeschrieben.« Somit giebt er offen zu, dass diese Bücher aus Urkunden, die weder fehlerfrei noch ächt gewesen, abgeschrieben habe. Ja, oft zeigen die Kommentatoren, wenn sie Stellen vereinigen wollen, nur die Ursachen der Irrthümer. Endlich wird Niemand mit gesunden Sinnen glauben, dass die heiligen Schriftsteller absichtlich so geschrieben haben, dass sie sich theilweise widersprechen.

Vielleicht entgegnet man mir, dass ich auf diese Weise die Bibel ganz umstosse; denn danach könne man sie überall für fehlerhaft annehmen. Allein ich habe damit vielmehr die Bibel gegen die Anbequemung und das Verderbniss ihrer klaren und richtigen Stellen durch die fehlerhaften geschützt. Auch kann man aus der Verderbniss einzelner Stellen nicht auf die von allen schliessen; denn es hat nie ein Buch ohne Fehler gegeben, und hat man es deshalb als ein überall fehlerhaftes betrachtet? Gewiss nicht, namentlich wenn die Rede klar und die Meinung des Verfassers deutlich zu erkennen ist.

Damit habe ich das beendet, was ich zur Geschichte der Bücher des Alten Testaments bemerken wollte. Es ergiebt sich daraus, dass vor der Maccabäer Zeit noch kein Kanon der heiligen Bücher bestanden hat, sondern dass die jetzigen von den Pharisäern des zweiten Tempels, welche auf die Gebetformeln eingerichtet und aus vielen ausgewählt und lediglich nach ihrem Belieben ausgenommen worden sind. Wer mithin das Ansehen der heiligen Schrift beweisen will, muss dies von jedem einzelnen Buche thun, und die Göttlichkeit des einen reicht nicht für die der übrigen zu; man müsste denn annehmen, dass der Rath der Pharisäer bei dieser Auswahl der Bücher nicht habe irren können, was Niemand je beweisen wird. Der Grund für die Annahme, dass nur die Pharisäer die Bücher des Alten Testaments ausgewählt und in einen Kanon gebracht haben, ist, dass in Daniel, letztes Kapitel, v. 2, die Wiederauferstehung der Todten gepredigt wird, welche die Sadducäer leugneten; auch geben die Pharisäer im Talmud dies offen zu. Denn in der Abhandlung über den Sabbath II. Bl. 30 S. 2 heisst es: »R. Jehuda sagt im Namen Rab's, es suchten die Gelehrten das Buch der Chronik zu verbergen, weil dessen Worte den Worten des Gesetzes (d.h. dem Buch des Gesetzes Mosis) widersprechen. Weshalb haben sie es aber nicht verborgen? Weil es dem Gesetz gemäss anfängt und dem gemäss endigt.« Und etwas weiter: »und auch das Buch der Sprüche haben sie zu verbergen gesucht« u.s.w., und Kap. 1. Bl. 13 S. 2 dieser Abhandlung: »Fürwahr, nenne jenen Mann seiner Güte wegen, der da heisst Neghunja, Sohn des Hiskia; denn wäre er nicht gewesen, so wäre das Buch Ezechiel bei

Seite gebracht worden, weil seine Worte den Worten des Gesetzes widersprechen« u.s.w. Hiernach haben offenbar die Gesetzkundigen berathen, welche Bücher sie als heilig aufnehmen, und welche sie ausschliessen wollten, um also über das Ansehen Aller sich zu vergewissern, muss man die Untersuchung von vorn beginnen und die Gründe bei jedem einzelnen Buche besonders untersuchen.

Indess ist es nun Zeit, auch die Bücher des Neuen Testamentes in dieser Weise zu prüfen. Da ich indess höre, dass dies von Männern, die in Wissenschaften und Sprachen höchst erfahren, schon geschehen sei, und da ich keine so genaue Kenntniss des Griechischen habe, um diese Prüfung übernehmen zu können, und weil mir endlich hebräische Uebersetzungen dieser Bücher nicht zur Hand sind, so will ich mir dieses Geschäft erlassen und in dem folgenden Kapitel nur das zu meiner Aufgabe hauptsächlich Nöthige bemerken.

Elftes Kapitel

Es wird untersucht, ob die Apostel ihre Briefe als Apostel und Propheten oder als Lehrer geschrieben haben; ferner wird das Amt der Apostel erklärt.

Niemand, der das Neue Testament liest, kann zweifeln, dass die Apostel Propheten gewesen sind. Da indess die Propheten nicht immer, sondern nur sehr selten aus Offenbarung sprechen, wie ich am Ende des ersten Kapitels gezeigt habe, so kann man zweifeln, ob die Apostel als Propheten in Folge Offenbarung und ausdrücklichen Auftrages, wie Moses, Jeremias und Andere, geschrieben haben oder nur als Privatpersonen und Lehrer, zumal da Paulus in dem 1. Brief an die Korinther XIV. 6 von zwei Arten zu predigen spricht, die eine aus Offenbarung, die andere aus der Erkenntniss. Man muss deshalb zweifeln, ob sie in den Briefen prophetisch sprechen oder nur lehren. Giebt man auf ihre Schreibart Acht, so weicht sie von der der Weissagung ganz ab; denn die Propheten wiederholen fortwährend und bezeugen überall, dass sie auf Gottes Anweisung sprechen; als: »So spricht Gott,« »es sagt Gott der Heerschaaren«, »das Gebot Gottes« u.s.w. Dieses geschah nicht blos in den öffentlichen Reden der Propheten, sondern auch in ihren Briefen, soweit sie Offenbarungen enthalten, wie aus dem des Elias an Jerobeam erhellt (2. Chronik. XXI. 12), der auch mit den Worten beginnt: »So spricht Gott.«

Dagegen findet sich nichts dergleichen in den Briefen der Apostel, vielmehr spricht 1. Korinth. VII. 40 Paulus nach *seiner* Meinung, und in sehr vielen Stellen trifft man auf einen schwankenden Sinn und bedingte Redensarten, wie (Röm. III. 28): »Wir sind also der Meinung,« und (daselbst VIII. 18): »denn ich meine,« u. dergl. m. Daneben finden sich andere Redensarten, die von der prophetischen

Autorität sich ganz entfernen. So: »das aber sage ich als schwacher Mensch und nicht auf Befehl« (1. Korinth. VII. 6), »ich gebe den Rath als ein Mensch, der treu ist durch die Gnade Gottes« (daselbst VII. 25) und viele ähnliche. Wenn Paulus dabei in dem vorgehenden Kapitel sagt, dass er die Anschauung oder den Befehl Gottes habe oder nicht habe, so meint er keine solche von Gott offenbarte Anweisung oder einen Befehl, sondern nur die Lehren, welche Christus ihnen auf dem Berge gesagt habe.

Wenn man ferner auf die Art achtet, wie die Apostel in diesen Briefen die evangelische Lehre mittheilen, so zeigt sich auch da ein grosser Unterschied gegen die Art der Propheten. Die Apostel bringen überall Gründe herbei, so dass sie nicht zu prophezeien, sondern sich zu rechtfertigen scheinen. Dagegen enthalten die Weissagungen nur reine Lehrsätze und Beschlüsse, weil Gott selbst als redend in ihnen angeführt wird, der nicht begründet, sondern in der unbeschränkten Macht seiner Natur beschliesst. Auch das Ansehen der Propheten gestattet keine solche Rechtfertigung aus Gründen, denn wer dies thut, unterwirft sich damit von selbst dem Urtheil eines Jeden. Dies scheint auch Paulus wegen solcher Rechtfertigung gethan zu haben, indem er 1. Korinther X. 15 sagt: »Ich spreche zu Euch als Weiser, urtheilt über das, was ich sage.« Endlich ist diese Rechtfertigung nicht gestattet, weil die Propheten die Offenbarungen nicht vermöge des natürlichen Lichtes, d.h. nicht durch Vernunftgründe gewannen, wie ich im ersten Kapitel gezeigt habe.

Allerdings kommen auch in den fünf Büchern Mosis einige Rechtfertigungen durch Gründe vor; allein bei genauer Prüfung können sie nicht als unbedingte Anweisungen angesehen werden. So sagt z.B. Moses im 2. Buche XXXI. 27 den Israeliten: »Wenn Ihr, so lange ich unter Euch gelebt, aufrührerisch gegen Gott gewesen seid, so werdet Ihr es noch viel mehr nach meinem Tode sein.« Es ist nicht einzusehen, wie Moses die Israeliten durch Gründe überzeugen will, dass sie nach seinem Tode den Dienst des wahren Gottes verlassen werden; der Grund wäre falsch, und man konnte dies auch aus der Schrift selbst beweisen. Denn die Israeliten blieben getreu, so lange Josua und die Aeltesten lebten, und auch nachher, bei Lebzeiten Samuel's, David's, Salomo's u.s.w. Deshalb sind diese Worte Mosis nur eine moralische Ansprache, mit der er rhetorisch und in der lebhaften Vorstellung des späteren Abfalls des Volkes dieselbe voraussagt. Der Grund, weshalb ich meine, dass Moses dies nicht aus sich selbst gesagt, um seine Voraussagung wahrscheinlicher zu machen, und auch nicht als Prophet in Folge Offenbarung, ist, dass in demselben Kapitel v. 21 erzählt wird, Gott habe dies Moses mit anderen Worten offenbart, der über diese Vorausverkündung und diesen Beschluss Gottes nicht durch wahrscheinliche Gründe sicherer gemacht zu werden brauchte; aber es war nöthig, dass er sich dies in seiner Einbildungskraft lebendiger ausmalte, wie ich im ersten Kapitel dargelegt habe, und dies konnte nicht besser geschehen, als wenn es den gegenwärtigen Ungehorsam des Volkes, den er oft erfahren hatte, sich als einen zukünftigen vorstellte.

In dieser Weise müssen alle Begründungen, die sich in den fünf Büchern Mosis finden, verstanden werden; sie sind nicht aus dem Vorrath der Vernunft entlehnt, sondern nur Ausdrucksweisen, in denen er Gottes Beschlüsse kräftiger verkündete oder lebhafter vorstellte. Indess will ich nicht bestreiten, dass die Propheten auch bei der Offenbarung Gründe anwenden konnten; ich behaupte nur, dass, je mehr die Propheten mit Vernunftgründen vorgehen, desto mehr nähert sich ihre offenbarte Kenntniss der Dinge der natürlichen. Das sicherste Zeichen für die übernatürliche Erkenntniss der Propheten bleibt, wenn sie reine Behauptungen oder Beschlüsse oder Aussprüche verkünden, und deshalb hat der grösste Prophet, Moses, keine Beweise aus Gründen benutzt.

Deshalb kann ich die langen Ausführungen und Begründungen des Paulus in dem Briefe an die Römer nicht als solche ansehen, die er in Folge übernatürlicher Offenbarung geschrieben hat, und deshalb zeigt die Art des Sprechens und Verhandelns in den Briefen der Apostel deutlich, dass diese Briefe nicht in Folge Offenbarung und göttlichen Befehls, sondern nur in Folge ihres natürlichen Beschlusses geschrieben worden sind. Sie enthalten nur brüderliche Ermahnungen, mit Artigkeiten gemischt, welche der prophetischen Autorität geradezu widerstehen; so die Entschuldigung des Paulus in dem Briefe an die Römer XV. 15: »Ich habe ein wenig zu kühn an Euch, meine Brüder, geschrieben.« Es ergiebt sich dies auch daraus, dass nirgends ein an die Apostel ergangener Befehl, zu schreiben, erwähnt wird; sie sollten nur überall predigen und ihre Worte durch Zeichen bestätigen. Diese ihre Gegenwart und die Zeichen waren zur Bekehrung und Befestigung der Völker im Glauben unbedingt nöthig, wie Paulus selbst Röm. 1. 11 ausdrücklich sagt: »Weil ich sehr Euch zu sehen wünsche, damit ich Euch die Gabe des Geistes mittheile, damit wir befestigt werden.«

Man könnte mir entgegnen, dass damit auch bewiesen werden könnte, die Apostel hätten auch nicht als Propheten gepredigt, weil, wenn sie hier- und dorthin zum Predigen gegangen, es auch nicht in Folge ausdrücklichen Befehls geschehen sei, wie sonst die Propheten gethan. So liest man im Alten Testament, dass Jonas nach Ninive zum Predigen gegangen, und zugleich, dass er ausdrücklich dahin gesandt worden, und dass ihm das, was er dort predigen sollte, offenbart worden. So wird auch von Moses ausführlich berichtet, dass er als Gesandter Gottes nach Aegypten gegangen, und dass ihm geheissen, was er dem Israelitischen Volke und dem König Pharao sagen, und welche Zeichen er zur Beglaubigung von ihnen bewirken sollte.

Auch Elias, Jeremias, Ezechiel werden ausdrücklich zum Predigen angewiesen, und endlich haben die Propheten nur das gepredigt, was sie nach dem Zeugniss der Schrift von Gott empfangen haben.

Dagegen liest man im Neuen Testament von den Aposteln nichts Aehnliches, wenn sie hier- oder dorthin zum Predigen auszogen, seltene Ausnahmen abgerechnet; man findet im Gegentheil Mancherlei, was deutlich zeigt, dass die Apostel sich die Orte zum Predigen selbst ausgesucht. Dieses lehrt der Streit bis zur Uneinigkeit zwischen Paulus und Barnabas in Apostelgesch. XV. 17, 18 u.s.w. Auch haben sie manchmal den Weg vergeblich gemacht, wie Paulus Röm. I. 13 bezeugt, wo er sagt: »In dieser Zeit habe ich oft zu Euch kommen wollen, und ich bin verhindert worden;« Kap. 15 v. 22: »Deshalb bin ich viele Male gehindert worden, zu Euch zu kommen,« und letzte Korinth. I. 12: »und Apoll, meinen Bruder, habe ich viel gebeten, dass er mit den Brüdern zu Euch reiste, und er hatte keine Lust, zu Euch zu gehen; als er aber die Gelegenheit fand« u.s.w. Ich muss deshalb aus diesen Redensarten und Absichten der Apostel und daraus, dass, wenn sie zum Predigen wohin gingen, die Bibel nicht wie bei den alten Propheten sagt, sie seien auf Befehl Gottes gegangen, folgern, dass die Apostel auch nur als Lehrer und nicht als Apostel gepredigt haben.

Man kann diese Frage leicht lösen, wenn man den unterschied der Berufung der Apostel und der Propheten im Alten Testament beachtet. Letztere waren nicht berufen, allen Völkern zu predigen und zu prophezeien, sondern nur einigen besonderen, und deshalb brauchten sie für jedes einen besonderen ausdrücklichen Auftrag. Die Apostel wurden aber berufen, allen ohne Unterschied zu predigen und alle zum Glauben zu bekehren. Wohin sie daher auch gingen, so erfüllten sie Christi Befehl. Auch brauchte ihnen vorher das, was sie predigen sollten, nicht offenbart zu werden; denn sie waren die Schüler Christi, denen er gesagt hatte: »Wenn sie Euch überantworten werden, so seid nicht besorgt, wie und was Ihr sprechen sollt; es wird Euch zu dieser Stunde gegeben werden, was Ihr sprechen werdet« u.s.w. (Matth. X. 19, 20). Deshalb haben die Apostel nur das in Folge besonderer Offenbarung empfangen, was sie laut predigten und zugleich durch Zeichen bekräftigten (man sehe das im Anfang des zweiten Kapitels Gesagte); was sie aber einfach, ohne Benutzung von Zeichen zur Bestätigung schriftlich oder mündlich lehrten, das haben sie aus ihrer natürlichen Erkenntniss gesprochen und geschrieben; man sehe hierüber 1. Korinth. XIV. 6. Auch stört es mich hierbei nicht, dass alle Briefe mit apostolischer Billigung anfangen; denn die Apostel haben nicht blos, wie ich gleich zeigen werde, die Kraft zum Prophezeien, sondern auch die Macht zum Lehren empfangen. In diesem Sinne räume ich ein, dass sie als Apostel ihre Briefe geschrieben haben, und deshalb hat Jeder mit seiner apostolischen Sendung begonnen. Vielleicht haben sie auch, um den Sinn der Leser leichter für sich einzunehmen und ihre Aufmerksamkeit zu erwecken, vor Allen bezeugen wollen, dass sie Diejenigen seien, die allen Gläubigen aus ihren Predigten bekannt geworden und durch klare Zeichen bewiesen hätten, dass sie die wahre Religion und den Weg des Heils lehrten. Denn Alles, was diese Briefe über die Berufung der Apostel und den heiligen und göttlichen Geist, den sie hatten, sagen, bezieht sich auf ihre früheren Predigten, mit Ausnahme der Stellen, wo der heilige Geist und der Geist Gottes nur den gesunden, frommen und Gott gerechten Sinn bedeutet, wie ich im ersten Kapitel dargelegt habe.

So sagt z.B. Paulus 1. Korinth. VII. 40: »Selig ist sie, wenn sie so bleibt, nach meinem Ausspruch; ich glaube aber auch, dass Gottes Geist in mir ist.« Er versteht hier unter »Geist Gottes« seine eigene Seele, wie der Zusammenhang der Rede zeigt; denn er will sagen: »die Wittwe, welche nicht zum zweiten Mal heirathen will, halte ich selig nach meiner Meinung, der ich ledig zu bleiben beschlossen habe und mich selig halte.« Es findet sich mehr dergleichen, was indess hier anzuführen nicht nöthig ist.

Sind sonach die Briefe der Apostel nur von dem natürlichen Licht diktirt, so ist zu untersuchen, wie die Apostel aus der blossen natürlichen Erkenntniss Dinge lehren konnten, die nicht darunter fallen. Geht man indess auf das in Kap. 7 dieser Abhandlung über die Schriftauslegung Gesagte zurück, so verschwindet die Schwierigkeit. Denn Vieles in der Bibel übersteigt unseren Verstand; danach kann man sicher darüber sich auslassen, sobald man nur keine anderen Grundlagen zulässt, als die in der Schrift selbst enthalten sind; also konnten die Apostel aus dem, was sie gehört, gesehen und durch Offenbarung empfangen hatten, Vieles folgern und abnehmen und den Menschen, wenn sie wollten, lehren. Ferner ist zwar die Religion, wie sie die Apostel predigten, indem sie die Geschichte Christi einfach erzählten, aus der blossen Vernunft nicht zu entnehmen; aber ihr wesentlicher Inhalt, der hauptsächlich aus sittlichen Regeln besteht, wie die ganze christliche Lehre, kann Jeder mit dem natürlichen Licht leicht erreichen. Endlich brauchten die Apostel keines übernatürlichen Lichts, um die Religion, die sie vorher durch Zeichen bekräftigt hatten, der allgemeinen Fassungskraft der Menschen so anzubequemen, dass sie von Jedem leicht im Geiste angenommen wurde; auch bedurften sie dessen nicht, um die Menschen darin zu erhalten, und dies ist die Absicht dieser Briefe; sie sollen die Menschen auf den Weg weisen und erhalten, den jeder Apostel für den besten zu ihrer Befestigung im Glauben errichtete. Hier gilt das früher von mir Gesagte, dass die Apostel nicht blos die Kraft empfangen hatten, die Geschichte Christi als Propheten zu predigen, d.h. mit Zeichen zu bekräftigen, sondern auch die Berechtigung zu lehren und auf dem Weg zu erhalten, den sie für den besten erachteten. Beide Gaben bezeichnet Paulus 1. Timoth. I. 11 deutlich in den Worten: »Vermöge dessen ich geordnet bin zum Verkünder und Apostel und Lehrer der Völker,« und daselbst II. 7: »Dessen Verkünder und Apostel ich verordnet bin (ich sage durch Christum die Wahrheit, und lüge nicht), ein Lehrer der Völker mit Glauben (NB.) und Wahrheit.« Hier, sage ich, nennt er deutlich beide Berufungen, zum Apostelamt und zum Lehramt. Dagegen spricht er von der Macht zu lehren Jedermann und jederzeit im Briefe an Philem. 8 mit den Worten: »Obgleich ich in Christo viel Freiheit habe, Dich zu dem anzuweisen, was sich gehört, so doch« u.s.w. Hätte Paulus das, was dem Philemon zu lehren war, als Prophet von Gott empfangen, so musste er es auch als Prophet lehren, und es hätte ihm nicht freigestanden, Gottes Anweisung in Bitten zu verwandeln. Er spricht deshalb offenbar von der Freiheit der Ermahnung, die ihm als Lehrer, aber nicht als Prophet zustand.

Indess folgt daraus noch nicht sicher, dass die Apostel den Weg der Belehrung nach ihrem eigenen Ermessen hätten wählen können, sondern nur, dass sie vermöge des apostolischen Amtes nicht blos Propheten, sondern auch Lehrer gewesen sind, wenn man nicht die Vernunft zu Hülfe nimmt, welche deutlich sagt, dass, wer das Recht zu lehren hat, auch das Recht habe, den Weg dazu nach seinem Ermessen zu wählen.

Doch ist es besser, die ganze Frage nur aus der Bibel zu beantworten. Aus ihr erhellt nämlich, dass jeder Apostel seinen eigenen Weg erwählt hat, nämlich aus Pauli Worten, Röm. XV. 20: »Ich sorgte eifrig, dass ich predigte, nicht wo der Name Christi angerufen wurde, damit ich nicht auf einer fremden Grundlage baue.« Hätten alle Apostel denselben Weg der Belehrung eingehalten und alle auf denselben Grundlagen die christliche Religion erbaut, so konnte Paulus die Grundlagen eines anderen Apostels nicht mit Recht »fremde« nennen; denn es waren dann auch seine eigenen. Da er also sie fremde nennt, so muss jeder Apostel die Religion auf einem besonderen Grunde aufgerichtet haben, und den Aposteln ist bei ihrem Lehramte dasselbe wie anderen Lehrern widerfahren, die eine besondere Lehrweise haben, nämlich, dass sie lieber die ganz ungebildeten belehren, welche die Sprachen und Wissenschaften, selbst einschliesslich der mathematischen, wo doch kein Zweifel ist, von Niemand anders zu lernen angefangen haben.

Geht man weiter ihre Briefe mit Aufmerksamkeit durch, so ergiebt sich, dass die Apostel zwar in der Religion übereinstimmen, in den Grundlagen aber sehr von einander abweichen. Paulus lehrte, um die Menschen in der Religion zu befestigen und ihnen zu zeigen, dass das Heil nur von Gottes Gnade abhänge, dass Niemand sich seiner Werke, sondern nur seines Glaubens rühmen könne, und dass Niemand durch sein Wirken gerechtfertigt werde (Röm. III. 27, 28), also die ganze Lehre von der Vorherbestimmung; Jacobus lehrte dagegen in seinem Briefe, dass der Mensch durch seine Werke gerechtfertigt werde und nicht durch den Glauben allein (Brief des Jacobus II. 24), und er fasst die ganze Religionslehre, mit Beseitigung aller jener Streitpunkte des Paulus, in wenige Regeln zusammen.

Endlich sind unzweifelhaft aus dem Unterschied dieser Grundlagen, auf denen die Apostel die Religion aufbauten, viele Streitigkeiten und Trennungen entstanden, von denen die Kirche schon von der Apostel Zeit ab fortwährend gelitten hat und sicherlich in Ewigkeit leiden wird, bis Religion von den philosophischen Spekulationen gesondert und auf die wenigen und einfachen Lehren zurückgeführt wird, die Christus den Seinigen gegeben hat. Die Apostel konnten dies nicht, weil das Evangelium den Menschen unbekannt war; sollte daher die Neuheit ihrer Lehre deren Ohren nicht zu sehr verletzen, so mussten sie dieselbe nach Möglichkeit den Meinungen jener Zeit anpassen (1. Korinth. IX. 19, 20 u. f.) und auf den damals bekannten und anerkannten Grundlagen aufbauen. Deshalb hat kein Apostel so viel philosophirt als Paulus, der berufen war, den Heiden zu predigen. Die Anderen hatten den Juden zu predigen, welche die Philosophie verachteten, und sie bequemten sich deshalb deren Ansichten (Galat. II. 18 u. f.) und lehrten die Religion ohne philosophische Betrachtungen. Auch unser Zeitalter wäre fürwahr glücklich, wenn man es frei von allem Aberglauben erblicken könnte.

Zwölftes Kapitel

Ueber die wahre Handschrift des göttlichen Gesetzes, und weshalb es die heilige Schrift und das Wort Gottes heisst. Endlich wird gezeigt, dass sie, soweit sie das Wort Gottes enthält, unverdorben auf uns gekommen ist.

Wer die Bibel, so wie sie ist, als einen Brief betrachtet, den Gott den Menschen vom Himmel gesandt hat, wird unzweifelhaft mich der Sünde gegen den heiligen Geist anklagen, weil ich Gottes Wort als fehlerhaft, verstümmelt, verfälscht und sich widersprechend dargelegt habe, von dem wir nur Bruchstücke besitzen und von dem die Urschrift des Vertrages Gottes mit den Juden verloren gegangen sei. Wer indess die Sache erwägt, wird diese Anklage schnell fallen lassen; denn die Vernunft sowohl wie die Aussprüche der Apostel und Propheten verkünden deutlich, dass das ewige Wort und Bündniss Gottes und die wahre Religion den Herzen der Menschen, d.h. dem menschlichen Geist von Gott eingeschrieben worden, dass sie die wahre Handschrift Gottes ist, was er mit seinem Siegel, nämlich mit dem Begriff seiner, als dem Bilde seiner Gottheit, besiegelt hat.

Den ersten Juden ist die Religion wie ein Gesetz durch Schrift gelehrt worden, weil sie da nur als Kinder galten. Allein später predigen

Moses (Deut. XXX. 6) und Jeremias (XXXI. 33) ihnen die kommende Zeit, wo Gott sein Gesetz in ihre Herzen schreiben werde. Deshalb geziemte es nur den Juden und vorzüglich den Sadducäern für das in den Tafeln verzeichnete Gesetz zu kämpfen; nicht aber Denen, die es in ihrer Seele eingeschrieben trugen. Wer hierauf achtet, wird in dem Bisherigen nichts finden, was dem Worte Gottes oder der wahren Religion und dem Glauben widerspricht oder beide schwächen konnte; vielmehr können wir dadurch darin nur befestigt werden, wie ich am Ende des zehnten Kapitels gezeigt habe. Ohnedem würde ich über diese Dinge ganz geschwiegen haben; ja, selbst um allen Schwierigkeiten zu entgehen, gern eingeräumt haben, dass in der Bibel die tiefsten Geheimnisse enthalten seien. Allein da daraus ein untrüglicher Aberglaube und andere verderbliche Nachtheile hervorgegangen sind, worüber ich im Beginn des 7. Kapitels gesprochen habe, so glaubte ich mich dem nicht entziehen zu dürfen, zumal da die Religion keiner abergläubischen Zierrathen bedarf, sondern nur an ihrem Glänze einbüsst, wenn sie mit solchen Erdichtungen geschmückt wird.

Man wird indess einwenden, dass, wenn auch das göttliche Gesetz dem Herzen eingeschrieben sei, die Bibel doch Gottes Wort bleibe, und deshalb dürfe man von der Bibel so wenig wie von Gottes Wort sagen, dass es verstümmelt und verfälscht worden. Allein ich fürchte, dass man hier in übertriebenem Eifer der Heiligkeit die Religion in Aberglauben verwandelt, ja Zeichen und Bilder, d.h. Papier und Tinte statt Gottes Wort anzubeten beginnt. So viel weiss ich, dass ich von der Schrift oder dem Worte Gottes nichts Unwürdiges gesagt habe; denn ich habe nur gesagt, was in seiner Wahrheit sich auf die klarsten Gründe stützt, und deshalb kann ich auch behaupten, nichts Gottloses und nach Gottlosigkeit Schmeckendes gesagt zu haben.

Ich räume ein, dass Menschen, denen die Religion eine Last ist, daraus die Freiheit zu sündigen entnehmen können, und dass sie daher ohne allen Grund, nur um ihrer Lust zu fröhnen, schliessen, die Bibel sei überall fehlerhaft, verfälscht und deshalb ohne Gültigkeit. Allein Diesen kann man niemals entgegentreten; nach dem bekannten Sprüchwort, dass Nichts so gut gesagt werden kann, was nicht durch schlechte Auslegung verderbt werden könnte. Wer seiner Lust fröhnen will, wird leicht einen Grund dafür finden, und selbst Die, welche die Originale selbst, die Bundeslade, die Propheten und Apostel hatten, sind nicht besser und gehorsamer gewesen, sondern Alle, Juden wie Heiden, waren Alle dieselben, und die Tugend war zu allen Zeiten selten.

Um indess hier alle Zweifel zu beseitigen, habe ich zu zeigen, in welchem Sinne die Schrift und irgend eine stumme Sache heilig und göttlich genannt werden kann; dann, was in Wahrheit Gottes Wort ist, und dass es nicht in einer bestimmten Zahl Schriften besteht, und endlich, dass die Schrift, soweit sie das zu dem Gehorsam und dem Heile Nöthige lehrt, nicht hat verderbt werden können. Daraus kann dann Jeder entnehmen, dass ich nichts gegen Gottes Wort gesagt und der Gottlosigkeit keinen Raum frei gemacht habe.

Ein Gegenstand heisst heilig oder göttlich, der zur Uebung der Frömmigkeit und Religion bestimmt ist, und er ist nur so lange heilig, als er zu diesem Zweck gebraucht wird. Hören die Menschen auf, fromm zu sein, so hört auch die Heiligkeit des Gegenstandes auf, und wenn sie ihn zur Vollziehung gottloser Dinge bestimmen, so wird der vorher heilige Gegenstand zu einem unreinen und weltlichen. So nannte der Erzvater Jacob einen Ort »Haus Gottes«, weil er da den ihm offenbarten Gott verehrte; allein die Propheten nannten denselben Ort »Haus der Ungerechtigkeit« (Hamos. V. 5, Hosea X. 5), weil die Israeliten nach der Einrichtung Jerobeam's da den Götzenbildern zu opfern pflegten. Ein anderes Beispiel macht die Sache noch klarer. Die Worte erhalten durch den Gebrauch eine bestimmte Bedeutung, und wenn sie nach diesem Gebrauch so eingerichtet werden, dass sie die Leser zur Andacht bestimmen, gelten jene Worte als heilige, wie das Buch, was so geschrieben ist. Verliert sich nun später dieser Gebrauch, so dass die Worte nichts mehr bedeuten, und dass das Buch aus Bosheit, oder weil man es nicht mehr braucht, ganz vernachlässigt wird, dann haben solche Worte und ein solches Buch keinen Nutzen und keine Heiligkeit mehr. Werden endlich dieselben Worte anders gestellt, oder wird der Gebrauch, sie in eine andere Bedeutung zu nehmen, überwiegend, dann können die Worte und das Buch, die vorher heilig waren, unrein und weltlich werden.

Daraus folgt, dass nur der Sinn unbedingt über Heiligkeit und Weltlichkeit oder Unreinigkeit entscheidet, wie dies auch aus vielen Stellen der Bibel sich ergiebt. So sagt, um eine solche anzuführen, Jeremias VII. 4, dass die Juden zu seiner Zeit den Tempel Salomo's fälschlich den Tempel Gottes genannt hätten; denn, fährt er fort, Gottes tarnen kann nur derjenige Tempel fuhren, der von Menschen, die Gott verehren und die Gerechtigkeit vertheidigen, besucht wird; geschieht dies aber von Mördern, Dieben, Götzendienern und anderen abscheulichen Menschen, dann ist er nur der Schutzherr der Uebelthäter. – Was aus der Bundeslade geworden, giebt die Bibel nicht an, was mich oft gewundert hat; allein sicher ist, dass sie untergegangen oder mit dem Tempel verbrennt ist, obgleich es nichts Heiligeres und Verehrteres bei den Juden gegeben hat.

In diesem Sinne wird die Bibel auch so lange heilig und ihre Rede göttlich sein, als sie die Menschen zur Andacht gegen Gott bewegt; sollte sie aber von ihnen ganz vernachlässigt werden, wie ehedem von den Juden, so bleibt sie nur ein beschriebenes Papier und wird eine durchaus weltliche und dem Verderben ausgesetzte Sache, und wenn sie dann verdorben wird oder zu Grunde gebt, so kann man nicht sagen, das Wort Gottes sei verdorben werden oder untergegangen, wie man auch zur Zeit des Jeremias nicht sagen konnte, der Tempel sei als Tempel Gottes verbrannt. Jeremias sagt dies auch von dem Gesetz selbst, indem er den Gottlosen seiner Zeit vorhält: »Weshalb sagt Ihr, wir sind erfahren, und Gottes Gesetz ist mit uns? Gewiss ist es vergeblich eingerichtet worden; die Feder der Schreiber ist vergeblich« (gewesen), d.h. Ihr sagt fälschlich, dass Ihr das Gesetz Gottes habt, wenn auch die Bibel bei Euch ist, nachdem Ihr selbst sie nutzlos gemacht habt. – Ebenso hat Moses, als er die ersten Tafeln zerbrach, keineswegs vor Zorn das Wort Gottes aus den Händen geschlendert und gebrochen (denn wer konnte dies von Moses und dem Worte Gottes annehmen), sondern es geschah dies nur mit Steinen, die allerdings vorher heilig waren, weil das Bündniss, nach dem die Juden Gott zu gehorchen sich verpflichtet hatten, auf ihnen geschrieben stand; allein nachdem sie dasselbe durch Anbetung des Kalbes gebrochen hatten, hatte es keine Heiligkeit mehr, und aus derselben Ursache konnten auch die zweiten Tafeln mit der Lade untergehen. Es kann deshalb nicht auffallen, wenn die ersten ursprünglichen Tafeln des Moses nicht mehr da sind, und dass das mit den Büchern, die wir noch haben, sich zugetragen hat, was ich oben erwähnt habe, wenn das wahre und allerheiligste Original des göttlichen Bundes hat ganz zu Grunde gehen können.

Man höre also auf, mich der Gottlosigkeit zu beschuldigen; ich habe nichts gegen Gottes Wort gesprochen, es nicht befleckt; vielmehr richte man seinen Zorn, wenn er besteht, gegen die Alten, deren Bosheit die Lade Gottes, den Tempel, das Gesetz und alles Heilige verweltlicht und dem Verderbniss ausgesetzt hat. Und wenn sie nach dem Apostel, 2. Korinth. III. 3, den Brief Gottes in sich tragen, nicht in Tinte, sondern im Geiste Gottes, und nicht in steinernen Tafeln, sondern auf den Fleischestafeln des Herzens geschrieben, so mögen sie aufhören, den Buchstaben anzubeten und um ihn besorgt zu sein.

Damit glaube ich genügend erklärt zu haben, in welchem Sinne die Bibel als heilig und göttlich gelten kann. Es ist nun zu untersuchen, was unter Debar Jehova (Wort Gottes) zu verstehen ist. Debar bezeichnet das Wort, die Rede, das Gebot und die Sache. Aus welchen Gründen eine Sache im Hebräischen als die Gottes erklärt oder auf Gott bezogen wird, habe ich Kap. 1 gezeigt, und daraus erhellt, was die Schrift unter Wort Gottes meint, sei es eine Rede, ein Gebet oder eine Sache. Ich brauche dies nicht Alles zu wiederholen, noch das, was ich in Kap. 6 an dritter Stelle von den Wundern gesagt habe. Ich deute hier es nur an, damit der Leser das hier Folgende besser verstehe. Wird das Wort Gottes von einem Gegenstande ausgesagt, der nicht Gott selbst ist, so bezeichnet es eigentlich jenes göttliche Gesetz, von dem ich in Kap. 4 gehandelt habe, d.h. die allgemeine oder katholische Religion des ganzen Menschengeschlechts. Man sehe hierüber Esaias I. 10 u. f., wo er den wahren Lebenswandel schildert, der nicht in Gebräuchen, sondern in der Liebe und Wahrhaftigkeit besteht; diesen nennt er bald Gesetz, bald Wort Gottes. Dann wird das Wort bildlich für die Ordnung der Natur und das Schicksal gebraucht (da dies in Wahrheit vom ewigen Rathschluss der göttlichen Natur abhängt und daraus folgt) und vorzüglich für das, was die Propheten davon vorausgesagt, und zwar deshalb, weil sie das Kommende aus natürlichen Ursachen nicht erfassen konnten, sondern nur als Belieben und Beschlüsse Gottes. Dann wird es auch für jede Verkündung irgend eines Propheten gebraucht, soweit er sie durch seine besondere Kraft oder seine prophetische Gabe und nicht durch sein natürliches Licht erfasst hatte, und zwar vorzüglich deshalb, weil die Propheten in Wahrheit Gott als einen Gesetzgeber sich vorzustellen pflegten, was ich Kap. 4 gezeigt habe. – Aus diesen drei Gründen heisst die Schrift das Wort Gottes; weil sie nämlich die wahre Religion lehrt, deren ewiger Urheber Gott ist; dann weil sie die Weissagungen des Kommenden als Beschluss Gottes berichtet, und endlich weil ihre wahren Verfasser meistentheils nicht aus dem gemeinsamen natürlichen Licht, sondern aus einem besonderen, ihnen zu Theil gewordenen gelehrt und Gott als dies aussprechend eingeführt haben. Wenn nun auch daneben die Bibel noch Vieles enthält, was rein geschichtlich ist oder durch das natürliche Licht erkannt wird, so ist sie doch nach dem Grösseren benannt worden.

Hieraus ergiebt sich leicht, in welchem Sinne Gott als der Urheber der Bibel anzusehen ist, nämlich der wahren Religion wegen, die sie enthält, aber nicht, weil Gott den Menschen eine bestimmte Zahl Bücher mittheilen wollte. Davon kann man auch entnehmen, weshalb die Bibel sich in die Bücher des Alten und Neuen Testamentes theilt. Vor der Ankunft Christi pflegten nämlich die Propheten die Religion als das einheimische Gesetz zu predigen und vermöge des zu Mosis Zeit eingegangenen Vertrages. Nach Christi Ankunft haben aber die Apostel sie als das allgemeine Gesetz blos auf Grund des Leidens Christi Allen gepredigt. Dieser Name hat also seinen Grund nicht in der Verschiedenheit der Lehre, oder weil sie die geschriebenen Urkunden des Bundes sind, auch nicht, weil die katholische Religion, die die natürlichste ist, eine neue ist, ausgenommen in Bezug auf die Menschen, die sie nicht kannten. »Er war in der Welt,« sagt der Evangelist Johannes I. 10, »und die Welt kannte ihn nicht.« Hätten wir also auch Weniger Bücher des Alten wie des Neuen Testamentes, so ermangelten wir doch nicht des Wortes Gottes (unter welchem, wie gesagt, die wahre Religion gemeint ist), sowie wir nicht glauben, ihrer deshalb zu ermangeln, weil uns viele vortreffliche Bücher fehlen, wie das Buch des Gesetzes, welches, wie die Urschrift des Bundes, sorgfältig im Tempel verwahrt wurde, und die Bücher der Kriege, der Zeitrechnungen und andere, aus denen die Bücher des Alten

Testaments, die wir haben, ausgezogen und zusammengestellt worden sind.

Dieses wird auch durch viele andere Gründe bestätigt. Denn *erstlich* sind die Bücher beider Testamente nicht im ausdrücklichen Auftrage und zu gleicher Zeit für alle Jahrhunderte abgefasst worden, sondern nach Gelegenheit, durch mancherlei Personen, wie die Zeit und ihre besondere Lage es erforderte. Dies ergeben deutlich die Berufungen der Propheten (die berufen worden sind, um die Gottlosen ihrer Zeit zu vermahnen) und die Briefe der Apostel. *Zweitens* ist es ein Unterschied, die Schrift und die Meinung der Propheten zu verstehen und den Willen Gottes, d.h. die Wahrheit selbst zu kennen, wie aus dem in Kap. 2 über die Propheten Gesagten erhellt. Dies gilt auch für die Geschichte und die Wunder, wie ich in Kap. 6 dargelegt. Aber dies kann von denjenigen Stellen nicht gesagt werden, welche von der wahren Religion und Tugend handeln. *Drittens* sind die Bücher des Alten Testamentes aus vielen ausgewählt und zuletzt von dem Rath der Pharisäer gesammelt und geprüft worden, wie ich in Kap. 10 gezeigt habe. Auch die Bücher des Neuen Testaments sind durch die Beschlüsse einiger Konzilien zu einem Kanon zusammengestellt, und andere, welche von Vielen für heilig gehalten wurden, sind durch deren Beschlüsse verworfen worden. Nun bestanden aber die Mitglieder dieser Versammlungen bei den Pharisäern und Christen nicht aus Propheten, sondern nur aus gelehrten und erfahrenen Männern, und doch muss man anerkennen, dass bei dieser Auswahl das Wort Gottes ihnen zum Maassstab gedient; mithin mussten sie vor aller Prüfung der Bücher die Kenntniss des Wortes Gottes besitzen. *Viertens* haben die Apostel nicht als Propheten, sondern nach Ausweis des vorgehenden Kapitels, als Lehrer geschrieben, und sie wählten diejenige Weise der Belehrung, welche sie für ihre Schüler als die leichteste erachteten. Deshalb muss darin Manches enthalten sein, was man nach den Ausführungen des vorigen Kapitels rücksichtlich der Religion entbehren kann. *Fünftens* giebt es im Neuen Testament vier Evangelisten, und wer kann glauben, dass Gott Vieren die Geschichte Christi hat erzählen und durch Schrift den Menschen mittheilen wollen? Wenn auch das Eine Manches enthält, was in dem Anderen fehlt, und wenn auch Eines das Verständniss des Anderen befördert, so folgt doch daraus nicht, das alles in diesen Vieren Enthaltene zu wissen nöthig sei, und dass Gott sie zum Schreiben ausgewählt, damit die Geschichte Christi besser verstanden werde. Denn Jeder predigte sein Evangelium an einem anderen Orte, und Jeder schrieb das nieder, was er gepredigt hatte, und zwar einfach zur deutlichen Erzählung der Geschichte Christi und nicht zur Erläuterung der Anderen. Wird durch deren Vergleichung Manches leichter und besser verständlich, so ist dieses zufällig und nur bei wenig Stellen, welche man nicht zu kennen brauchte, ohne dass die Geschichte deshalb weniger deutlich und die Menschen weniger glücklich wären.

Damit habe ich gezeigt, dass die Bibel eigentlich nur rücksichtlich der Religion oder des allgemeinen göttlichen Gesetzes Wort Gottes genannt werde, und ich habe nur noch zu zeigen, dass sie in diesem Sinne weder fehlerhaft, noch verstümmelt, noch verdorben ist. Ich nenne aber hier fehlerhaft, verdorben und verstümmelt, was so falsch geschrieben und zusammengestellt ist, dass man den Sinn aus dem Sprachgebrauch oder aus der Bibel allein nicht entnehmen kann. Denn ich will nicht behaupten, dass die Bibel, soweit sie das Wort Gottes enthält, immer dieselben Accente, dieselben Buchstaben und Worte bewahrt hat; ich überlasse dies den Masoreten und den abergläubischen Anbetern des Buchstabens zu beweisen; vielmehr ist blos der Sinn, rücksichtlich dessen eine Rede nur göttlich heissen kann, unverdorben auf uns gelangt, sollten auch die Worte, in denen dieser Sinn zunächst ausgedruckt worden, häufig gewechselt haben. Denn dies nimmt wie gesagt, der Bibel nichts von ihrer Göttlichkeit; die Bibel würde ebenso göttlich bleiben, wenn sie auch mit anderen Worten oder in einer anderen Sprache abgefasst wäre.

Dass wir nun das göttliche Gesetz in diesem Sinne unverdorben erhalten haben, ist nicht zweifelhaft. Denn die Schrift selbst ergiebt unzweideutig und leicht, dass ihr Kern ist, Gott über Alles zu lieben und den Nächsten wie sich selbst. Dies kann aber nichts Verfälschtes sein und nicht die Schrift einer irrenden oder flüchtigen Feder; denn hätte die Bibel irgendwo etwas Anderes gelehrt, so müsste sie auch das Uebrige anders lehren; denn es ist die Grundlage der ganzen Religion, mit deren Wegnahme der ganze Bau zusammenstürzt. Eine solche Schrift wäre nicht die, von der wir hier handeln, sondern ein ganz anderes Buch. Es gilt deshalb als unerschütterlich, dass die Bibel dies immer gelehrt hat, und dass mithin hier kein Irrthum, der den Sinn verdirbt, sich eingeschlichen; denn Jeder hätte dies sofort bemerken, und Niemand hätte die Bibel so verderben können, dessen Bosheit nicht dadurch offenbar geworden wäre.

Ist daher diese Grundlage als unverderbt anzuerkennen, so gilt dies auch von dem, was daraus unzweifelhaft folgt, und was auch zur Grundlage gehört; also: dass Gott besteht, dass er für Alle sorgt, dass er allmächtig ist, dass es den Frommen nach seinem Rathschluss gut geht, den Gottlosen aber schlecht, und dass unser Heil nur von seiner Gnade abhängt. Denn dies Alles lehrt die Bibel überall deutlich und hat es immer lehren müssen, widrigenfalls alles Andere eitel und ohne Grundlage wäre. Ebenso müssen ihre übrigen Sittenregeln als ächt gelten, da sie sich aus dieser allgemeinen Grundlage deutlich ergeben, nämlich: die Gerechtigkeit vertheidigen, den Armen helfen, Niemand tödten, das Gut eines Andern nicht begehren u.s.w. Davon konnte die Bosheit der Menschen nichts verschlechtern und das Alter nichts zerstören. Denn was davon zerstört worden wäre, würde sofort aus der allgemeinen Grundlage von Neuem entnommen werden können, und die Regel der Liebe würde es gelehrt haben, welche überall in beiden Testamenten auf das Höchste empfohlen wird. Dazu kommt, dass sich allerdings keine noch so abscheuliche That denken lässt, die nicht einmal begangen worden; allein dennoch wird Niemand zur Entschuldigung seiner Thaten die Gesetze zu verachten oder etwas Gottloses als eine ewige und heilsame Lehre einzuführen Buchen; denn die menschliche Natur ist so eingerichtet, dass Jeder, sei er König oder Unterthan, wenn er etwas Schlechtes begangen, seine That mit solchen Umständen auszuschmücken sucht, dass man glauben soll, er habe nicht unrecht und unanständig gehandelt.

Man kann deshalb annehmen, dass das allgemeine göttliche Gesetz, welches die Schrift lehrt, ganz und unverderbt auf uns gekommen ist. Daneben bleibt aber noch Anderes, was uns unzweifelhaft in redlicher Absicht überliefert worden ist, nämlich das Wesentliche der biblischen Geschichte, die ja Allen genau bekannt war. Das jüdische Volk pflegte sonst seine alten Erlebnisse in Psalmen zu singen, und das Wesentliche von Christi Thaten und seinen Leiden ist sofort im ganzen Römischen Reiche bekannt geworden. Deshalb konnte, wenn nicht der grösste Theil der Menschen sich zusammengethan hätte, was unglaublich ist, das Hauptsächliche von diesen Dingen auf die spätere Zeit nicht anders übergehen, als die frühere es empfangen hatte. Alle Verfälschungen und Fehler konnten deshalb nur das Uebrige treffen, einen oder den anderen Nebenumstand der Geschichte oder Weissagung, der das Volk mehr zur Andacht bewegen sollte; oder ein oder das andere Wunder, was die Philosophen in Verlegenheit bringen sollte; oder spekulative Punkte, als diese von den Andersgläubigen in die Religion eingeführt wurden, um damit die eigenen Erfindungen durch Missbrauch des göttlichen Ansehens zu befestigen. Allein für das Heil macht es wenig aus, ob solche Verschlechterungen mehr oder weniger stattgefunden, wie ich im nächsten Kapitel zeigen werde; obgleich es schon aus dem Bisherigen und aus Kap. 2 sich ergeben dürfte.

Dreizehntes Kapitel

Es wird gezeigt, dass die Bibel nur ganz Einfaches lehrt und nur Gehorsam verlangt; dass sie auch von der göttlichen Natur das lehrt, was die Menschen durch einen bestimmten Lebenswandel nachahmen können.

In Kap. 2 dieser Abhandlung habe ich gezeigt, dass die Propheten nur eine besondere Gabe der Einbildungskraft, aber nicht der Einsicht gehabt haben; dass Gott ihnen keine philosophischen Geheimnisse, sondern nur einfache Dinge offenbart und sich ihren vorgefassten Meinungen anbequemt habe. Ich habe dann in Kap. 5 gezeigt, dass die Bibel die Dinge so berichtet und lehrt, dass Jedermann sie leicht fassen kann; sie leitet sie nicht aus Grundsätzen und Definitionen ab und verknüpft sie nicht, sondern sie spricht sie nur einfach aus und bestätigt sie des Glaubens wegen nur durch die Erfahrung, d.h. durch Wunder und Ereignisse, die auch in einer Weise erzählt werden, wie sie den Sinn der Menge am meisten einnimmt. Man sehe deshalb Kap. 6 No. 3. Endlich habe ich in Kap. 7 gezeigt, dass die Schwierigkeit des Verständnisses der Bibel nur in der Sprache, aber nicht in der Feinheit ihres Inhaltes liegt. Dazu kommt, dass die Propheten nicht den Gelehrten, sondern allen Juden ohne Unterschied predigten, und dass die Apostel die evangelische Lehre in den Hallen, wo Alle sich zu versammeln pflegten, lehrten. Aus alledem folgt, dass die Lehre der Schrift keine spitzfindigen Spekulationen und keine philosophischen Sätze enthält, sondern nur Dinge, so einfach, dass sie selbst von dem Geistesarmen verstanden werden können. Ich kann deshalb mich nicht genug über den Scharfsinn Derer wundern, die ich früher erwähnt, und die so tiefe Geheimnisse in der Bibel sehen, dass keine menschliche Sprache sie erklären könne, und die deshalb in die Religion so viel Dinge der philosophischen Spekulation eingemengt haben, dass die Kirche einer Akademie, und die Religion einer Wissenschaft, oder besser, einem Gezanke gleicht. Allein was wundere ich mich, dass Menschen, die das übernatürliche Licht zu besitzen sich rühmen, den Philosophen, die nur das natürliche haben, in Erkenntniss nicht nachstehen wollen. Ich würde mich nur wundern, wenn sie etwas Neues rein spekulativer Natur lehrten, was nicht schon bei den heidnischen Philosophen allbekannt war, die doch, wie sie sagen, blind gewesen. Denn fragt man nach den angeblich in der Bibel verborgenen Geheimnissen, so findet man nur die Erdichtungen des Aristoteles oder Plato oder ähnlicher Philosophen, die ein Blödsinniger leichter im Traume als der Gelehrteste in der Bibel auffinden würde. Ich mag allerdings nicht behaupten, dass zur Lehre der Bibel gar nichts Spekulatives gehöre; schon in den vorgehenden Kapiteln habe ich Manches derart beigebracht, was zu den Grundlagen der Schrift gehört; allein ich behaupte, dass dergleichen nur wenig und höchst einfach vorkommt. Welches dies nun ist, und wie es zu erledigen ist, das will ich hier darlegen.

Es wird dies leicht sein, nachdem wir wissen, dass die Schrift keine Wissenschaften hat lehren wollen; daraus kam man leicht abnehmen, dass sie nur Gehorsam von den Menschen verlangt und nur die Widerspenstigkeit, aber nicht die Unwissenheit verdammt. Da ferner der Gehorsam gegen Gott nur in der Liebe des Nächsten besteht (denn wer seinen Nächsten liebt, um Gott zu gehorchen, der hat, wie Paulus Röm. XIII. 8 sagt, das Gesetz erfüllt), so folgt, dass in der Bibel beim anderes Wissen empfohlen wird, als was Allen nöthig ist, damit sie Gott nach dieser Vorschrift gehorchen können, und ohne dessen Kenntniss die Menschen nothwendig ungehorsam oder mindestens ohne Regel für ihren Gehorsam sein würden. Dagegen berühren jene spekulativen Dinge, welche hierauf keinen Bezug haben, mögen sie die Erkenntniss Gottes oder die der natürlichen Dinge betreffen, die Bibel nicht und sind deshalb von der geoffenbarten Religion zu sondern.

Wenn dies nun auch von Jedermann, wie gesagt, leicht eingesehen werden kann, so will ich doch, weil davon die ganze Entscheidung über die Religion abhängt, diesen Punkt noch genauer darlegen und deutlicher erklären. Dazu gehört vor Allem der Nachweis, dass die geistige oder genaue Erkenntniss Gottes keine gemeinsame Gabe aller Gläubigen ist, wie der Gehorsam; ferner, dass jene Erkenntniss, welche Gott durch die Propheten von Jedermann verlangt und Jeder zu wissen schuldig ist, nur die Erkenntniss seiner Gerechtigkeit und Liebe ist. Beides lässt sich aus der Bibel leicht erweisen. Denn *erstens* folgt es deutlich aus Exod. VI. 2, wo Gott dem Moses zur Hervorhebung der besonderen, ihm gewährten Gnade sagt: »und ich bin offenbart dem Abraham, Isaak und Jacob als Gott Sadai; aber unter meinem Namen Jehova bin ich von ihnen nicht erkannt.« Zum besseren Verständniss bemerke ich hier, dass El Sadai im Hebräischen einen Gott bezeichnet, der hinreicht, weil er Jedem giebt, was er braucht; wenn auch Sadai oft blos für Gott gesetzt wird, so ist doch überall das Wort El (Gott) dabei mitzuverstehen. Ferner findet sich in der Bibel kein Name ausser Jehova, welcher Gottes unbedingtes Wesen ohne Beziehung zu den erschaffenen Dingen anzeigte. Deshalb behaupten die Juden, dass dieser Name allein Gott gebühre, die anderen aber nur zur Bezeichnung desselben dienten. Auch sind wirklich die übrigen Namen Gottes, mögen sie Haupt- oder Beiwörter sein, Attribute, die Gott zukommen, soweit er auf die erschaffenen Dinge bezogen oder durch diese offenbart wird. So das Wort »*El*«, oder mit dem Buchstaben *He* vergrössernd »*Eloha*«, was, wie bekannt, nur den Mächtigen bezeichnet und Gott nur als dem Vornehmsten zukommt; etwa so, als wenn man Paulus den Apostel nennt. In anderer Weise werden die Tugenden seiner Macht bezeichnet, wie *El* (mächtig) gross, furchtbar, gerecht, barmherzig u.s.w., oder man gebraucht dieses Wort in der Mehrzahl, um alle zusammenzufassen, aber in der Bedeutung einer einzelnen Person, was in der Schrift sehr häufig ist. Wenn also Gott dem Moses sagt, er sei unter dem Namen Jehova den Vätern nicht bekannt gewesen, so folgt, dass sie kein Attribut Gottes gekannt haben, was dessen unbedingtes Wesen ausdrückt, sondern nur seine Zustände und Versprechen, d.h. seine Macht, soweit sie sich durch Sichtbares offenbart. Aber Gott sagt dies nicht dem Moses, um Jene des Unglaubens zu beschuldigen, sondern vielmehr um ihren Glauben zu erheben, weil sie, wenn ihm auch die gleiche Erkenntniss Gottes, wie sie Moses hatte, abging, doch Gottes Zusagen fest und unverbrüchlich glaubten und nicht wie Moses handelten, der trotz seiner höheren Erkenntniss Gottes doch den göttlichen Zusagen nicht traute und Gott vorhielt, dass er statt des versprochenen Heils die Lage der Juden schlimmer gemacht.

Wenn sonach die Erzväter den eigenthümlichen Namen Gottes nicht gekannt haben, und Gott Moses dies sagt, um ihre Einfalt und ihren Glauben zu rühmen, und um die besondere, dem Moses gewählte Gnade hervorzuheben, so folgt daraus klar, was ich zuerst gesagt, dass die Menschen durch den Befehl Gottes nicht gehalten sind, seine Attribute zu kennen, sondern dass dies nur ein besonderes, einzelnen Gläubigen gewährtes Geschenk ist. Es lohnt sich nicht, dieses noch durch mehr Stellen aus der Bibel zu belegen; denn wer sieht nicht, dass die Erkenntniss Gottes in allen Gläubigen nicht dieselbe gewesen, und dass Niemand auf Befehl weise sein kann, so wenig wie leben und dasein? Männer, Weiber, Kinder und Alle können wohl auf Befehl gleich gehorsam sein, aber nicht gleich weise.

Sagt Jemand, es sei zwar nicht nöthig, die Attribute Gottes einzusehen, aber man müsse sie einfach und ohne Beweis glauben, so sind dies Possen. Denn unsichtbare Dinge, die blos Gegenstände des Geistes sind, können nur durch die Augen der Beweise erkannt werden; wer also diese nicht hat, sieht davon überhaupt nichts, und was sie von dem blossen Hören der Worte haben, berührt ihre Seele so wenig wie die Worte eines Papagei oder eines Automaten, welche ohne Sinn und Verstand gesprochen werden.

Ehe ich indess weiter gehe, habe ich den Grund anzugehen, weshalb es im 1. Buch Mosis oft heisst, dass die Erzväter im Namen Jehova's gepredigt, da dies dem Obigen zu widersprechen scheint. Beachtet man indess das in Kap. 8 Gesagte, so ist die Erklärung leicht. Denn dort habe ich gezeigt, dass der Verfasser der Bücher Mosis die Dinge und Orte nicht genau mit dem Namen bezeichnet habe, welche in der Zeit, von der gesprochen wird, galten, sondern mit den bekannteren Namen der eigenen Zeit des Verfassers. Gott wird deshalb im 1. Buch Mosis den Erzvätern mit dem Namen Jehova genannt, nicht weil er ihnen darunter bekannt war, sondern weil dieser Name bei den Juden am meisten verehrt wurde. Dies muss man annehmen, weil es in der erwähnten Stalls des 2. Buch Mosis heisst, dass Gott den Erzvätern unter diesem Namen nicht bekannt gewesen, und weil auch Exod. III. 13 Moses den Namen Gottes zu wissen verlangt. Wäre er schon damals bekannt gewesen, so hätte ihn gewiss auch Mosis gekannt. Hieraus ergiebt sich, was ich gesagt, das die frommen Erzväter diesen Namen Gottes nicht gekannt haben, und dass die Kenntniss Gottes ein Geschenk, aber kein Gebot sei.

Es ist Zeit, dass ich nun zu dem *zweiten* Punkt übergehe und zeige, Gott verlange von den Menschen keine andere Erkenntniss seiner durch die Propheten als die Erkenntniss seiner Gerechtigkeit und Liebe, d.h. solcher Eigenschaften, welche die Menschen in ihrem Lebenswandel nachahmen können. Jeremias lehrt dies mit ausdrücklichen Worten, indem er XXII. 15, 16 über den König Josia sagt:»Dein Vater hat gegessen und getrunken und Gerechtigkeit geübt und gesprochen; da war ihm wohl; er schützte das Recht des Armen und Bedürftigen; das war ihm gut; denn (NB.) dies heisst mich erkennen, sagte Jehova.« Ebenso deutlich sagt er IX. 24: »Nur darin suche Jeder seinen Ruhm, mich einzusehen und zu erkennen; dass ich Jehova die Liebe bin, das Gericht und die Gerechtigkeit übe auf Erden; denn das ist meine Freude, sagt Jehova.« Es folgt dies ferner aus Exod. XXXIV. 6, 7, wo Gott dem Moses, der ihn zu sehen und zu kennen verlangt, keine anderen Eigenschaften offenbart, als die, welche die göttliche Gerechtigkeit und Liebe darlegen. Endlich muss ich hier jenen Ausspruch des Johannes, der später folgen wird, erwähnen, welcher, weil Niemand Gott gesehen, Gott nur durch die Liebe erklärt und schliesst, dass der in Wahrheit Gott habe und kenne, der die Liebe habe. So besassen Jeremias, Moses, Johannes die Erkenntniss Gottes, die Jedermann haben muss, nur in Wenigem und setzen sie mit mir nur darein, dass Gott höchst gerecht und höchst barmherzig ist, oder das alleinige Muster eines wahren Lebens.

Dazu kommt, dass die Bibel keine ausdrückliche Definition Gottes giebt und ihm nur die erwähnten Eigenschaften zur Nachfolge beilegt und diese absichtlich preist; aus alledem ergiebt sich, dass die geistige Erkenntniss Gottes, Welche seine Natur an sich betrachtet, wie sie die Menschen in ihrem Lebenswandel nicht nachahmen und als Beispiel nehmen können, zur Erreichung eines wahren Lebenswandels und zum Glauben an die offenbarte Religion nicht gehört; folglich können auch die Menschen darin, ohne ein Verbrechen zu begehen, in grossem Maasse irren.

Hiernach kann es nicht auffallen, dass Gott sich den Einbildungen und vorgefassten Meinungen der Propheten anbequemt hat, und dass die Frommen verschiedenen Ansichten über Gott angehangen, wie ich im Kap. 2 an vielen Beispielen gezeigt habe. Endlich ist ebenso wenig auffallend, dass die heiligen Bücher überall so unpassend von Gott sprechen, ihm Hände, Füsse, Augen, Ohren, Verstand und Bewegung geben und selbst Gemüthsbewegungen, wie Eifersucht, Mitleid, und dass sie ihn als einen Richter schildern, der im Himmel wie auf einem königlichen Throne sitzt und Christus zu seiner Rechten hat. Sie sprechen da nach der Auffassung der Menge, welche die Schrift nicht gelehrt, sondern gehorsam machen will. Die gewöhnlichen Theologen wollen das, was das natürliche Licht als der göttlichen Natur unangemessen erkennen lässt, bildlich auslegen; was aber ihren

Verstand übersteigt, wellen sie buchstäblich verstanden haben. Allein sollte Alles derart in der Bibel bildlich ausgelegt und aufgefasst werden, so wäre die Bibel nicht für das Volk und die unwissende Menge, sondern nur für die klügsten und grössten Philosophen geschrieben worden. Ja, wenn es gottlos wäre, das, was ich gesagt, von Gott fromm und einfältig zu glauben, so hätten die Propheten sich wegen der Schwäche des niederen Volkes vor solchen Ausdrücken höchlich in Acht nehmen und die Eigenschaften Gottes, wie sie Jedermann aufzufassen habe, vor Allen ausdrücklich und deutlich lehren müssen. Allein dies ist nirgends geschehen; deshalb können auch diese blossen Meinungen, ohne Rücksicht auf die Werke, nicht zur Frömmigkeit oder Gottlosigkeit gehören; vielmehr kann der Glaube des Menschen nur dann als fromm oder gottlos gelten, wenn er ihn entweder zu dem Gehorsam bewegt oder ihm die Erlaubniss zur Sünde und Aufruhr giebt. Wer also durch den Glauben der Wahrheit ungehorsam wird, der hat vielmehr einen gottlosen Glauben, und wer in seinem Glauben des Falschen doch gehorsam ist, der hat einen frommen Glauben; denn die wahre Erkenntniss Gottes ist, wie gesagt, kein Gebot, sondern eine Gabe Gottes; und Gott verlangt keine andere Erkenntniss von den Menschen, als die seiner göttlichen Gerechtigkeit und Liebe, welche Kenntniss nicht zur Wissenschaft, sondern zum Gehorsam nöthig ist.

Vierzehntes Kapitel

Was der Glaube sei, und wer die Gläubigen seien. Die Grundlagen des Glaubens werden bestimmt und derselbe endlich von der Philosophie getrennt.

Bei einiger Aufmerksamkeit kann es Niemand entgehen, dass, um eine wahre Einsicht von dem Glauben zu erlangen, man vorerst wissen muss, dass die Bibel nicht blos dem Verstande der Propheten, sondern auch dem des unbeständigen und veränderlichen niederen jüdischen Volkes angepasst worden ist. Wer allen Inhalt der Bibel ohne Unterschied als eine allgemeine und unbedingt gültige Lehre über Gott erfasst und nicht genau unterscheidet, was der Fassungskraft der Menge angepasst worden, muss die Meinungen dieser Menge mit der göttlichen Lehre vermengen und die Erdichtungen und das Belieben der Menschen für göttliche Anweisung ausgeben und das Ansehen der Bibel missbrauchen. Wer weiss nicht, dass deshalb hauptsächlich die Sekten so entgegengesetzte Meinungen als Regeln des Glaubens lehren und mit vielen Beispielen aus der Bibel belegen? Deshalb ist es längst bei den Niederländern zum Sprüchwort geworden ist: »*Geen ketter sonder letter.*« Denn die heiligen Bücher sind nicht blos von *Einem* und für das Volk *eines* Zeitalters verfasst, sondern von mehreren in Alter und Bildung verschiedenen Männern, und wollte man deren Jahre zusammenrechnen, so käme man auf 2000 und mehr Jahre. Die Sektirer will ich aber deshalb nicht der Gottlosigkeit beschuldigen, nämlich dass sie die Worte der Schrift ihren Meinungen anpassen; denn sowie sie früher der Fassungskraft der Menge angepasst worden, so kann sie auch Jeder der seinigen anpassen, wenn er sieht, dass er damit Gott in Allem, was Gerechtigkeit und Liebe anlangt, mit bereitwilligerem Gemüthe gehorchen könne. Allein ich klage sie an, weil sie die gleiche Freiheit nicht Allen zugestehen wollen, und die, welche mit ihnen nicht stimmen, trotz ihrer Rechtlichkeit und Tugendübung als Feinde Gottes verfolgen; dagegen ihre Anhänger, wenn sie auch noch so schwach an Geist sind, doch als die Erwählten Gottes lieben. Es kann nichts Schlechteres und für den Staat Verderblicheres als dies erdacht werden.

Um hiernach festzustellen, wie weit im Glauben die Freiheit der Ansicht für Jeden geht, und wen man trotz seiner abweichenden Meinung als einen Gläubigen anerkennen muss, ist der Glaube und dessen Grundlage zu bestimmen. Dies ist die Absicht dieses Kapitels, in dem zugleich der Glaube von der Philosophie gesondert werden soll, was ein Hauptzweck bei meinem ganzen Werke gewesen ist.

Damit dies ordentlich geschehe, werde ich das wesentliche Ziel der ganzen Bibel wiederholen, da es uns den wahren Maassstab für die Bestimmung des Glaubens verschaffen wird. Ich habe in dem vorgehenden Kapitel gesagt, die Absicht der Bibel gehe nur auf die Lehre des Gehorsams. Dies kann Niemand leugnen; denn wer sieht nicht, dass beide Testamente nur eine Lehre des Gehorsams sind, und dass sie nur wollen, dass der Mensch aus wahrem Gemüthe gehorche. Ich will das in dem vorgehenden Kapitel Gesagte nicht wiederholen; aber Moses wollte die Israeliten nicht durch Gründe überführen, sondern durch einen Vertrag, Eide und Wohlthaten verpflichten; das Volk sollte bei Strafe den Gesetzen gehorchen, und durch Belehrungen ermahnte er es dazu. Dies sind Alles keine Mittel für die Wissenschaften, sondern nur für den Gehorsam. Die evangelische Lehre aber enthält nur den einfachen Glauben; man soll an Gott glauben, ihn verehren oder, was dasselbe ist, ihm gehorchen. Ich brauche deshalb für den Beweis dieses klaren Satzes die Stellen der Bibel, welche den Gehorsam empfehlen, und deren es mehrere in beiden Testamenten giebt, hier nicht anzuführen. Ferner sagt die Bibel an vielen Stellen auf das Deutlichste, was Jeder zu thun habe, um Gott zu gehorchen; das ganze Gesetz bestehe darin allein, dass man seinen Nächsten liebe; deshalb kann Niemand leugnen, dass Der, welcher in Folge Gottes Gebot seinen Nächsten wie sich selbst liebt, in Wahrheit gehorsam und nach dem Gesetz selig ist; wer dagegen ihn hasst oder vernachlässigt, ist ungehorsam und widerspenstig. Endlich erkennen Alle an, dass die Bibel nicht blos für die Klugen, sondern für alle Menschen jedes Alters und Geschlechts geschrieben und bekannt gemacht worden, und daraus folgt, dass man nach Anweisung der Bibel nur dies zu glauben brauche, was zur Befolgung dieses Gebotes durchaus nothwendig ist. Deshalb ist dieses Gebot der alleinige Maassstab des ganzen allgemeinen Glaubens, und daraus allein sind alle Glaubenssätze zu bestimmen, die Jeder anzunehmen schuldig ist.

Wenn dies sonnenklar ist, und wenn aus dieser Grundlage allein oder aus der blossen Vernunft Alles richtig abgeleitet werden kann, so kann Jeder beurtheilen, wie es gekommen, dass so viel Uneinigkeit in der Kirche entstanden ist; ob sie aus anderen Ursachen als den am Anfang des 7. Kapitels bemerkten entstehen konnte. Diese Streitigkeiten nöthigen mich deshalb, die Art und Weise darzulegen, wie aus dieser gefundenen Grundlage die Sätze des Glaubens abzuleiten sind. Denn wenn ich dies nicht thäte und die Frage nicht nach bestimmten Regeln beantwortete, so könnte man mit Hecht sagen, ich hätte bis hier nur wenig geleistet, da Jeder, was ihm beliebe, unter diesem Vorwand, es sei ein nothwendiges Mittel zum Gehorsam, einführen könne; namentlich wenn es sich um die göttlichen Eigenschaften handelt.

Um also die Sache ordnungsmässig zu erledigen, beginne ich mit der Definition des Glaubens, wie sie aus dieser gegebenen Grundlage sich ergiebt. Er besteht danach nur darin, von Gott nur das zu wissen, ohne welches der Gehorsam gegen Gott wegfällt, sowie das, was mit Annahme dieses Gehorsams zugleich anzunehmen ist. Diese Definition ist so klar und folgt so offenbar aus dem eben Erwiesenen, dass sie keiner Erläuterung bedarf. Dagegen will ich mit Wenigem zeigen, was daraus folgt, also: 1) dass der Glaube nicht um seinetwillen, sondern nur um des Gehorsams willen heilsam ist, oder, wie Jacobus II. 17 sagt, dass der Glaube allein, ohne Werke, todt sei, worüber dieses ganze genannte Kapitel des Apostels einzusehen ist; 2) folgt, dass der wahrhaft Gehorsame auch den wahren und heilbringenden Glauben hat. Denn ich habe gezeigt, dass aus der Setzung des Gehorsams nothwendig der Glaube folgt. Auch dies sagt ausdrücklich derselbe Apostel II. 18: »Zeige mir Deinen Glauben ohne Werke, und ich werde Dir aus meinen Werken meinen Glauben zeigen;« und Johannes, 1. Brief IV. 7, 8: »Wer (seinen Nächsten) liebt, ist aus Gott geboren; wer ihn nicht liebt, der kennt Gott nicht; denn Gott ist die Liebe.« Daraus folgt wieder, dass man Niemand für gläubig halten kann oder ungläubig, als nach seinen Werken; sind seine Werke gut, so ist er ein Gläubiger, wenn er auch in den Sätzen von den anderen Gläubigen abweicht; und sind jene schlecht, so ist er ein ungläubiger, wenn er auch in den Worten übereinstimmt; denn mit dem Gehorsam wird auch der Glaube gesetzt, und ein Glaube ohne Werke ist todt. Dies lehrt auch derselbe Johannes in demselben Kap. 3, wo er sagt:

»Daraus erkennen wir, dass wir in ihm sind und er in uns, dass er uns von seinem Geiste gegeben hat,« d.h. die Liebe. Denn vorher hatte er gesagt, Gott sei die Liebe, und daraus schliesst er, nach damals angenommenen Grundsätzen, dass der in Wahrheit den Geist Gottes habe, der die Liebe habe. Ja, da Niemand Gott gesehen, so folgert er, dass man Gott nur wahrnehme oder bemerke durch die Liebe gegen den Nächsten, und dass daher Niemand eine andere Eigenschaft Gottes erkennen könne als diese Liebe, soweit man an ihr Theil habe. Wenn diese Gründe nicht unwiderleglich sind, so zeigen sie doch deutlich die Meinung des Johannes; und noch viel deutlicher sagt er dies II. 3, 4 dieses Briefes mit den Worten: »Und daraus wissen wir, dass wir ihn kennen, wenn wir seine Gebote befolgen. Wer da sagt, ich kann ihn und seine Gebote nicht befolgen, ist ein Lügner, und es ist keine Wahrheit in ihm.« Und daraus folgt wieder, dass Jene wahre Antichristen sind, welche die rechtlichen und die Gerechtigkeit liebenden Menschen verfolgen, weil sie von ihnen abweichen und mit ihnen nicht dieselben Glaubenssätze vertheidigen. Denn welcher die Gerechtigkeit und Liebe liebt, diese sind, wie wir wissen, dadurch allein Gläubige, und wer die Gläubigen verfolgt, ist ein Antichrist.

Es folgt endlich, dass der Glaube nicht sowohl wahre als fromme Regeln erfordert, d.h. solche, welche die Seele zu dem Gehorsam bewegen; wenn auch darunter viele sind, welche nicht einen Schatten von Wahrheit haben, sobald nur Der, welcher sie glaubt, dies nicht weiss. Denn sonst wäre er widerspenstig. Denn wie wäre es möglich, dass Jemand, der die Gerechtigkeit zu lieben und Gott zu gehorchen strebt, das als göttlich anbetet, von dem er weiss, dass es der göttlichen Natur nicht zukommt. Wohl aber können die Menschen in der Einfalt ihres Herzens irren; die Schrift verdammt nicht die Unwissenheit, sondern nur den Ungehorsam, wie ich gezeigt habe; ja, dies folgt schon aus der blossen Definition des Glaubens, dessen ganzer Inhalt aus der dargelegten allgemeinen Grundlage und nur aus dem Zwecke der Schrift allein entlehnt werden darf, wenn man nicht sein eigenes Belieben einmengen will. Die Schrift verlangt nicht ausdrücklich wahre, wohl aber solche Glaubenssätze, die zum Gehorsam nöthig sind, und die also die Seele in der Liebe des Nächsten befestigen, weshalb allein jede, wie Johannes spricht, in Gott, und Gott in Jedem ist.

Wenn sonach der Glaube eines Jeden nur nach seinem Gehorsam oder Ungehorsam und nicht nach der Wahrheit oder Unwahrheit für fromm oder gottlos gehalten werden kann, und Jedermann weiss, wie verschieden der Geigt der Menschen ist, und nicht Alle in Allem übereinkommen können, sondern verschiedene Meinungen die Menschen bewegen, und dieselben den Einen zur Andacht, den Anderen zum Lachen und Verachten bringen, so folgt, dass zu dem allgemeinen oder katholischen Glauben keine Lehrsätze gehören, über welche rechtliche Menschen uneinig sein können. Denn wo dies der Fall, kann der Lehrsatz für den Einen fromm, für den Anderen gottlos sein, da Alles nur nach den Werken sich entscheidet. Zu dem allgemeinen Glauben gehört daher nur, was der Gehorsam gegen Gott unbedingt fordert, und ohne dessen Kenntniss der Gehorsam unbedingt unmöglich ist; über die Religion aber kann Jeder denken, wie es Jedem am besten scheint, um sich in der Liebe zur Gerechtigkeit zu stärken, da Jeder sich am besten selbst kennen muss. Bei dieser Auffassung bleibt nach meiner Ansicht kein Raum für Streitigkeiten in der Kirche, und ich fürchte mich nicht, die Lehrsätze des allgemeinen Glaubens oder die Grundlagen des Zweckes der ganzen Bibel aufzuzählen, da sie, wie aus dem in diesen beiden Kapiteln Gesagten erhellt, nur dahin zielen, dass es ein höchstes Wesen giebt, was die Gerechtigkeit und Liebe liebt, und dem Alle gehorchen, müssen, wenn sie selig werden wollen, und das sie durch die Hebung der Gerechtigkeit und Liebe gegen den Nächsten verehren müssen. Daraus kann alles Weitere abgeleitet werden, was sich auf Folgendes beschränkt. 1) Gott, d.h. ein höchstes Wesen, was höchst gerecht und barmherzig oder das Muster des wahren Lebens ist, besteht; wer dies nicht weiss oder nicht glaubt, kann ihm nicht gehorchen und ihn nicht als seinen Richter kennen.

2) Gott ist nur *Einer*. Auch dies gehört unbedingt zur höchsten Andacht, Verehrung und Liebe gegen Gott, wie Niemand bezweifeln kann. Denn die Andacht, die Bewunderung und Liebe entspringt nur daraus, dass Einer alle Anderen übertrifft. 3) Gott ist überall gegenwärtig, und Alles ist ihm bekannt. Wenn etwas ihm verborgen bleiben, oder er nicht Alles sehen könnte, so müsste man über die gleiche Austheilung seiner Gerechtigkeit, mit der er Alles leitet, zweifeln oder sie nicht kennen. 4) Gott hat auf Alles das höchste Recht und Eigenthum, und er thut nichts aus Zwang einer Verbindlichkeit, sondern nach seinem unbedingten Rathschluss und aus seiner besonderen. Gnade. Alle müssen ihm unbedingt gehorchen, er selbst aber Niemandem. 5) Die Verehrung Gottes und der Gehorsam gegen ihn besteht nur in der Gerechtigkeit und Liebe des Nächsten. 6) Alle, die in solchem Lebenswandel Gott gehorsam sind, sind selig, und die Anderen, welche unter der Herrschaft der Begierden leben, sind verloren. Wenn die Menschen dies nicht fest glauben, so wäre kein Grund, weshalb sie Gott mehr als ihren Lüsten folgen sollten. 7) Endlich verzeiht Gott dem Reuigen seine Sünden. Denn es ist Niemand ohne Sünde; ohnedem müsste also Jeder an seinem Heile verzweifeln, und es wäre kein Grund, Gott für barmherzig zu halten. Wer dagegen fest glaubt, dass Gott in seiner Barmherzigkeit und Gnade, mit der er Alles leitet, den Menschen ihre Sünden vergiebt, wird dadurch in seiner Liebe zu Gott mehr gehoben; er kennt in Wahrheit Christus im Geiste, und in ihm ist Christus. Dieses Alles muss Jedermann wissen, dessen

Kenntniss ist unentbehrlich, damit die Menschen ohne Ausnahme nach der oben erklärten Anweisung des Gesetzes Gott gehorchen können; denn fällt dieses hinweg, so hört auch der Gehorsam auf. Was übrigens Gott oder jenes Muster des wahren Lebens sei, ob ein Feuer oder Geist oder Licht oder Gedanke u.s.w., dies thut nichts zum Glauben; ebenso wenig weshalb er das Muster des wahren Lebens sei; ob deshalb, weil er einen gerechten und barmherzigen Sinn hat, oder weil alle Dinge durch ihn sind und wirken, und folglich auch wir durch ihn einsehen und dadurch das wahre Gerechte und Gute erkennen. Dies Alles mag Jeder, wie er will, festsetzen. Deshalb gehört es auch nicht zu dem Glauben, dass Jemand annehme, Gott sei vermöge seines Wesens oder seiner Macht überall, dass er die Welt aus Freiheit oder Nothwendigkeit leite, dass er die Gesetze wie ein Fürst vorschreibt oder als ewige Wahrheiten lehrt, dass der Mensch aus Freiheit des Willens oder aus der Nothwendigkeit des göttlichen Rathschlusses Gott gehorcht, und dass die Belohnung der Guten und die Strafe der Bösen eine natürliche oder übernatürliche ist. Dies und Aehnliches thut zu dem Glauben nichts, wie es auch der Einzelne auffasst, sofern er nur nichts zu dem Ende daraus folgert, was ihm eine grössere Freiheit zu sündigen gewährt oder zu geringerem Gehorsam gegen Gott verpflichtet. Vielmehr kann er, wie gesagt, diese Glaubenslehre seiner Fassungskraft anpassen und sie so auslegen, dass er sie leichter ohne Zögern und mit voller Beistimmung annehmen und somit Gott aus voller Ueberzeugung gehorchen kann. Denn ich habe schon früher bemerkt, dass ehedem der Glaube nach dem Verstande und der Fassungskraft der Propheten und des gemeinen Volkes jener Zeit offenbart und niedergeschrieben worden ist; deshalb ist auch Jeder jetzt schuldig, den Glauben seinem Verstände anzupassen, damit er ihn ohne Widerstreben seines Verstandes und ohne Zögern erfassen kann. Denn ich habe gezeigt, dass der Glaube nicht sowohl Wahrheit als Frömmigkeit verlangt, und dass er nur nach Verhältniss des Gehorsams fromm und heilsam ist, und dass daher man nur durch Gehorsam gläubig sein kann. Deshalb hat der, welcher die besten Gründe hat, nicht nothwendig auch den besten Glauben, sondern der, welche die Werke der Gerechtigkeit und Liebe verrichtet. Wie heilsam diese Lehre, wie notwendig sie für den Staat ist, wenn die Menschen in Erfurcht und Frieden leben wollen, wie viele Ursachen zu Unruhen und Verbrechen sie beseitigt, das überlasse ich Jedermanns Urtheil zu entscheiden.

Ehe ich weiter gehe, mochte ich noch auf die Einwendungen im ersten Kapitel antworten, als es sich um Gott handelte, der von dem Berge Sinai zu den Israeliten spricht. Dies kann aus dem hier Dargelegten nun leicht geschehen; denn wenn auch jene Stimme, welche die Israeliten hörten, ihnen keine philosophische oder mathematische Gewissheit von dem Dasein Gottes geben konnte, so genügte sie doch, um sie zur Bewunderung Gottes, wie sie ihn bisher gekannt, hinzureissen und zu dem Gehorsam anzutreiben; dies war der Zweck dieses Schauspiels. Gott wollte den Israeliten nicht die unbeschränkten Eigenschaften seines Wesenslehren; davon hat er damals nichts offenbart, sondern er wollte ihren widerspenstigen Sinn brechen und sie zum Gehorsam bringen. Deshalb hat er sie nicht mit Gründen, sondern mit dem Schmettern der Trompeten mit Donner und Blitz angegriffen (Exod. XX. 20).

Ich habe endlich noch zu zeigen, dass zwischen dem Glauben oder der Theologie und der Philosophie keine Gemeinschaft und keine Verwandtschaft besteht. Niemand kann dies leugnen, der das Ziel und die Grundlagen dieser beiden Vermögen kennt, die himmelweit von einander verschieden sind.. Das Ziel der Philosophie ist nur die Wahrheit; das des Glaubens aber, wie ich hinlänglich gezeigt, nur der Gehorsam und die Frömmigkeit. Die Grundlage der Philosophie sind die gemeinsamen Begriffe, und ihr Inhalt muss aus der Natur selbst entlehnt werden; die des Glaubens sind die Berichte und die Sprache, welche wie ich im Kap. 7 gezeigt, nur aus der Schrift und Offenbarung zu entnehmen sind. Der Glaube lässt deshalb Jedem die volle Freiheit im Philosophiren. Jeder mag ohne unrecht über Alles denken, wie er will; nur Die werden als Ketzer und Abtrünnige verdammt, welche Ansichten lehren, die zu Ungehorsam, Hass, Streit und Zorn fuhren; und nur Die gelten als Gläubige, welche zur Gerechtigkeit und Liebe nach den Kräften ihrer Vernunft ermahnen. Da dieses hier Dargelegte das Wichtigste ist, was ich bei dieser Abhandlung beabsichtige, so bitte ich, ehe ich weiter gehe, den Leser auf das Dringendste, diese beiden Kapitel besonders aufmerksam zu lesen und wiederholt zu erwägen. Er möge überzeugt sein, dass ich damit keine Neuerung habe einführen wollen, sondern es soll nur das Verschlechterte verbessert werden, damit es einst als tadellos geschaut werden kann.

Fünfzehntes Kapitel

Die Theologie ist nicht die Magd der Vernunft, und die Vernunft nicht die der Theologie. Es wird auch gezeigt, weshalb wir von der Autorität der heiligen Schrift überzeugt sind.

Wer die Philosophie nicht von der Theologie zu trennen vermag, streitet, ob die Schrift der Vernunft, oder umgekehrt die Vernunft der Schrift untergeordnet sein solle; d.h. ob der Sinn der Schrift der Vernunft, oder ob die Vernunft der Schrift anbequemt werden müsse. Letzteres wollen die Skeptiker, welche die Gewissheit der Vernunft leugnen; Ersteres die Dogmatiker. Beide irren in hohem Maasse, wie aus dem Bisherigen erhellt; denn in beiden Fällen muss entweder die

Vernunft oder die Bibel verderbt werden. Denn ich habe gezeigt, dass die Bibel keine philosophischen Dinge, sondern nur Frömmigkeit lehrt, und dass Alles, was in ihr enthalten ist, dem Verstände und den vorgefassten Meinungen der Menge angepasst ist. Will man sie daher der Philosophie anpassen, so muss man den Propheten Vieles andichten, an das sie nicht im Traume gedacht haben, und man wird ihre Meinung falsch verstehen. Macht man aber die Vernunft und Philosophie zur Dienerin der Theologie, so muss man die Vorurtheile des niederen Volkes aus alten Zeiten wie göttliche Dinge behandeln und damit seinen Geist anfüllen und verdunkeln. So werden beide Theile Unsinn reden, der eine mit Vernunft, der andere ohne solche.

Der Erste unter den Pharisäern, welcher annahm, dass die Schrift der Vernunft anbequemt worden, war *Maimonides* (dessen Ansicht ich in Kap. 7 vorgetragen und mit vielen Gründen widerlegt habe). Obgleich dieser Schriftsteller grosses Ansehen bei ihnen hatte, so wich doch der grössere Theil in diesem Punkte von ihm ab und wendete sich mit Hand und Fuss zur Ansicht eines gewissen R. *Jehuda Alpakhar*, welcher in der Absicht, den Irrthum des Maimonides zu vermeiden, in den entgegengesetzten gerieth; denn er sagt,[12] dass die Vernunft der Schrift dienen und ihr sich ganz unterwerfen müsse. Er gestattete deshalb keine gleichnissweise Auslegung der Bibel, wenn der Wortsinn der Vernunft widersprach, sondern nur, wenn er der Bibel selbst, d.h. ihren deutlichen Lehrsätzen widersprach. Demgemäss stellt er als allgemeine Regel auf, dass Alles, was die Schrift als Glaubenssatz lehrt und bestimmt behauptet, auf ihr blosses Ansehen als wahr anerkannt werden müsse; kein anderer Glaubenssatz sei in der Bibel enthalten, der jenem geradezu widerspreche; vielmehr geschehe dies nur mittelbar, weil die Redeweise der Schrift oft etwas vorauszusetzen scheine, was dem von ihr ausdrücklich Gelehrten widerspricht; nur deshalb sei die gleichnissweise Auslegung solcher Stellen zulässig.

So sagt z.B. die Schrift deutlich, Gott sei *Einer* (Deut. VI. 4), und nirgends giebt es eine Stelle in ihr, die geradezu behauptet, es gebe mehrere Götter; wohl aber sind mehrere, wo Gott von sich und wo die Propheten von Gott in der Mehrzahl sprechen, was nur eine Redeweise sei, aber nicht sagen wolle, dass es mehrere Götter gebe; deshalb seien solche Stellen gleichnissweise zu erklären, und zwar nicht, weil es der Vernunft widerspricht, dass es mehrere Götter gebe, sondern weil die Schrift geradezu ausspricht, es gebe nur einen Gott. – So spricht (nach seiner Meinung) die Schrift Deut. IV. 15 geradezu aus, dass Gott unkörperlich sei. Deshalb müssen wir auf das Ansehen blos dieser Stelle und nicht der Vernunft glauben, dass Gott keinen

---

12 Ich entsinne mich, dies in einem Briefe gegen Maimonides gelesen zu haben, der sich unter denen befindet, die dem Maimonides zugeschrieben werden.

Körper habe, und deshalb blos auf Grund der Schrift alle anderen Stellen gleichnissweise erklären, welche Gott Hände, Füsse u.s.w. zutheilen; da es eine blosse Redeweise sei, Gott als körperlich anzunehmen.

Dies ist die Meinung dieses Mannes. Ich lobe ihn, soweit er die Bibel durch die Bibel erklären will; aber ich staune, dass ein vernünftiger Mann die Bibel zu zerstören sucht. Es ist richtig, dass man die Bibel aus der Bibel erklären solle, so lange es sich blos um den Sinn der Rede und die Meinung der Propheten handelt; aber wenn dieser ihr wahrer Sinn ermittelt ist, braucht man nothwendig Urtheil und Vernunft, wenn man ihnen beistimmen soll. Soll die Vernunft, obgleich sie der Bibel entgegentritt, sich doch ganz unterwerfen, so frage ich, soll dies mit oder *ohne* Vernunft, gleich Blinden, geschehen? Geschieht dies, so handeln wir thöricht und ohne Vernunft; geschieht jenes, so nehmen wir die Bibel blos auf Geheiss der Vernunft an und würden es nicht thun, wenn sie ihr widerspräche. Ich frage nun: wer kann mit seiner Seele etwas annehmen, was der Vernunft widerspricht? Was ist das Verneinen in der Seele Anderes, als dass die Vernunft widerspricht? Ich staune fürwahr, dass man die Vernunft, das höchste Geschenk und das göttliche Licht, den todten Buchstaben unterwerfen will, die durch die Bosheit der Menschen verfälscht werden konnten, und dass es nicht als ein Verbrechen gilt, wenn man gegen den Geist, die wahre Handschrift des Wortes Gottes, unwürdig spricht, ihn für verderbt, blind und verloren erklärt, aber es für das grösste Verbrechen hält, über den Buchstaben und das Götzenbild des Wortes Gottes anderer Meinung zu sein. Man hält es für fromm, wenn man der Vernunft und dem eigenen Urtheile nicht vertraut; aber für gottlos, an der Zuverlässigkeit Derer zu zweifeln, welche uns die heiligen Schriften überliefert haben. Dies ist reine Thorheit, keine Frömmigkeit. Aber ich frage: was macht sie besorgt? Was fürchten sie? Kann die Religion und der Glaube nur vertheidigt werden, wenn man absichtlich Alles vergisst und der Vernunft den Abschied giebt? Wer so denkt, der fürchtet die Bibel mehr, als dass er an sie glaubt, und es ist durchaus nicht der Fall, dass die Religion und Frömmigkeit die Vernunft, oder diese jene zu ihrer Magd machen will, und dass beide ihre Herrschaft nicht in vollem Frieden führen könnten, wie ich gleich darlegen werde.

Vor Allem will ich erst die Regel dieses Rabbiners prüfen. Er will, wie gesagt, dass wir Alles, was die Schrift behauptet oder bestreitet, als die Wahrheit annehmen oder als die Unwahrheit verwerfen sollen, und. dass die Schrift nie mit ausdrücklichen Worten etwas behauptet oder bestreitet, was mit ihren Behauptungen und Bestreitungen an anderen Stellen in Widerspruch stehe. Die Kühnheit beider Behauptungen muss Jeder bemerken. Ich lasse bei Seite, was er nicht bedacht hat, dass die Schrift aus verschiedenen Büchern besteht, welche zu verschiedenen Zeiten, für verschiedene Menschen und von verschiedenen Verfassern geschrieben worden, und dass er seine Ansicht auf eigene Hand behauptet, ohne dass die Vernunft oder Schrift dergleichen sagt; aber er hätte zeigen sollen, dass alle Stellen, welche nur mittelbar anderen widerstreiten, ohne der Sprache und der Stelle Gewalt anzuthun, gleichnissweise erklärt werden können; ferner, dass die Bibel unverderbt in unsere Hände gelangt ist.

Ich will jedoch die Sache ordnungsmässig untersuchen, und da frage ich in Betreff des *ersten* Punktes, ob man auch da, wo die Vernunft sich entgegenstellt, das, was die Schrift sagt oder verneint, als wahr annehmen und als falsch verwerfen solle. Wenn er wenigstens zusetzte, dass die Schrift nichts enthält, was der Vernunft widerstreitet! Allein ich bleibe dabei, dass sie ausdrücklich behauptet und lehrt, Gott sei eifersüchtig (so in den zehn Geboten, und Exod. IV. 14, und Deut. IV. 24 und anderen Stellen). Dies widerstreitet aber der Vernunft; also muss es doch für wahr gehalten werden; ja, wenn an anderen Stellen der Schrift Gott für nicht eifersüchtig erklärt wird, so müssen diese gleichnissweise so erklärt werden, dass sie dies nicht sagen wollen. So sagt die Schrift ferner, Gott sei auf den Berg Sinai herabgestiegen (Exod. XIX. v. 20 u. f.), und schreibt ihm auch andere Bewegungen zu, und sie lehrt nirgends ausdrücklich, dass Gott sich nicht bewege; folglich müssten auch dies Alle als wahr annehmen; und wenn Salomo sagt, Gott werde von keinem Orte umfasst (1. Könige VIII. 27), so muss da, wo dies nicht ausdrücklich erklärt, sondern nur daraus folgt, dass Gott sich nicht bewege, die Stelle so erklärt werden, dass sie der Ortsbewegung Gottes keinen Abbruch thue. Ebenso müssten die Himmel für Gottes Wohnung und Thron gehalten werden, weil die Schrift dies ausdrücklich sagt. In dieser Weise müsste man nach der Meinung dieses Schriftstellers noch Vieles für wahr annehmen, was nur nach den Auffassungen der Propheten und der Menge gesagt ist, und was nur aus der Vernunft und Philosophie, nicht aber aus der Schrift sich als falsch ergiebt.

Ferner ist es unrichtig, wenn er behauptet, dass eine Stelle der anderen nur mittelbar, aber nie geradezu widerspreche. Denn Moses sagt geradezu, Gott sei ein Feuer (Deut. IV. 12), und wenn *Maimonides* entgegnet, dass damit nicht geradezu, sondern nur mittelbar geleugnet werde, dass Gott ein Feuer sei, und man deshalb die Stelle so auslegen müsse, dass sie dies nicht bestreite, nun wohl, so will ich zugeben, Gott sei ein Feuer; oder vielmehr, um nicht mit ihm irre zu reden, will ich dies fallen lassen und ein anderes Beispiel wählen. Samuel bestreitet nämlich geradezu, dass Gott seinen Ausspruch bereue (1. Sam. XV. 29), und Jeremias behauptet dagegen, es reue Gott des Guten und Uebeln, was er beschlossen gehabt (Jerem. XVIII. 8 10). Wie nun? stehen auch diese Stellen sich nicht geradezu entgegen? welche von beiden soll also gleichnissweise ausgelegt werden? Jede dieser Stellen lautet allgemein und widerspricht der anderen; was die eine geradezu behauptet, das leugnet die andere geradezu. Jener Rabbiner muss also selbst nach seiner eigenen Regel dasselbe zugleich als wahr annehmen und als falsch verwerfen. – Was macht es ferner für einen Unterschied, ob eine Stelle geradezu oder nur mittelbar einer anderen widerstreitet, wenn diese Folge klar ist, und die Umstände und Natur dieser Stelle die gleichnissweise Auslegung nicht gestatten? Solche finden sich viele in der Bibel; man sehe das zweite Kapitel, wo ich gezeigt habe, dass die Propheten verschiedene und widersprechende Meinungen gehabt haben; insbesondere auch alle jene Widersprüche in den Erzählungen, welche ich in Kap. 9 und 10 aufgezeigt habe. Ich brauche dies nicht Alles aufzuzählen; das Gesagte genügt, um den Widersinn, der aus dieser Meinung und Regel folgt, ihre Unwahrheit und die Uebereilung des Verfassers darzulegen.

Deshalb werfe ich beide Aussprüche des *Maimonides* bei Seite, und es bleibt dabei, dass weder die Theologie der Vernunft, noch diese jener zu dienen braucht, sondern jede ihre eigene Herrschaft behält. Die Vernunft ist nämlich, wie gesagt, das Reich der Wahrheit und Weisheit, die Theologie das der Frömmigkeit und des Gehorsams; denn die Macht der Vernunft geht nicht so weit, dass sie bestimmen könnte, die Menschen könnten durch den Gehorsam allein ohne Erkenntniss der Dinge selig sein. Die Theologie sagt aber nur dies und verlangt nur Gehorsam, und sie will und vermag nichts gegen die Vernunft. Denn sie bestimmt, wie in dem vorgehenden Kapitel gezeigt worden, die Glaubenssätze nur so weit, wie es zu dem Gehorsam genügt; dagegen überlässt sie der Vernunft, welche in Wahrheit das Licht der Seele ist, und ohne die sie nur Träume und Erdichtungen sieht, zu bestimmen, wie sie im strengen Sinn der Wahrheit zu verstehen sind unter Theologie verstehe ich hier die Offenbarung, soweit sie das Ziel anzeigt, was die Bibel im Sinne hat (nämlich die Art und Weise des Gehorsams oder die Sätze des wahren Glaubens und wahrer Frömmigkeit). Dies ist das, was eigentlich Gottes Wort genannt wird, und was nicht in einer bestimmten Zahl von Büchern besteht. (Man sehe Kap. 12.) Wird die Theologie in diesem Sinne genommen, so stimmen ihre Anweisungen oder Lebensregeln mit der Vernunft, und ihre Absicht und ihr Ziel widerstreitet ihr nirgends, und deshalb ist sie für Alle gültig.

Was nun die ganze Schrift im Allgemeinen anlangt, so habe ich schon Kap. 7 gezeigt, dass ihr Sinn nur aus ihr selbst zu bestimmen ist, und nicht aus der allgemeinen Naturgeschichte, die blos die Grundlage der Philosophie ist; auch darf es uns nicht bedenklich machen, wenn ihr so ermittelter Sinn hierin der Vernunft sich widersprechend zeigt. Denn Alles, was derart die Bibel enthält, und was die Menschen ohne Schaden an der Liebe nicht zu wissen brauchen, das berührt nicht die Theologie oder das Wort Gottes, und deshalb kann Jeder ohne Unrecht davon halten, was er will. Ich folgere daher unbedingt, dass die Schrift weder der Vernunft, noch diese jener anzupassen ist.

Allein wenn man mit der blossen Vernunft nicht beweisen kann, ob die Grundlage der Theologie, wonach die Menschen durch den blossen Gehorsam gerettet werden, wahr oder falsch sei, könnte man da uns nicht vorwerfen, weshalb wir es glauben? und dass, wenn wir dies ohne Vernunft wie Blinde annehmen, wir thöricht und unverständig handeln? Und dass, wenn wir umgekehrt behaupteten, diese Grundlage lasse sich durch die Vernunft beweisen, sei da nicht die Theologie ein Theil der Philosophie und nicht von ihr zu trennen?

Darauf antworte ich, dass ich unbedingt anerkenne, dieser fundamentale Lehrsatz der Theologie könne durch das natürliche Licht nicht untersucht werden, und dass Niemand ihn zu beweisen vermocht habe, und dass deshalb die Offenbarung nöthig gewesen sei. Allein trotzdem kann man seinen Verstand brauchen, um die offenbarte Lehre mit wenigstens moralischer Gewissheit anzunehmen. Ich sage, mit moralischer Gewissheit; nicht weil ich meine, dass man darüber sicherer werden könne als die Propheten, denen sie zuerst offenbart wurde, und deren Gewissheit doch nur eine moralische war, wie ich in Kap. 2 dieser Schrift gezeigt habe. Deshalb irren Die gänzlich, welche das Ansehen der Schrift durch mathematische Beweise darzulegen versuchen. Denn das Ansehen der Schrift hängt von dem Ansehen der Propheten ab; deshalb kann jenes mit keinen stärkeren Gründen bewiesen werden, als mit denen, welche die Propheten ehedem für die Ueberzeugung ihres Volkes benutzten; ja, unsere Gewissheit hierin kann auf keiner anderen Grundlage errichtet werden, als die, worauf die Propheten ihr Ansehen und ihre Gewissheit stützten. Denn die ganze Gewissheit der Propheten beruht auf dreierlei, wie ich gezeigt habe; 1) auf der deutlichen und lebendigen Einbildung; 2) auf Zeichen, und 3) und hauptsächlich auf einem dem Billigen und Guten zugewendeten Gemüthe. Die Propheten stüzten sich nie auf andere Gründe, und deshalb können sie weder dem Volke, zu dem sie einst in lebendiger Rede sprachen, noch uns, zu denen sie schriftlich sprechen, ihr Ansehen aus anderen Gründen darlegen. Das *Erste* anlangend, dass sie die Dinge sich lebhaft vorstellten, so konnte dies nur den Propheten selbst bekannt sein; deshalb muss und soll unsere ganze Gewissheit der Offenbarung auf die beiden anderen, das Zeichen und die Lehre, sich stutzen. Dies sagt auch Moses ausdrücklich. Im 2. Buche XXVIII. heisst er dem Volke, dem Propheten zu gehorchen, der im Namen Gottes ein wahres Zeichen gegeben habe; sei dieses aber fälschlich geschehen, so solle es ihn, auch wenn er im Namen Gottes geweissagt, doch des Todes schuldig erklären, wie Den, der das Volk von der wahren Religion abzubringen versuche, wenn er auch sein Ansehn durch Zeichen und Wunder beglaubigt habe; man sehe hierüber Deut. XIII. Daraus ergiebt sich, dass der wahre Prophet von dem falschen nur an der Lehre und dem Wunder zugleich erkannt werden kann. Denn einen solchen erklärt Moses für einen wahren und befiehlt, ihm ohne alle Furcht vor Betrug zu glauben; und er sagt, dass diejenigen Falsche und des Todes Schuldige wären, welche fälschlich, wenn auch im Namen Gottes, etwas verkündet hätten, oder die falsche Götter gelehrt hätten, wenn sie auch wirklich Wunder verrichtet. Deshalb brauchen auch wir nur aus diesem Grunde der Schrift, d.h. den Propheten zu glauben; nämlich wegen ihrer durch Zeichen bekräftigten Lehre. Nur weil wir sehen, dass die Propheten die Liebe und Gerechtigkeit über Alles empfehlen und nur dies bezwecken, schliessen wir, dass sie nicht in blosser Absicht, sondern im wahren Geiste gelehrt haben, dass die Menschen durch Gehorsam und Glauben selig werden, und weil sie dies noch durch Zeichen bekräftigt haben, sind wir überzeugt, dass sie dies nicht leichtsinnig gesagt, noch dass sie bei ihren Weissagungen irrsinnig geredet haben. Wir werden darin noch mehr bestärkt, wenn wir bemerken, dass sie nichts als sittlich gelehrt, was nicht mit der Vernunft völlig übereinstimmt; denn es ist kein Ungefähr, dass das Wort Gottes in den Propheten mit dem Wort Gottes, was in uns spricht, ganz übereinstimmt. Dies können wir ebenso sicher aus der Bibel, wie ehedem die Juden aus der lebendigen Rede der Propheten, abnehmen; denn ich habe oben in Kap. 12 gezeigt, dass die Schrift in Bezug auf die Lehre und das Wichtigste der Ereignisse unverderbt in unsere Hände gekommen ist. Deshalb nehmen wir diese Grundlage der ganzen Theologie und Bibel, wenn sie auch nicht mathematisch bewiesen werden kann, doch mit gesundem Urtheile an. Denn es ist Thorheit, wenn man das nicht annehmen will, was durch die Zeugnisse so vieler Propheten befestigt ist, und was Denen, die an Verstand nicht hervorragen, einen grossen Trost gewährt, was für den Staat von nicht geringem Nutzen ist, und was man ohne alle Gefahr und Schaden glauben kann, und zwar, wenn man dies blos deshalb nicht will, weil es nicht mathematisch bewiesen werden kann; als wenn wir zur weisen Einrichtung unseres Lebens nur das als wahr zulassen dürften, was durch keinen Grund in Zweifel gezogen werden kann; oder als wenn die meisten unserer Handlungen nicht sehr unsicher und voll des Zufalls wären.

Ich erkenne zwar an, dass, wenn man meint, Theologie und Philosophie widersprächen einander, und deshalb störe eine die andere in ihrem Reiche, und man müsse diese oder jene verabschieden, man dann mit Recht einen sicheren Grund für die Theologie zu legen und sie mathematisch zu beweisen suchen muss; denn nur ein Wahnsinniger und Verzweifelnder könnte die Vernunft leichthin verabscheuen, Künste und Wissenschaft verachten und die Gewissheit und Vernunft bestreiten. Aber ich kann einstweilen es nicht völlig entschuldigen, wenn man die Vernunft zu Hülfe rufen will, nur um sie zu verstossen und mit festen Gründen sie unzuverlässig zu machen. Ja, indem man durch mathematische Beweise die Wahrheit und das Ansehn der Theologie darzulegen sich bemüht und der Vernunft und dem natürlichen Licht Beides zu nehmen, zieht man vielmehr die Theologie unter die Herrschaft der Vernunft und nimmt offen an, dass das Ansehn der Theologie ohne Glanz sei, wenn das natürliche Licht der Vernunft sie nicht erleuchte. Wenn man dagegen sich rühmt, nur dem inneren Zeugniss des heiligen Geistes zu vertrauen und die Hülfe der Vernunft nur herbeinimmt, um die ungläubigen zu überzeugen, aber ohne ihren Aussprüchen Glauben zu schenken, so ist leicht zu zeigen, dass dies nur aus Leidenschaft oder aus eitler Ruhmsucht behauptet wird. Denn aus dem vorgehenden Kapitel ergiebt sich klar, dass der heilige Geist nur über gute Werke Zeugniss ablegt; deshalb nennt Paulus in seinem Briefe an die Galater v. 22 sie die Frucht des heiligen Geistes, und dieser selbst ist in Wahrheit nichts als die Seelenruhe, welche aus guten Handlungen hervorgeht. Dagegen giebt der Geist kein Zeugniss über die Wahrheit und Gewissheit dessen, was nur der Spekulation angehört, neben der Vernunft, welcher allein, wie gezeigt, das Reich der Wahrheit gebührt. Wenn man also behauptet, ausser diesem Geist einen anderen zu haben, der der Wahrheit versichere, so rühmt man sich dessen fälschlich und spricht nur so aus Vorurtheil der Leidenschaft, oder man flüchtet aus grosser Furcht zu dem Heiligen, damit man nicht von der Philosophie erfasst und öffentlich dem Gelächter preisgegeben werde. Aber dies geschieht vergeblich; denn welchen Altar kann sich der bereiten, welcher die Majestät der Vernunft verletzt?

Indess lasse ich Jene in Ruhe, da ich meiner Aufgabe genügt zu haben glaube, indem ich gezeigt, wie die Philosophie von der Theologie zu sondern ist, worin eine jede im Wesentlichen besteht, und dass keine der anderen dient, sondern dass jede ihr Reich ohne Widerstreben der anderen inne hat, und indem ich auch, wo es passte, die Verkehrtheiten, Nachtheile und Schäden dargelegt, welche aus der wunderbaren Vermengung beider Vermögen, welche man nicht genau von einander zu sondern und zu scheiden verstand, hervorgegangen sind.

Ehe ich weiter gehe, will ich in Betreff der Nützlichkeit und Nothwendigkeit der heiligen Schrift oder Offenbarung ausdrücklich erinnern (obgleich ich es schon gesagt habe), dass ich sie sehr hochstelle. Denn da man mit dem natürlichen Licht nicht erkennen kann, dass der einfache Gehorsam der Weg zum Heil ist, sondern nur die Offenbarung lehrt, dass dies aus besonderer Gnade Gottes geschehe, die man durch die Vernunft nicht erreichen kann, so folgt, dass die Bibel den Sterblichen einen grossen Trost gebracht hat. Denn Alle können unbedingt gehorchen, aber nur Wenige im Vergleich zu dem ganzen menschlichen Geschlecht erwerben die Gewohnheit der Tugend durch blosse Führung der Vernunft; hätten wir daher dieses Zeugniss der Schrift nicht, so müssten wir an dem Heile beinahe Aller zweifeln.

Sechzehntes Kapitel

Ueber die Grundlagen des Staates; über das natürliche und bürgerliche Recht eines Jeden und über das Recht der höchsten Staatsgewalt.

Bisher habe ich die Philosophie von der Theologie zu sondern und die Freiheit, zu philosophiren, darzulegen gesucht, welche die Theologie Jedem zugesteht. Es ist deshalb Zeit, zu untersuchen, wie weit in einem guten Staate diese Freiheit, zu denken, und was man denkt, zu sagen, geht um dies ordentlich zu thun, muss ich über die Grundlagen des Staates handeln und vorher über das natürliche Recht eines Jeden, ohne noch auf den Staat und die Religion Rücksicht zu nehmen.

Unter Recht und Einrichtung der Natur verstehe ich nur die Regeln der Natur jedes Einzelnen, vermöge deren Jedes natürlich bestimmt ist, in bestimmter Weise da zu sein und zu wirken. So sind z.B. die Fische von Natur bestimmt, zu schwimmen, und dass die grossen Fische die kleinen verzehren. Deshalb bemächtigen sich die Fische mit dem höchsten natürlichen Recht des Wassers, und deshalb verzehren die grossen die kleinen. Denn sicher hat die Natur, an sich betrachtet, das höchste Recht zu Allem, was sie vermag, d.h. das Recht der Natur geht so weit wie ihre Macht; denn die Macht der Natur ist die Macht Gottes selbst, der das höchste Recht zu Allem hat. Weil nun die gesammte Macht der ganzen Natur nur die Summe der Macht aller Einzelnen ist, so folgt, dass jeder Einzelne das höchste Recht auf Alles hat, was er vermag, oder dass das Recht eines Jeden sich soweit ausdehnt als seine besondere Macht sich erstreckt. Und weil es das höchste Gesetz der Natur ist, dass jedes Ding in seinem Zustande, so viel es vermag, zu beharren sucht, und zwar nur seinetwegen und nicht eines anderen wegen, so folgt, dass jeder Einzelne das höchste Recht dazu hat, d.h. (wie gesagt) zum Dasein und Wirken so, wie er natürlich bestimmt ist.

Auch erkenne ich hier keinen Unterschied zwischen den Menschen und den anderen Geschöpfen der Natur an, und auch nicht zwischen den vernünftigen Menschen und anderen, welche die wahre Vernunft nicht kennen; auch nicht zwischen den Blödsinnigen, Wahnsinnigen und Gesunden. Denn was jedes Ding nach den Gesetzen seiner Natur thut, das thut es mit dem höchsten Recht, da es handelt, wie es von Natur bestimmt ist und nicht anders kann. Deshalb lebt unter Menschen, so lange sie blos unter der Herrschaft der Natur befindlich aufgefasst werden, sowohl Der, welcher die Vernunft noch nicht kennt oder die Gewohnheit der Tugend noch nicht hat, nur nach den Gesetzen seiner Begierden mit demselben höchsten Recht wie Der, der sein Leben nach den Gesetzen der Vernunft einrichtet. Das heisst; So wie der Weise das höchste Recht zu Allem hat, was die Vernunft gebietet, oder nach den Gesetzen der Vernunft zu leben, so hat der Unwissende und Unverständige das höchste Recht zu Allem, was die Begierde verlangt, oder nach den Gesetzen seiner Begierden zu leben. Und das ist dasselbe, was Paulus sagt, der vor dem Gesetze, d.h. so lange die Menschen unter der Herrschaft der Natur lebend aufgefasst werden, keine Sünde anerkennt.

Daher wird das natürliche Recht jedes Menschen nicht durch die gesunde Vernunft, sondern durch die Begierde und die Macht bestimmt; denn nicht Alle sind von Natur bestimmt, nach den Regeln und Gesetzen der Vernunft zu wirken, vielmehr werden sie in Unkenntniss aller Dinge geboren, und ehe sie die wahre Weise des Lebens erkennen und die Gewohnheit der Tugend erwerben können, geht ein grosser Theil ihres Lebens, selbst wenn sie gut erzogen werden, vorüber, und sie müssen doch inmittelst leben und sich, soweit sie vermögen, erhalten; nämlich nach dem Antriebe der blossen Begierden; denn die Natur hat ihnen nur diese gegeben, und die wirkliche Macht, nach der gesunden Vernunft zu leben, verweigert. Deshalb brauchen sie nicht mehr nach dem Gesetze der gesunden Vernunft zu leben, als die Katze nach den Gesetzen der Löwennatur. Was daher Jeder, der nur unter der Herrschaft der Natur aufgefasst wird, als nützlich für sich hält, sei es in Leitung der gesunden Vernunft, sei es im Antriebe seiner Begierden, das begehrt er mit dem höchsten Recht der Natur, und er darf es auf alle Weise, durch Gewalt, List, Bitten, oder wie es sonst am leichtesten möglich, sich zueignen und deshalb Den für einen Feind halten, der ihn in der Ausführung seiner Absicht hindert.

Hieraus folgt, dass das Recht und die Einrichtung der Natur, unter der Alle geboren werden und grösstentheils leben, nur das verbieten, was Niemand begehrt und Niemand vermag; sie verbieten weder den Streit, noch den Hass, noch den Zorn, noch die List, noch überhaupt etwas, was die Begierde verlangt. Es ist dies nicht zu verwundern; denn die Natur befasst nicht blos die Gesetze der menschlichen Vernunft, die nur das wahre Beste und die Erhaltung der Menschen wollen, sondern noch viele andere, welche sich auf die ewige Ordnung der ganzen Natur beziehen, von denen der Mensch nur ein kleiner Theil ist. Aus der blossen Nothwendigkeit dieser wird jedes Einzelne zum Dasein und Wirken in fester Weise bestimmt. Alles, was uns in der Natur lächerlich, verkehrt oder schlecht erscheint, kommt daher nur davon, dass wir die Dinge blos theilweise kennen und die Ordnung und den Zusammenhang der ganzen Natur zum grössten Theil nicht kennen; weil wir Alles unserer Vernunft gemäss geleitet haben wollen, während doch, was unsere Vernunft für ein Uebel erklärt, kein Uebel ist in Bezug auf die Ordnung und die Gesetze der ganzen Natur, sondern nur rücksichtlich der Gesetze unserer Natur allein.

Indess kann Niemand bezweifeln, dass es für die Menschen nützlicher ist, nach den Gesetzen und sicheren Geboten der Vernunft zu leben. Ferner verlangt Jeder sicher und ohne Furcht, soweit es möglich ist, zu leben. Dies ist aber nicht möglich, so lange Jeder nach Belieben Alles thun kann, und die Vernunft nicht mehr Recht hat als der Hass und der Zorn. Denn Jedermann lebt in Sorgen zwischen Feindschaft, Zorn, Hass und Betrug, und sucht sie zu vermeiden, so viel er vermag. Auch wenn man bedenkt, dass die Menschen ohne gegenseitige Hülfe nur elend und ohne die nothwendige Ausbildung der Vernunft leben, wie ich in Kap. 5 gezeigt habe, so erhellt, dass die Menschen, um sicher und möglichst gut zu leben, sich vereinigen müssen und so es bewirken, dass sie gemeinsam das Recht auf Alles haben, was jeder Einzelne von Natur hat, und dass sie nicht mehr durch die Gewalt und die Begierde des Einzelnen, sondern durch die Macht und den Willen Aller bestimmt werden. Dies wäre jedoch vergeblich erstrebt worden, wenn sie nur den Antrieben ihrer Begierden folgen wollten, da nach den Gesetzen dieser Jeder zu Verschiedenem getrieben wird; deshalb mussten sie fest bestimmen und übereinkommen, nur nach dem Ausspruch der Vernunft, dem Niemand bei gesundem Verstande zu widersprechen wagt, Alles zu leiten und die Begierde, soweit sie etwas zum Schaden eines Anderen verlangt, zu zügeln und Niemandem das zu thun, was man will, dass Einem selbst nicht gethan werde, und das Recht des Anderen endlich gleich dem seinen zu vertheidigen.

Wie nun dieser Vertrag zu schliessen ist, damit er gültig und fest sei, ist nun zu untersuchen. Das allgemeine Gesetz der menschlichen Natur ist, dass Niemand das, was er für gut hält, vernachlässigt, ausgenommen in Hoffnung eines grösseren Gutes oder aus Furcht eines grösseren Schadens, und dass Niemand ein Uebel vorzieht, als nur um ein grösseres zu vermeiden, oder in Hoffnung eines grösseren Gutes; d.h. Jeder wird von zwei Gütern das nach seiner Meinung grössere, und von zwei Uebeln das nach seiner Meinung kleinere wählen. Ich sage ausdrücklich, dass er das nach seiner Meinung grössere oder kleinere wählt, aber nicht, dass die Sache sich wirklich so verhält, wie er meint. Und dieses Gesetz ist so *fest* der menschlichen Natur eingeprägt, dass es zu den ewigen Wahrheiten gerechnet werden muss, die Jedermann weiss. Es folgt daraus, dass Niemand, ohne betrogen zu sein, versprechen wird, sich seines Rechtes auf Alles zu entäussern, und dass Niemand sein Versprechen unbedingt halten wird, als nur in Furcht eines grösseren Uebels oder in Hoffnung eines grössern Gutes, um dies besser darzulegen, setze man, ein Räuber zwingt mich zu dem Versprechen, ihm meine Güter, wo er will, zu geben. Wenn nun schon, wie gezeigt, mein natürliches Recht nur nach meiner Macht sich bestimmt, so ist sicher, dass, wenn ich durch List mich von diesem Räuber befreien kann, indem ich ihm das, was er verlangt, verspreche, es mir nach dem Naturrecht zu thun erlaubt ist, nämlich betrügerisch ihm, was er Will, zu versprechen. Oder man nehme, ich hätte Jemand ohne Betrug versprochen, zwanzig Tage lang keine Speise und Nahrung zu mir zu nehmen, und ich hätte nachher eingesehen, dass ich dies thörichter Weise versprochen, und ich es ohne den grössten Schaden nicht halten könne, so darf ich, da ich nach dem Naturrecht von zwei Uebeln das kleinere zu erwählen gehalten bin, mit vollem Rechte einen solchen Vertrag brechen und das Gesagte als nicht gesagt behandeln. Dies, sage ich, ist nach dem Naturrecht erlaubt, mag ich es als wahr und richtig erkennen, dass ich falsch versprochen habe, oder mag es mir nur in meiner Meinung so scheinen. Denn mag es mir wahrhaft oder fälschlich so scheinen, so werde ich doch immer das grössere Uebel fürchten und es nach der Einrichtung der Natur auf jede Weise zu vermeiden suchen. Deshalb kann kein Vertrag Kraft haben als nur durch seinen Nutzen; fällt dieser weg, so fällt auch der Vertrag, welcher dann als ungültig aufgehoben wird. Es ist deshalb thöricht, dass man die Treue von einem Anderen in Ewigkeit für sich verlangt, wenn man nicht gleichzeitig sorgt, dass aus dem Bruch des Vertrages für den Vertrags-brecher mehr Schaden als Vortheil hervorgeht, was bei Einrichtung eines Staates hauptsächlich seine Stelle findet.

Wenn alle Menschen sich leicht durch die Vernunft allein leiten liessen und den hohen Nutzen und die Nothwendigkeit des Staates einsähen, so würde Jeder die List verabscheuen, und Alle würden in dem Verlangen nach diesem höchsten Gut, d.h. der Erhaltung des Staates, mit der höchsten Treue an den Verträgen halten und die Treue, als den höchsten Schatz des Staates, über Alles halten. Allein es fehlt viel daran, dass Alle sich leicht durch die blosse Vernunft leiten liessen; Jeder wird vielmehr von seinen Lüsten beherrscht, und seine Seele wird von Geiz, Ehrsucht, Neid, Zorn u.s.w. oft so einge-nommen, dass kein Platz für die Vernunft bleibt; wenn deshalb die Menschen auch mit dem sicheren Zeichen einer ehrlichen Absicht versprechen und übereinkommen, sich die Treue zu bewahren, so kann doch Niemand dieser Treue des Anderen sicher sein, wenn nicht zu dem Versprechen noch etwas hinzukommt, da Jeder nach dem Naturrecht betrügerisch handeln und von dem Vertrage abgehen kann, wenn er nicht damit ein grosses Gut erhofft oder ein grosses Uebel vermeidet. Da ich aber schon gezeigt habe, dass das natürliche Recht eines Jeden so weit geht als seine Macht, so folgt, dass, so viel als Jeder von seiner Macht auf den Anderen gezwungen oder freiwillig überträgt, so viel tritt er ihm auch von seinem Rechte ab. Danach hat Derjenige das höchste Recht über Alle, welcher die höchste Macht hat, Alle zu zwingen und durch Furcht vor hohen Strafen, die Alle allgemein fürchten, zu bewältigen. Dieses Recht wird er nur so lange behalten, als er diese Macht, Alles, was er will, auszuführen, behält; ohnedem wird er nur bittweise befehlen, und Niemand wird weiter, als er Lust hat, ihm gehorchen.

In dieser Weise kann ohne allen Widerstreit des natürlichen Rechtes eine Gesellschaft sich bilden und jeder Vertrag immer treulich gehalten werden; wenn nämlich Jeder alle seine Macht auf die Gesellschaft überträgt, die damit das höchste natürliche Recht auf Alles, d.h. die höchste Herrschaft allein behalten wird, und Jeder wird aus freiem Willen oder aus Furcht vor harter Strafe zu gehorchen gehalten sein. Das Recht einer solchen Gesellschaft heisst Demokratie; sie ist also zu definiren als die allgemeine Versammlung der Menschen, welche gemeinschaftlich das höchste Recht auf Alles, was sie kann, besitzt. Daraus folgt, dass die höchste Gewalt durch kein Gesetz ge- bunden wird, sondern dass Alle ihr in Allem gehorchen müssen. Denn dies mussten Alle entweder stillschweigend oder ausdrücklich ausmachen, als sie alle ihre Macht, sich zu vertheidigen, d.h. all ihr Recht auf sie übertrugen. Wollten sie nämlich sich etwas vorbehalten, so mussten sie gleichzeitig sich dessen versichern, womit sie es ver- theidigen könnten; da sie das aber nicht gethan hatten und ohne Theilung der Herrschaft, folglich ohne deren Zerstörung nicht konnten, so haben sie sich dadurch der Willkür der höchsten Gewalt unbedingt unterworfen. Da sie dies, wie gezeigt, unbedingt gethan, und sowohl die Nothwendigkeit sie dazu trieb, wie die Vernunft dazu rieth, so folgt, dass, wenn wir nicht Feinde des Staates sein und gegen die Vernunft, welche den Staat mit allen Kräften zu vertheidigen verlangt, handeln wollen, wir gehalten sind, alle Befehle der höchsten Gewalt unbedingt zu vollstrecken, wenn sie auch noch so thöricht sind; denn die Vernunft verlangt deren Ausführung, damit von zwei Uebeln das kleinste gewählt werde. Es kommt hinzu, dass Jedweder diese Gefahr, sich eines Anderen Gewalt und Herrschaft unbedingt zu unterwerfen, nicht zu scheuen brauchte, da dieses Recht, Alles zu gebieten, was beliebt, der höchsten Gewalt nur so lange zukommt, so lange sie diese Gewalt wirklich hat. Sobald sie sie verloren hat, ist auch das Recht, Alles zu gebieten, verloren und geht auf Den oder Die über, welche es erlangt haben und behalten können. Deshalb kann es nur selten vorkommen, dass die höchste Gewalt etwas ganz Verkehrtes befiehlt; denn sie selbst muss in ihrem Nutzen, und um die Herrschaft zu behalten, für das gemeine Beste sorgen und Alles nach dem Gebot der Vernunft leiten; denn eine gewaltthätige Herr- schaft hat, wie *Seneca* sagt, Niemand lange gehabt. Dazu kommt, dass in dem demokratischen Staate das Verkehrte weniger zu befürchten ist; denn es ist beinahe unmöglich, dass der grössere Theil einer grossen Versammlung in einem Verkehrten übereinstimme, schon wegen ihrer Grundlage und ihres Zweckes, der, wie gezeigt, nur ist, die verkehrten Begierden zu hemmen und die Menschen in den Grenzen der Vernunft so viel als möglich zu erhalten, damit sie einträchtig und friedlich leben; wird diese Grundlage genommen, so stürzt leicht der ganze Bau. Dafür zu sorgen, liegt also nur der höchsten Gewalt ob, und die Unterthanen haben, wie gesagt, nur ihre Gebote zu vollführen und nur das für Recht anzuerkennen, was die höchste Gewalt dafür erklärt.

Indess wird man vielleicht meinen, ich mache damit die Unterthanen zu Sklaven, weil man Den für einen Sklaven hält, der auf Befehl handelt, und Den für einen Freien, der nach seinem Belieben handelt. Allein dies ist nicht unbedingt wahr; denn wer von seinen Lüsten so beherrecht wird, dass er das ihm Nützliche weder sehen noch vollführen kann, ist der grösste Sklave, und nur Der ist frei der mit ganzer Seele nur in Leitung der Vernunft lebt. Das Handeln nach Befehl, d.h. der Gehorsam, hebt zwar die Freiheit etwas auf, aber macht nicht gleich zum Sklaven, sondern dies thut der Grund des Handelns. Ist der Zweck der Handlung nicht der eigene des Handelnden, sondern der Nutzen des Befehlenden, dann ist der Handelnde ein Sklave und sich selbst unnütz; aber im Staate und in einer Herrschaft, wo das Wohl des ganzen Volkes und nicht des Befehlenden das höchste Gesetz ist, ist Der, welcher in Allem der höchsten Gewalt gehorcht, kein Sklave, der für sich nichts Nützliches thäte, sondern ein Unterthan, und deshalb ist derjenige Staat der freieste, dessen Gesetze auf die gesunde Vernunft gegründet sind; denn da kann Jeder überall frei sein, d.h. mit voller Seele nur nach der Leitung der Vernunft leben. Deshalb sind auch die Kinder, obgleich sie allen Befehlen der Eltern gehorchen müssen, doch keine Sklaven; denn die Befehle der Eltern zielen vor Allem auf den Nutzen der Kinder ab. Ich erkenne deshalb einen grossen unterschied zwischen einem Sklaven, Sohn und Unterthan, und man muss sie deshalb dahin definiren, dass Sklave Der ist, welcher den nur auf den Nutzen des Befehlenden abzielenden Geboten desselben gehorchen muss; ein Sohn aber, welcher das ihm Nützliche auf Befehl seiner Eltern thut, und ein Unterthan Der, welcher das, was der Gemeinschaft, folglich auch ihm nützlich ist, auf Befehl der höchsten Gewalt thut.

Damit glaube ich die Grundlagen des demokratischen Staates hinlänglich klar dargelegt zu haben, über den ich vorzüglich handeln will, da er der natürlichste scheint, und der, welcher der Freiheit, welche die Natur Jedem gewährt, am nächsten kommt. Denn in ihm überträgt Niemand sein natürliches Recht auf einen Anderen so, dass er niemals deshalb später gefragt zu werden braucht; sondern die Uebertragung geschieht an die Mehrheit der ganzen Gemeinschaft, von der er einen Theil bildet. So bleiben Alle sich gleich, wie in dem natürlichen Zustande. Ich habe ferner über diese Staatsform absichtlich handeln wollen, weil sie am meisten zu meinem Vorhaben passt, wonach ich über den Nutzen der Freiheit in der Republik handeln wollte. Ich werde also die Grundlagen der übrigen Staatsformen bei Seite lassen, und wir brauchen auch deren Recht nicht zu kennen und nicht zu wissen, wie und woher sie entstanden sind; denn aus dem hier Dargelegten gellt dies genügend hervor. Denn wer die höchste Gewalt hat, sei es *Einer* oder *Einige* oder endlich *Alle*, dem gebührt das Recht, zu gebieten, was ihm beliebt, und wer ferner seine Macht, sich zu vertheidigen, freiwillig oder gezwungen auf einen Anderen übertragen, der hat sein natürliches Recht ganz abgetreten und sich zu dem unbedingten Gehorsam verpflichtet, den er leisten muss, so lange der König oder die Edeln oder das Volk die höchste Gewalt, die sie empfangen, und welche die Grundlage der Uebertragung des Rechts war, sich erhalten. Mehr brauche ich nicht zu sagen.

Nachdem ich die Grundlage und das Recht der Staatsgewalt aufgezeigt, ist es leicht zu bestimmen, was das *bürgerliche Recht* des Einzelnen, was Unrecht, was Gerechtigkeit und Ungerechtigkeit in dem bürgerlichen Zustande ist; ferner wer ein Verbündeter, wer ein Feind und was endlich das Verbrechen der verletzten Majestät ist. Unter dem bürgerlichen Recht des Einzelnen ist nur dessen Freiheit zu verstehen, sich in seinem Zustande zu erhalten, welche Freiheit durch die Erlasse der Staatsgewalt bestimmt und durch deren Macht allein vertheidigt wird. Denn nachdem ein Jeder sein Recht, nach seinem Belieben zu leben, wo nur seine Macht ihn beschränkte, d.h. seine Freiheit und Macht, sich zu vertheidigen, auf einen Anderen übertragen hat, so muss er nur nach dessen Willen leben und blos durch dessen Schutz sich vertheidigen. – *Unrecht* ist es, wenn ein Bürger oder Unterthan von einem Anderen einen Schaden gegen das bürgerliche Recht oder das Gebot der Staatsgewalt zu erleiden gezwungen wird. Das Unrecht kann nur im bürgerlichen Zustand gedacht werden; auch kann es von der Staatsgewalt, der nach dem Recht Alles erlaubt ist, den Unterthanen nicht zugefügt werden; deshalb kann Unrecht nur zwischen den Einzelnen vorkommen, welche nach dem Recht sich gegenseitig nicht verletzen sollen. Die *Gerechtigkeit* ist der beharrliche Wille, Jedem das, was ihm nach dem bürgerlichen Recht zukommt, zu geben; *Ungerechtigkeit* ist es, wenn man unter dem Schein des Rechtes einem Anderen nimmt, was ihm nach dem wahren Sinn der Gesetze gebührt. Sie heissen Billigkeit und Unbilligkeit, weil die zur Entscheidung der Streitigkeit eingesetzten Personen keine Rücksicht auf die Person nehmen sollen, sondern Alle für gleich zu achten und das Recht eines Jeden gleich sehr zu schätzen haben, ohne den Reichen zu beneiden oder den Armen zu verachten. – *Verbündete* sind die Menschen zweier Staaten, welche, um den Gefahren des Krieges zu entgehen, oder zu einem anderen Nutzen übereinkommen, einander nicht zu verletzen, vielmehr im Nothfall zu helfen, wobei aber Jeder seine Staatsgewalt behält. Ein solcher Vertrag gilt so lange, als dessen Grundlage, nämlich die Rücksicht auf die Gefahr oder den Nutzen, besteht. Denn Niemand schliesst einen Vertrag und braucht denselben zu halten, als in Hoffnung eines Gutes oder in Sorge eines Uebels. Fällt diese Grundlage fort, so fällt auch der Vertrag fort, wie auch die Erfahrung genügend lehrt. Denn wenn auch mehrere Staaten übereinkommen, einander nicht zu verletzen, so suchen sie doch nach Möglichkeit das Anwachsen der Macht des anderen zu hindern und trauen den Worten nicht, wenn der Zweck und Nutzen des Vertrages für Beide nicht klar ersichtlich ist, ohnedem fürchten sie Hinterlist, und mit Recht. Denn nur ein Dummer, der das Recht der höchsten Gewalt nicht kennt, wird sich auf die Worte und Versprechen Dessen verlassen, der die höchste Macht und das Recht, Alles zu thun, inne hat, und für den das Wohl und der Nutzen des Staates das höchste Gesetz sein soll. Nimmt man dabei auf Frömmigkeit und Religion Rücksicht, so sieht man überdem, dass kein Inhaber der Staatsgewalt zum Schaden des Staates das Versprechen halten darf, ohne ein Verbrechen zu begehen. Denn Alles, was er versprochen hat, was aber zum Schaden seines Staates ausschlägt, das kann er nur leisten, indem er sein Wort den Unterthanen nicht hält, was er doch vor Allem schuldig ist, und das zu halten am heiligsten versprochen wird. – Ein *Feind* ist, wer ausserhalb des Staates so lebt, dass er denselben weder als Verbündeter noch als Unterthan anerkennt. Denn den Feind macht nicht der Hass gegen den Staat, sondern das Recht, und zwar das Recht des Staates gegen Den, welcher dessen Herrschaft aus keiner Art von Vertrag anerkennt, ebenso wie gegen Den, der einen Schaden ihm zugefügt hat; er kann ihn auf alle Weise zur Unterwerfung oder zur Verbündung rechtlich nöthigen. – Das *Verbrechen der beleidigten* Majestät hat endlich nur bei den Unterthanen oder Bürgern Statt, welche durch stillschweigenden oder ausdrücklichen Vertrug ihr ganzes Recht auf den Staat übertragen haben; ein Unterthan hat dieses Verbrechen begangen, wenn er versucht hat, der Staatsgewalt auf irgend eine Weise sich zu bemächtigen oder sie auf einen Anderen zu übertragen. Ich sage: »versucht hat«; denn sollte die Verurtheilung erst nach vollendetem Verbrechen zulässig sein, so würde nach Annahme des neuen Rechts oder dessen Uebertragung auf einen Anderen der Staat dies meist zu spät unternehmen. Ich sage ferner unbedingt: »wer auf eine Art die Staatsgewalt zu ergreifen versucht«, indem ich keinen Unterschied mache, ob Schaden oder Nützen für den Staat daraus, wenn auch noch so deutlich, daraus folgt. Denn aus welchem Grunde es auch versucht wird, so bleibt die Majestätsbeleidigung, und die Verurtheilung geschieht mit Recht, was vor Allem bei dem Kriege anerkannt wird. Wenn z.B. Jemand nicht auf seinem Posten bleibt, sondern ohne Vorwissen des Feldherrn zum Feinde geht, wenn er auch in guter Absicht, aber für sich die Sache begonnen und den Feind geschlagen hat, so ist er doch mit Recht des Todes schuldig, weil er das Recht des Feldherrn und seinen eigenen Schwur verletzt hat. Dass alle Bürger für immer und unbedingt so verpflichtet sind, wird zwar nicht ebenso deutlich eingesehen, aber der Grund ist ganz derselbe. Denn wenn der Staat nur nach dem Willen der Staatsgewalt erhalten und geleitet werden soll, und wenn man unbedingt ausgemacht hat, dass ihm dies Recht zustehen soll, so verletzt Jeder, der nach seinem Ermessen und ohne Vorwissen der höchsten Gewalt ein öffentliches Geschäft auszuführen unternimmt, wenn auch ein Nutzen für den Staat daraus sich ergiebt, doch das Recht der höchsten Gewalt und ihre Majestät und wird deshalb mit Recht verurtheilt.

Ich bin, um alle Zweifel zu beseitigen, noch eine Antwort auf die Frage schuldig, ob meine obige Behauptung, dass Jeder, dem der Gebrauch der Vernunft fehlt, in natürlichem Zustande nach den Regeln seiner Begierden mit vollem Rechte der Natur lebe, nicht offen mit dem offenbarten göttlichen Recht in Widerspruch steht? Denn da Alle, mögen sie Vernunft haben oder nicht, gleich unbedingt nach dem göttlichen Gebot gehalten sind, ihren Nächsten wie sich selbst zu lieben, so kann man nicht ohne Unrecht einem Anderen Schaden zufügen und blos nach den Regeln seiner Begierden leben. Indess kann auf diesen Einwand leicht geantwortet werden, wenn man nur auf den natürlichen Zustand achtet; denn dieser ist der Natur und der Zeit nach früher als die Religion. Denn Niemand weiss von Natur, dass er Gott zum Gehorsam verpflichtet sei, und Jeder kann nicht durch die Vernunft, sondern nur durch eine mit Zeichen bestätigte Offenbarung dies wissen. Deshalb ist Niemand vor der Offenbarung durch das göttliche Recht gebunden, das er ja nicht kennen kann. Daher darf der natürliche Zustand nicht mit dem der Religion verwechselt werden, und er muss als einer ohne Religion und Gesetz und folglich auch ohne Sünde und Unrecht aufgefasst werden, wie ich schon gethan und durch das Ansehn des Paulus bekräftigt habe. Der natürliche Zustand ist nicht blos rücksichtlich der Unkenntniss von dem geoffenbarten göttlichen Recht und ohne solches aufzufassen, sondern auch rücksichtlich der Freiheit, in der Alle geboren werden. Wären die Menschen von Natur dem göttlichen Recht unterworfen, oder wäre das göttliche Recht von Natur Recht, so war es überflüssig, dass Gott mit den Menschen einen Vertrag einging und durch Vertrag und Eid sie verpflichtete. Deshalb hat offenbar das göttliche Recht erst von da ab begonnen, wo die Menschen in einem ausdrücklichen Vertrage Gott Gehorsam in allen Dingen versprochen, womit sie ihre natürliche Freiheit gleichsam aufgaben und ihr Recht auf Gott übertrug, wie dies nach dem Obigen auch in dem bürgerlichen Zustande geschieht. Indess werde ich später hierüber ausführlicher handeln.

Man kann indess erwidern, dass die Staatsgewalten ebenso wie die Unterthanen dem göttlichen Recht untergeben seien, während ich gesagt, dass jene ihr natürliches Recht behalten und ihnen Alles erlaubt sei. Um diese Schwierigkeit ganz zu beseitigen, welche nicht aus dem natürlichen Zustand, sondern aus dem natürlichen Recht entspringt, sage ich, dass im natürlichen Zustande Jeder durch das geoffenbarte Recht in derselben Weise zu leben verbunden ist, wie er es durch das Gebot der Vernunft ist, nämlich deshalb, weil es nützlich und zum Heile nothwendig ist; will er dies nicht, so kann er es auf seine Gefahr. Er ist also blos gehalten, nach seinem Willen, nicht aber nach dem eines Anderen zu leben, und er braucht keinen Sterblichen als seinen Richter noch als Rächer nach dem Recht der Religion anzuerkennen. Dieses Recht hat die höchste Staatsgewalt behalten, welche zwar für die Menschen sorgen kann, aber keinen Richter und keinen Sterblichen ausser sich als Vertheidiger des Rechts anzuerkennen braucht, mit Ausnahme des Propheten, wenn er von Gott ausdrücklich abgesandt worden ist und dies durch zweifellose Zeichen bestätigt hat. Aber auch dann hat die Staatsgewalt keinen Menschen, sondern nur Gott als Richter anzuerkennen. Wollte sie Gott in seinem offenbarten Rechte nicht gehorchen, so stände ihr dies auf ihre Gefahr und Schaden frei; weder das bürgerliche noch das natürliche Recht hindert sie daran; denn jenes hängt nur von ihr selbst ab, und dieses hängt von den Gesetzen der Natur ab, welche nicht der Religion, die nur den Nutzen der Menschen bezweckt, sondern der Ordnung der ganzen Natur, dem ewigen, uns unbekannten Rathschluss Gottes angepasst sind. Dies scheinen Einzelne, wenn auch dunkel, eingesehen zu haben, die annehmen, dass der Mensch zwar gegen den geoffenbarten Willen Gottes, aber nicht gegen seinen ewigen Rathschluss, mit dem er Alles vorausbestimmt hat, sündigen könne.

Fragt man aber, ob, wenn die Staatsgewalt etwas befiehlt, was gegen die Religion und gegen den Gott durch einen ausdrücklichen Vertrag versprochenen Gehorsam geht, wem man da gehorchen soll, ob dem göttlichen oder dem menschlichen Gebot, so sage ich, da ich darüber bald ausführlicher handeln werde, hier nur kurz, dass man Gott vor Allem gehorchen müsse, wenn man eine gewisse und zuverlässige Offenbarung hat. Allein in Betreff der Religion pflegen die Menschen am meisten zu irren und nach Unterschied ihrer Einsicht in grossem Streit Vieles zu erdichten, wie die Erfahrung hinreichend lehrt. Deshalb würde offenbar, wenn Niemand der Staatsgewalt in dem, was er selbst zur Religion rechnet, zu gehorchen brauchte, das Recht des Staates lediglich von den verschiedenen Einsichten und Leidenschaften der Einzelnen abhängen. Niemand wäre daran gebunden, wenn es nach seiner Ansicht gegen seinen Glauben oder Aberglauben liefe, und so könnte unter diesem Vorwand Jeder sich Alles erlauben. Da also damit das Recht des Staats ganz zerstört wird, so folgt, dass die Staatsgewalt, der allein obliegt, die Rechte des Staates zu bewahren und zu schützen, sowohl nach göttlichem wie nach natürlichem Recht auch das oberste Recht hat, über die Religion zu bestimmen, was sie für gut hält, und dass Alle ihren hierüber ergehenden Befehlen und Beschlüssen vermöge des gegebenen Versprechens, was Gott zu halten gebietet, zu gehorchen verpflichtet sind.

Sind die Inhaber der Staatsgewalt Heiden, so muss man mit ihnen keinen Vertrag abschliessen, sondern lieber das Aeusserste erleiden, als sein Recht auf sie übertragen; oder ist man übereingekommen, und hat man sein Recht auf sie übertragen, so muss man ihnen auch gehorchen und die Treue halten, oder den Zwang dazu anerkennen, da man sich damit auch des Rechts, die Religion zu vertheigen, verlustig gemacht hat. Davon ist nur Derjenige ausgenommen, dem Gott durch sichere Offenbarung eine besondere Hülfe gegen den Tyrannen zugesagt hat oder ihn namentlich ausgenommen wissen will. So waren es von so vielen Juden in Babylon nur drei Jünglinge, die an Gottes Hülfe nicht verzweifelten und deshalb dem Nebucadnezar nicht gehorchen mochten; aber die Anderen alle, mit Ausnahme Daniel's, welchen der König selbst angeleitet hatte, haben ohne Bedenken sich dem Zwang der Gesetze gefügt, indem sie vielleicht bedachten, dass Gottes Rathschluss sie dem Könige überliefert und, dieser die höchste Gewalt inne habe und unter göttlicher Leitung sich erhalte. Dagegen wollte Eleazar, als der Staat noch bestand, den Seinigen ein Beispiel der Festigkeit geben, damit sie ihm nachfolgten und lieber Alles ertrügen, als zugäben, dass ihr Recht und Gewalt auf die Griechen übertragen werde, und dass sie lieber Alles versuchten, als den Heiden Treue zu schwören.

Dies bestätigt auch die tägliche Erfahrung; denn die christlichen Staatsgewalten tragen zur mehreren Sicherheit kein Bedenken, Bündnisse mit den Türken und Heiden einzugehen, und ihren Unterthanen, die dort sich niederlassen wollen, befehlen sie, sich keine grössere Freiheit in menschlichen und göttlichen Angelegenheiten zu nehmen, als sie ausdrücklich ausgemacht haben, oder jene Staaten ihnen bewilligen. Dies ergiebt der Vertrag der Niederländer mit den Japanesen, den ich oben erwähnt habe.

Siebzehntes Kapitel

Es wird gezeigt, dass Niemand Alles auf die Staatsgewalt übertragen kann, und dass dies auch nicht nöthig ist. Ueber den Staat der Juden, wie er zu Mosis Zeiten beschaffen war; wie nach dessen Tode von der Wahl der Könige und über seine Vorzüge; endlich

über die Ursachen, weshalb der Gottesstaat untergehen und sich ohne Aufstände kaum erhalten konnte.

Obgleich die im vorigen Kapitel enthaltene Betrachtung über das Recht der Staatsgewalt auf Alles und über das ihr übertragene natürliche Recht des Einzelnen mit der Praxis so ziemlich stimmt, und die Praxis so eingerichtet werden kann, dass sie ihr sich immer mehr annähert, so ist sie doch in vielen Punkten blosse Theorie geblieben. Denn Niemand wird ja seine Macht und folglich auch sein Recht auf einen Anderen so übertragen können, dass er aufhört, ein Mensch zu sein, und es wird nie eine solche Staatsgewalt geben, die Alles so ausführen kann, wie sie will. Sie würde vergeblich den Unterthanen befehlen, den Wohlthäter zu hassen oder den Beschädiger zu lieben, von Verleumdungen sich nicht verletzt zu fühlen, sich von der Furcht nicht befreien zu wollen und Anderes dergleichen mehr, was aus den Naturgesetzen sich ergiebt. Auch lehrt dies die Erfahrung meines Erachtens deutlich; denn nirgends haben die Menschen ihr Recht in der Art abgetreten und ihre Macht so auf einen Anderen übertragen, dass Die, welche dieses Recht und diese Macht empfingen, jene nicht mehr fürchteten, und dass ihrer Herrschaft nicht von den Bürgern, obgleich sie ihrer Rechte beraubt waren, mehr als von den Feinden Gefahr drohte. Wenn freilich die Menschen ihres natürlichen Rechtes so beraubt werden könnten, dass sie später nichts mehr vermöchten, als was die Inhaber der Staatsgewalt gestatteten, dann könnte diese allerdings ungestraft auf das Gewaltthätigste über ihre Unterthanen herrschen; allein dies wird Niemand in den Sinn kommen. Deshalb muss man anerkennen, dass Jeder sich viele Rechte zurückbehält, die deshalb nicht von dem Belieben eines Anderen, sondern nur von ihm abhängen.

Um indess die Grenzen, wie weit das Recht und die Macht der Staatsgewalt sich erstreckt, richtig einzusehen, ist festzuhalten, dass die Macht der Staatsgewalt nicht blos darin besteht, dass sie die Menschen durch Furcht zwingen kann, sondern in Allem, wodurch sie überhaupt sich Gehorsam verschaffen kann; da nicht der Grund des Gehorsams, sondern der Gehorsam die Unterthanen macht. Aus welchem Grunde auch Jemand beschliesst, das Gebot der Staatsgewalt zu vollziehen, sei es aus Furcht vor Strafe oder aus Hoffnung oder aus Liebe zum Vaterlande oder aus Antrieb eines anderen Gefühls, so überlegt er zwar nach seinen eigenen Gedanken, aber *handelt* dennoch nach dem Gebot der höchsten Gewalt. Also kann man nicht deshalb, dass Jemand etwas freiwillig thut, sofort schliessen, er handle aus seinem und nicht nach dem Rechte der Staatsgewalt. Denn da man sowohl durch Liebe veranlasst, wie durch Furcht genöthigt, um einem Uebel zu entgehen, aber immer nach eigner Ueberlegung und eignem Entschluss handelt, so giebt es entweder keine Staatsgewalt und kein Recht über Unterthanen, oder es erstreckt sich auf

Alles, was bewirkt, dass die Menschen ihr nachzugeben sich entschliessen. Was ein Unterthan thut, der den Befehlen der Staatsgewalt nachkommt, mag er dabei durch Liebe bestimmt oder durch Furcht getrieben werden oder, was das Gewöhnlichere ist, von Hoffnung und Furcht zugleich, oder aus Ehrfurcht, was ein aus Furcht und Bewunderung zusammengesetztes Gefühl ist, oder aus irgend einer Ursache, der handelt nach dem Befehle des Staates, aber nicht nach seinem Recht. Dies ergiebt sich auch klar daraus, dass der Gehorsam nicht sowohl die äussere Handlung als die innere der Seele angeht. Deshalb ist der unter der Gewalt eines Anderen, welcher aus voller Seele allen seinen Befehlen zu gehorchen bereit ist, und deshalb hat Der die grösste Gewalt, welcher über die Gemüther der Unterthanen herrscht. Hätten Diejenigen die grösste Gewalt, die am meisten gefürchtet werden, so besässen sie die Untergebenen des Tyrannen; denn diese werden von ihren Tyrannen am meisten gefürchtet. Wenn man auch der Seele und der Zunge nicht gebieten kann, so stehen doch die Geister in gewissem Sinne unter dem Befehl der Staatsgewalt, da sie viele Mittel hat, um den grössten Theil der Menschen das glauben, lieben oder hassen zu machen, was sie will. Wenn dies also auch nicht auf ausdrücklichen Befehl der Staatsgewalt geschieht, so geschieht es doch, wie die Erfahrung genügend lehrt, durch das Ansehn und die Leitung dieser Gewalt, d.h. durch ihr Recht. Deshalb kann man sich ohne Widerspruch Menschen vorstellen, die vermöge des blossen Rechts des Staates glauben, lieben, hassen, verachten und überhaupt in Affekt gerathen.

Obgleich ich hiernach das Recht und die Macht des Staates sehr ausgedehnt auffasse, so kann sie doch nie so gross sein, dass deren Inhaber ohne jede Schranke die Macht zu Allem, was sie wollen, hätten. Ich glaube dies schon hinreichend dargethan zu haben. In welcher Weise aber die Staatsgewalt einzurichten ist, dass sie demnach gesichert bleibt, dies zu zeigen, ist, wie gesagt, nicht meine Absicht. Um indess dahin zu gelangen, wohin ich will, werde ich das berühren, was zu diesem Zwecke vorzüglich die göttliche Offenbarung dem Moses gelehrt hat, und ich werde dann die Geschichte und Erfolge der Juden in Erwägung nehmen, woraus sich dann ergeben wird, was den Unterthanen zur grösseren Sicherheit und zum Wachsthum des Staats von der höchsten Gewalt zugestanden werden kann.

Vernunft und Erfahrung lehren deutlich, dass der Bestand des Staates vorzüglich von der Treue der Unterthanen und von ihrer Tugend und Beharrlichkeit abhängt, mit der sie die Befehle befolgen; allein es ist nicht so leicht ersichtlich, wie die Unterthanen behandelt werden müssen, damit sie beständig treu und tugendhaft bleiben; denn sowohl die Regierenden wie die Regierten sind Menschen und zur Lust ohne Arbeit geneigt. Wer den wechselnden Sinn der Menge erfahren hat, verzweifelt beinahe daran, weil sie nicht durch die

Vernunft, sondern nur durch die Affekte sich leiten lässt, und weil sie zu Allem bereit ist und leicht durch Geiz oder Ueppigkeit verdorben wird. Jeder Einzelne meint Alles zu verstehen und will, dass Alles nach seinem Sinn geschehe; er hält etwas für unbillig oder billig, für ungerecht oder gerecht, nur soweit es ihm Schaden oder Nutzen bringen kann; aus Ehrgeiz verachtet er Seinesgleichen und lässt sich von ihnen nicht leiten; aus Neid über grössere Ehre oder Glücksguter, die doch niemals gleich sind, wünscht er den Anderen Uebles und erfreut sich daran. Ich brauche nicht Alles herzuzählen; denn Jeder weiss, zu welchen Lastern die Verachtung des Bestehenden und die Begierde nach Neuem sowie der Jähzorn und die Verachtung der Armen die Menschen oft verleiten, und wie sehr diese Leidenschaften ihre Seele erfüllen und bewegen.

Es ist also die Aufgabe und Arbeit, dem Allen zuvorzukommen und die Staatsgewalt so einzurichten, dass für den Betrug kein Raum bleibt, und Alles so zu ordnen, dass Alle trotz ihres verschiedenen Sinnes das öffentliche Recht dem eigenen Nutzen voranstellen. Die Notwendigkeit trieb hier, Vieles auszudenken; allein man ist nie dahin gelangt, dass der Staatsgewalt von ihren Bürgern weniger Gefahr als von ihren Feinden drohte, und dass die Inhaber nicht mehr jene als diese fürchteten. Ein Zeugniss hierfür ist der von Feinden unbesiegte Römische Staat, der so oft von seinen Bürgern besiegt und jämmerlich unterdrückt worden ist; besonders in dem Bürgerkriege des Vespasian gegen Vitellius, den man bei Tacitus im Anfang des 4. Buchs seiner Geschichten nachlesen kann, wo er das elende Aussehen der Stadt schildert. Alexander schätzte, wie Curtius am Ende des 8. Buchs sagt, den Ruhm bei dem Feinde mehr als bei dem Bürger, weil er fürchtete, dass seine Grösse von den Seinigen zerstört werden könne u.s.w. In Furcht vor seinem Schicksal, bittet er seine Freunde: »Schützt mich nur vor innerem Betruge und den Nachstellungen meiner Angehörigen; den Gefahren des Krieges und der Schlacht werde ich ohne Furcht entgegengehen. Philippus war in der Schlacht gesicherter als im Theater; der Hand der Feinde ist er oft entgangen, der Hand seiner Angehörigen konnte er nicht entfliehen. Auch wenn Ihr an das Ende anderer Könige denkt, werdet Ihr mehr zählen, die von den Ihrigen wie von den Feinden getödtet worden sind.« (Curtius, Buch 9, §. 6.) Deshalb haben die Könige, die ehedem die Herrschaft gewonnen, zu ihrer Sicherheit zu verbreiten gesucht, dass sie von den unsterblichen Göttern abstammen. Sie glaubten, dass, wenn nur ihre Unterthanen und Alle sie nicht als Ihresgleichen betrachteten, sondern für Götter hielten, sie sich lieber von ihnen beherrschen lassen und ihnen eher sich unterwerfen würden. So überredete Augustus die Römer, dass er von Aeneas, dem Sohn der Venus, abstamme, der zu den Göttern gerechnet werde; er wollte, dass er in Tempeln und Götterbildnissen durch Flamines und Priester verehrt würde (Tacit. Annal. Buch 1);

Alexander wollte als der Sohn Jupiter's gegrüsst sein; er that das absichtlich, nicht aus Stolz, denn er antwortet auf den Vorwurf des Hermolaus: »Es war beinahe lächerlich, dass Hermolaus verlangte, ich sollte dem Jupiter entgegentreten, durch dessen Orakel ich anerkannt werde. Habe ich auch die Antworten der Götter in meiner Gewalt? Er hat mir den Namen des Sohnes gegeben; es war rathsam, in der Sache selbst das anzunehmen, was ich beabsichtige. Wenn nur auch die Inder mich für einen Gott hielten; denn auf dem Ruhm beruht der Krieg, und das Falsche hat durch den Glauben die Stelle des Wahren vertreten.« (Curtius, Buch 8, §. 8.) Er deutet zugleich den Grund der Täuschung an. Dies thut auch Kleon in seiner Rede, mit der er die Macedonier zu überreden suchte, dem Könige beizustimmen; denn nachdem er durch staunende Erzählung des Ruhmes von Alexander und durch Aufzählung seiner Verdienste der Täuschung den Schein der Wahrheit aufgedrückt hatte, geht er so auf den Nutzen über: »Die Perser verehren ihre Könige nicht blos aus Frömmigkeit, sondern auch aus Klugheit als Götter; denn die Majestät ist der Schutz des Heiles,« und endlich schliesst er so: »er selbst werde, wenn der König sich zum Mahle niedergelassen habe, sich zur Erde werfen; dasselbe müssen die Uebrigen, vorzüglich die mit Weisheit Begabten thun.« (Curtius, Buch 8, §. 5.) Die Macedonier waren indess klüger, und nur ganz rohe Menschen lassen sich so offen hintergehen und aus Unterthanen zu Sklaven für Anderer Nutzen machen. Andere vermochten eher den Glauben zu verbreiten, dass die Majestät heilig sei und Gottes Stelle auf Erden vertrete, und von Gott und nicht durch die Stimme und Einwilligung der Menschen erwählt sei, vielmehr durch die Vorsehung und göttliche Hülfe besonders erhalten und geschützt werde. In dieser Art haben die Monarchen noch Anderes zur Sicherung ihrer Herrschaft ausgedacht; ich lasse es jedoch bei Seite, um auf das zurückzukommen, was ich mir vorgesetzt habe. Ich werde, wie gesagt, nur das berühren und erwägen, was für diesen Zweck vorzüglich die göttliche Offenbarung dem Moses gelehrt hat.

Ich habe schon in Kap. 5 gesagt, dass die Juden nach dem Auszug aus Aegypten keines Volkes Rechte mehr unterthan waren, sondern nach Belieben sich ein neues Recht geben und ein Land nach Belieben besetzen konnten. Denn nachdem sie von der unerträglichen Unterdrückung der Aegypter sich befreit hatten und keinem Sterblichen durch Vertrag verpflichtet waren, hatten sie ihr natürliches Recht auf Alles, was sie vermochten, wieder erlangt, und Jeder konnte von Neuem überlegen, ob er es behalten oder abtreten und einem Anderen übertragen wolle. In diesem natürlichen Zustande beschlossen sie auf den Rath Mosis, dem sie am meisten vertrauten, ihr Recht auf keinen Sterblichen, sondern nur auf Gott zu übertragen, und Alle versprachen, ohne viel zu zögern, laut, dass sie Gott in allen seinen Befehlen unbedingt gehorchen und kein anderes Recht anerkennen wollten, als was er durch die Offenbarung der Propheten als solches verkünde. Dieses Versprechen oder diese Rechtsübertragung auf Gott ist ebenso geschehen, wie ich sie oben für eine gemeinsame Gesellschaft dann angenommen habe, wenn die Einzelnen ihres natürlichen Rechtes sich entäussern wollen. Denn sie haben ausdrücklich durch Vertrag (Exod. XXIV. 7) und Eid ihr natürliches Recht freiwillig und ohne Zwang und Furcht vor Drohungen abgetreten und auf Gott übertragen; und damit der Vertrag genehmigt und fest bleibe und frei vom Verdacht des Betruges, hat Gott nichts eher mit ihnen ausgemacht, als bis sie seine wunderbare Macht erfahren hatten, die allein sie gerettet hatte, und die allein in Zukunft sie erhalten konnte (Exod. XIX. 4, 5). Denn deshalb, weil sie glaubten, dass nur Gottes Macht sie erhalten könne, übertrugen sie ihre ganze natürliche Macht, sich zu erhalten, die sie selbst zu haben früher geglaubt haben mochten, auf Gott, und folglich auch all ihr Recht. Den Staat der Juden erhielt deshalb Gott allein aufrecht, und vermöge des Vertrages wurde er deshalb allein mit Recht der Staat Gottes genannt und Gott mit Recht der König der Juden. Deshalb waren die Feinde dieses Staates die Feinde Gottes, und wer die Herrschaft sich anmassen wollte, hatte die göttliche Majestät verletzt, und die Gerechtsame des Reiches waren die Rechte und Befehle Gottes. Deshalb waren in diesem Staate das bürgerliche, Recht und die Religion, die, wie gezeigt, nur im Gehorsam gegen Gott besteht, ein und dasselbe; d.h. die Sätze der Religion waren keine Sittenlehren, sondern Recht und Verordnungen; die Frömmigkeit war Gerechtigkeit, die Gottlosigkeit galt als Verbrechen und Ungerechtigkeit. Wer von der Religion abfiel, war kein Bürger mehr und galt deshalb allein als Feind, und wer für die Religion in den Tod ging, galt, als hätte er sich für das Vaterland geopfert; überhaupt waren das bürgerliche Recht und die Religion nicht verschieden. Deshalb konnte dieser Staat eine Theokratie genannt werden; denn für seine Bürger galt kein anderes Recht, als was Gott offenbart hatte. Dies Alles beruhte indess mehr auf Glauben als auf Wirklichkeit; denn die Juden hatten in Wahrheit das Recht der Herrschaft unbedingt behalten, wie das Folgende, nämlich die Art und Weise, wie dieser Staat verwaltet wurde, ergeben wird, und wie ich hier darlegen will.

Da die Juden ihr Recht auf Niemand anders übertrugen, sondern Alle, wie in der Demokratie, ihres Rechts sich in gleicher Weise begaben und einmüthig ausriefen: »was Gott spricht, wollen wir thun« (ohne Nennung eines Vermittlers), so folgt, dass Alle nach diesem Vertrag gleich geblieben sind, und Alle das gleiche Recht gehabt haben, Gott zu befragen, seine Gesetze zu empfangen und auszulegen. Deshalb traten Alle in gleicher Weise unmittelbar Gott an, um seinen Befehl zu hören; aber bei dieser ersten Begrüssung erschraken sie sehr und hörten die Worte Gottes mit solchem Erstaunen, dass sie ihr Ende nahe glaubten. Voller Furcht gingen sie also Moses an und baten: »Siehe, wir haben Gott vernommen, wie er aus dem Feuer sprach, und es ist kein Grund, dass wir sterben möchten; dieses grosse Feuer wird uns sicher verzehren; wenn wir Gottes Stimme noch einmal vernehmen sollten, werden wir sicher sterben. Gehe also Du und höre Alles, was unser Gott sagt, und Du (also nicht Gott) wirst zu uns sprechen. Allem, was Gott Dir sagen wird, werden wir gehorchen und es vollbringen.« Damit hoben sie deutlich den ersten Vertrag auf und übertrugen ihr Recht, Gott zu befragen und seine Gebote zu erklären, unbedingt auf Moses. Denn sie versprachen hier nicht wie vorher, Allem, was Gott ihnen, sondern was Gott dem Moses sagen werde, zu gehorchen (Deut. V. hinter den zehn Geboten und XIII. 15, 16). Moses blieb also der alleinige Geber und Ausleger der göttlichen Gesetze und daher auch der höchste Richter, über den Niemand Recht sprechen konnte, und der allein bei den Juden die Stelle Gottes, d.h. die höchste Majestät vertrat, da er allein das Recht hatte, Gott zu befragen und dem Volke die göttlichen Antworten mitzutheilen und es zu deren Ausführung zu zwingen. Ich sage: Moses allein; denn wenn ein Anderer bei Lebzeiten Mosis im Namen Gottes etwas predigen wollte, war er, wenn er auch ein wahrer Prophet war, doch schuldig und ein solcher, der an dem höchsten Recht sich vergreift (Num. XI. 28). Und hier ist zu bemerken, dass, wenn auch das Volk den Moses erwählt hatte, es doch den Nachfolger an dessen Stelle mit Recht nicht wählen konnte; denn sobald es sein Recht, Gott zu befragen, auf Moses übertragen hatte und ohne Vorbehalt versprochen, ihn als göttliches Orakel anzunehmen, verlor es alles Recht, und es musste Den, welchen Moses zu seinem Nachfolger erwählte, als von Gott erwählt annehmen. Hätte er einen solchen gewählt, der wie er die ganze Verwaltung des Staates gehabt, also das Recht, Gott in seinem Zelte allein zu befragen, und mithin die Macht, Gesetze zu geben und aufzuheben, über Krieg und Frieden zu beschliessen, Gesandte abzuschicken, Richter zu bestellen, einen Nachfolger zu wählen und alle Geschäfte einer unbeschränkten Staatsgewalt zu besorgen, so wäre der Staat ein rein monarchischer gewesen, mit dem alleinigen unterschied, dass der gewöhnliche monarchische Staat auf einen dem Monarchen selbst unbekannten Beschluss Gottes, der jü-dische Staat aber auf einen nur dem Monarchen offenbarten Beschluss Gottes in bestimmter Weise regiert wurde oder regiert werden sollte. Dieser Unterschied mindert aber des Monarchen Eigenthum und Recht gegen Alle nicht, sondern vermehrt es vielmehr, und das Volk ist in beiden Staaten gleich untergeben und mit dem göttlichen Be-schluss unbekannt; denn in beiden hängt dies von dem Munde des Monarchen ab, und das Volk weiss nur durch ihm, was Recht und Unrecht ist, und der Glaube des Volkes, dass der Monarch nur nach den ihm offenbarten Beschlüssen Gottes regiere, macht es demselben nicht weniger, sondern in Wahrheit mehr unterthan.

Moses erwählte jedoch keinen solchen Nachfolger, sondern liess den Nachfolgern eine solche Art der Verwaltung, dass man sie weder eine demokratische noch aristokratische noch monarchische, sondern eine theokratische nennen konnte. Denn das Recht, die Gesetze auszulegen und Gottes Antworten mitzutheilen, war bei dem Einen, und das Recht und die Macht, den Staat nach den ausgelegten Gesetzen und mitgetheilten Antworten zu verwalten, war bei dem Andern (Num. XXVII. 21).

Damit dies deutlicher eingesehen werde, will ich die ganze Staatsverwaltung der Reihe nach beschreiben. Zuerst wurde dem Volke geboten, ein Haus zu bauen, welches gleichsam der Hof Gottes, d.h. jener höchsten Majestät dieses Staates wäre. Dies sollte nicht auf Kosten Eines, sondern des ganzen Volkes erbaut werden, damit das Haus, wo Gott zu befragen sei, gemeinen Rechtens sei. Zu Hofleuten und Verwaltern dieses göttlichen Hofstaats wurden die Leviten erwählt, und ihr Vorsteher und gleichsam der von dem Gott-Könige zweite Gewählte war Aaron, der Bruder Mosis, dem seine Söhne dann nach dem Gesetz nachfolgten. Dieser war deshalb, als der Gott Nächste, der oberste Ausleger der göttlichen Gesetze; er gab dem Volke die Antworten des göttlichen Orakels und betete zu Gott für das Volk. Hätte er dazu noch die Staatsgewalt gehabt, so hätte ihm zu dem unbeschränkten Monarchen nichts gefehlt; allein dies war nicht der Fall, und der ganze Stamm Levi war von der gemeinsamen Staatsgewalt so ausgeschlossen, dass er nicht einmal, wie die anderen Stämme, einen Landstrich hatte, der ihm gehörte, und von dem er hätte leben können. Vielmehr war es eingerichtet, dass er von dem übrigen Volke ernährt, aber immer von dem Volke hochgeehrt wurde, da dessen Stamm allein Gott geweiht war.

Demnächst wurde aus den anderen zwölf Stämmen ein Heer gebildet und ihnen geboten, das Reich der Kananiter zu überfallen, es in zwölf Theile zu theilen und an die Stämme durch das Loos zu gehen. Dazu wurden zwölf Vornehmste ausgewählt, einer aus jedem Stamm, die zugleich mit Josua und dem Hohenpriester Eleazar das Recht erhielten, das Land in zwölf gleiche Theile zu theilen und zu verlosen. Zum Feldherrn des Heeres wurde aber Josua erwählt, welcher in neuen Dingen allein das Recht hatte, Gott zu befragen; aber nicht wie Moses, allein in seinem Zelt, oder in dem Tabernakel, sondern durch den Hohenpriester, dem allein die Antworten Gottes ertheilt wurden. Dann aber hing es lediglich von Josua ab, die durch den Hohenpriester empfangenen Gebote Gottes bekannt zu machen, das Volk dazu zu nöthigen, die Mittel zu deren Ausführung zu erwägen und anzuwenden, zur Miliz so viel und wenn er wollte auszuheben,

Gesandte in seinem Namen zu senden und überhaupt Alles zu thun, was zum Recht des Krieges gehört.

In dessen Stelle folgte Niemand nach dem Gesetz, sondern Gott selbst wählte unmittelbar, da die Noth des Volkes dazu zwang; im Uebrigen wurden alle Geschäfte des Krieges und Friedens von den Stammes-Aeltesten besorgt, wie ich bald zeigen werde. Ferner gebot Moses, dass Alle vom 20. bis 60. Jahre die Waffen tragen müssten, und das Heer nur aus dem Volke gebildet werden solle, welche dann nicht dem Feldherrn oder Hohenpriester, sondern der Religion und Gott Treue schwuren. Sie war den das Heer oder die Reihen Gottes genannt, und ebenso hiess Gott bei den Juden der Gott des Heeres. Deshalb war die Bundeslade bei grossen Schlachten, von deren Ausfall der Sieg oder die Niederlage des ganzen Volkes abhing, mit bei dem Heere und in dessen Mitte; damit das Volk seinen König wie gegenwärtig sehe und mit der äussersten Kraft kämpfe.

Aus diesen von Moses seinen Nachfolgern gegebenen Geboten ist zu entnehmen, dass er sie nur zu Verwaltern, aber nicht zu Herren des Staates gesetzt; denn keinem gab er das Recht, allein und wo er wollte, Gott zu befragen, und also auch keinem seine Macht, Gesetze zu geben und aufzuheben, über Krieg und Frieden zu beschliessen, die Verwalter des Tempels und der Städte zu bestellen, was alles Geschäfte der höchsten Staatsgewalt sind. Der Hohepriester hatte zwar das Recht, die Gesetze zu erklären und die Antworten Gottes zu verkünden; aber er konnte dies nicht wie Moses, wenn er wollte, sondern nur auf Befragen des Feldherrn oder hohen Rathes oder eines Aehnlichen; dagegen konnte der oberste Heerführer und der Rath Gott befragen, wenn sie wollten, aber sie konnten die Antwort nur von dem Hohenpriester erhalten. Deshalb waren die Aussprüche Gottes in dem Munde des Hohenpriesters keine Gebote, wie in dem Munde Mosis, sondern nur Antworten, und erst wenn Josua und der Rath sie angenommen hatte, erlangten sie die Kraft von Geboten und Beschlüssen. Ferner hatte der Hohepriester, welcher Gottes Antworten von Gott empfing, nicht das Heer unter sich, und von Rechts wegen keine Herrschaft, und umgekehrt konnten Die, welche das Land von Rechts wegen besassen, keine Gesetze machen.

Ferner sind zwar der Hohepriester Aaron wie sein Sohn Eleazar Beide von Moses erwählt worden; aber nach Mosis Tode hatte Niemand das Recht, den Hohenpriester zu wählen, sondern der Sohn folgte nach dem Rechte seinem Vater. Auch der Feldherr wurde von Moses und nicht von dem Hohenpriester gewählt; allein nach dem ihm von Moses gegebenen Recht wählte er die Person des Feldherrn. Deshalb wählte der Hohepriester nach Josua's Tode Niemand an dessen Stelle; auch die Vornehmsten befragten Gott nicht wegen eines neuen Heerführers, sondern Jeder behielt das Recht des Josua für die Miliz seines Stammes, und Alle gemeinsam für die ganze Miliz. Sie scheinen einen Herrscher nur dann gebraucht zu haben, wenn sie mit vereinten Kräften gegen einen gemeinsamen Feind kämpfen mussten, und dies fand vorzüglich zu Josua's Zeit statt, wo noch nicht Alle feste Sitze hatten, und Alles noch gemeinsam war. Nachdem aber alle Stämme das eroberte und das ihnen noch verheissene Land unter sich getheilt hatten, und es nichts Gemeinsames mehr gab, horte auch das Bedürfniss zu einem gemeinsamen Befehlshaber auf, da die verschiedenen Stämme seit dieser Theilung nicht sowohl als Mitbürger, sondern als Verbündete zu betrachten waren. In Bezug auf Gott und die Religion mussten sie zwar als Mitbürger gelten, aber in Bezug auf das Recht des einen Stammes gegen den anderen nur als Verbündete, mithin, wenn man von dem gemeinsamen Tempel absieht, ungefähr so wie die vereinigten Staaten der Niederlande. Denn die Theilung einer gemeinsamen Sache macht eben, dass Jeder seinen Theil allein besitzt, und die Anderen ihr Recht auf diesen Theil aufgeben. Deshalb wählte Moses Obersten der Stämme, die nach der Theilung des Staates Jeder für seinen Theil sorgen sollten, d.h. Gott durch den Hohenpriester über die Angelegenheiten ihres Stammes zu befragen, ihre Miliz zu befehligen, Städte zu bauen und zu befestigen, Richter in jeder Stadt einzusetzen, die Feinde seines Stammes anzugreifen und alle Geschäfte des Krieges und Friedens zu besorgen. Er brauchte keinen anderen Richter als Gott anzuerkennen, wenn nicht Gott einen Propheten sandte. Wäre er aber von Gott abgefallen, so konnten die anderen Stämme ihn nicht allein zur Unterwürfigkeit verurtheilen, sondern sie mussten ihn auch wie einen Feind, der den Vertrag gebrochen, bekriegen. Die Bibel giebt dazu die Beispiele; denn als Josua gestorben war, so haben die Kinder Israels, aber nicht der neue Feldherr, Gott befragt, und als sie erfuhren, dass der Stamm Juda von Allen zuerst seinen Feind angreifen solle, verbündete dieser Stamm sich mit Simeon, gemeinsam die Feinde Beider anzugreifen. Die übrigen Stämme waren in diesen Vertrag nicht mit einbegriffen (Richter I. 2, 3), sondern Jeder führte den Krieg gegen seinen Feind besonders (wie in dem vorgehenden Kapitel erzählt wird), und Jeder nahm die, welche er wollte, in seine Gewalt und zur Uebergabe an, obgleich es geboten war, Niemand unter irgend einer Bedingung zu schonen, sondern Alle zu vertilgen. Wegen dieser Sünde werden sie zwar getadelt, aber von Niemand vor Gericht gefordert; auch fingen sie deshalb keinen Krieg gegen einander an, und Keiner mischte sich deshalb in die Angelegenheiten des Anderen. Im Gegentheil überfielen sie die Benjamiten, welche die Anderen beleidigt und das Friedensband so gelöst hatten, dass Niemand von den verbündeten Stämmen bei ihnen einen sicheren Aufenthalt hatte. In drei Schlachten wurden sie besiegt, und dann nach Kriegsrecht die Schuldigen sammt den unschuldigen getödtet, was sie nachher in zu später Reue beklagten.

Diese Beispiele bestätigen, was ich über das Recht der einzelnen Stämme gesagt habe. Man wird nun fragen, wer den Nachfolger des Vornehmsten des Stammes wählte? Allein hierüber ergiebt die Bibel nichts Zuverlässiges; ich vermuthe aber, dass, da jeder Stamm in Geschlechter getheilt war, deren Häupter aus den Aeltesten der Familie gewählt wurden, der Aelteste von diesen dem Fürsten nachfolgte. Denn Moses erwählte aus den Aeltesten einen Rath von Siebzig, welche mit ihm den hohen Rath bildeten, und welche nach Josua's Tode das Reich verwalteten. Sie heissen in der Bibel die Aeltesten, und bei den Juden werden gewöhnlich unter den Aeltesten die Richter verstanden, was Allen bekannt sein wird. Es kommt indess für mich wenig darauf an; es genügt, dass ich gezeigt, wie nach Mosis Tode Niemand das Amt eines obersten Herrschers gehabt hat. Denn da Alles nicht von dem Beschlusse *Eines* oder eines Rathes oder des Volkes abhing, sondern Einzelnes von diesem Stamm, Anderes von einem anderen mit gleichen Rechten besorgt wurde, so folgt, dass die Staatsform nach Mosis Tode weder monarchisch noch aristokratisch noch demokratisch geblieben ist, sondern theokratisch, 1) weil das königliche Haus des Reichs der Tempel war, und nur dadurch, wie ich gezeigt, alle Stämme Glieder eines Staats, 2) weil alle Bürger Gott als ihrem obersten Richter Treue schwören mussten; ihm allein sollten sie in Allem unbedingt gehorchen; 3) endlich, weil der höchste Feldherr, wo ein solcher nöthig war, nur von Gott allein erwählt wurde. Was Moses im Namen Gottes dem Volke ausdrücklich voraussagt (Deuter. XIX. 15), bezeugt sachlich die Wahl Gideon's, Samson's und Samuel's. Unzweifelhaft sind deshalb auch die anderen gläubigen Führer ebenso gewählt worden, wenn die Geschichte es auch von ihnen nicht erwähnt.

Nach Feststellung dessen habe ich nun zu prüfen, wie weit diese Verfassung die Gemüther mässigen und sowohl die Herrscher wie die Regierten so in Ordnung halten konnte, dass Jene keine Tyrannen und Diese keine Rebellen wurden.

Die Verwalter oder Inhaber der Herrschaft suchen für Alles, was sie thun, immer den Schein Rechtens zu gewinnen und das Volk von der Rechtmässigkeit desselben zu überreden; sie vermögen dies leicht, da die Auslegung des Rechts nur ihnen zusteht. Dadurch erhalten sie die grösste Freiheit zu Allem, was sie wollen und ihre Begierde verlangt; umgekehrt verlieren sie diese Freiheit, wenn das Recht der Gesetzeserklärung bei einem Anderen ist, und wenn zugleich die wahre Erklärung desselben so einleuchtend für Alle ist, dass Niemand sie bezweifeln kann. Deshalb war den Fürsten der Juden ein grosser Anlass zu Unthaten dadurch entzogen, dass das Recht der Gesetzesauslegung den Leviten allein gegeben worden war (Deut. XXI. 5), welche an der Verwaltung nicht Theil hatten und kein Land besassen, und deren ganze Ehre und Glück von der wahren Auslegung der

Gesetze bedingt war. Ferner sollte das ganze Volk alle sieben Jahre an einem bestimmten Ort sich versammeln, damit es von dem Hohenpriester in den Gesetzen unterrichtet werde, und ausserdem sollte Jeder mit steter grosser Aufmerksamkeit das Gesetzbuch lesen und durchlesen (Deut. XXXI. 9 u. f.). Die Fürsten mussten daher schon ihretwegen dafür sorgen, dass sie Alles nach den gegebenen Gesetzen, die Alle kannten, verwalteten, wenn das Volk sie ehren und als die Diener der Regierung Gottes und Stellvertreter desselben in Ehrfurcht betrachten sollte. Ohnedem hätten sie den heftigen Hass des Volkes, wie es der theologische zu sein pflegt, auf sich geladen. Zur Hemmung der unbezähmten Willkür der Fürsten kam noch hinzu, dass die Miliz aus allen Bürgern vom 20. bis 60. Jahre ohne Ausnahme gebildet wurde, und dass die Fürsten keine fremden Söldlinge in das Heer aufnehmen durften. Dies war von grosser Bedeutung; denn sicher können Fürsten durch Soldaten, denen sie Sold zahlen, das Volk unterdrücken; auch fürchten sie nichts mehr als die Freiheit der Soldaten, die zugleich Bürger sind, und durch deren Tapferkeit, Arbeit und Aufwand von Blut die Freiheit und der Ruhm des Vaterlandes gewonnen worden ist. Deshalb schalt Alexander vor der zweiten Schlacht gegen Darms nach gehörtem Rath des Parmenio nicht Diesen, der den Rath gegeben, sondern den Polysperchon, der bei ihm stand. Denn er vermochte, wie Curtius 4. Buch 3, 13 sagt, es nicht, den Parmenio, den er bereits vor Kurzem heftig behandelt hatte, nochmals zu verletzen, und er konnte die Freiheit der Macedonier, welche er am meisten fürchtete, nicht eher unterdrücken, als bis er die Zahl der Soldaten aus den Gefangenen weit über die der Macedonier vermehrt hatte. Erst dann konnte er seinem Willen freien Lauf lassen, den er selbst nicht bezwingen konnte, und der lange durch die freie Meinungsäusserung seiner Mitbürger in Schranken gehalten worden war. Wenn sonach diese Freiheit der als Soldaten dienenden Bürger schon die Fürsten weltlicher Staaten in Schränken hält, welche nur nach dem Ruhm der Siege lechzen, so musste sie noch weit mehr die Fürsten der Juden in Zaum halten, da deren Soldaten nicht für den Ruhm des Fürsten, sondern Gottes kämpften und die Schlacht nur begannen, wenn die Antwort Gottes es gebilligt hatte.

Dazu kam, dass alle Fürsten der Juden durch dieses Band der Religion verknüpft waren; wäre Einer von ihr abgefallen, so hätte er das göttliche Recht eines Jeden verletzt und hätte von den Andern als Feind behandelt und mit Recht unterdrückt werden können.

Ferner verband sich damit *drittens* die Furcht vor einem neuen Propheten. Denn sobald Einer von gutem Lebenswandel durch die anerkannten Zeichen sich als Prophet erwiesen hatte, so erlangte er damit die höchste Gewalt, d.h. er konnte wie Moses im Namen Gottes, der ihm allein sich offenbarte, sprechen und brauchte nicht wie die Fürsten die Vermittlung des Hohenpriesters. Unzweifelhaft konnten solche Propheten das unterdrückte Volk leicht an sich ziehen und durch leichte Zeichen nach ihren Absichten stimmen. Verwaltete dagegen der Fürst die Geschäfte gut, so konnte er in Zeiten sorgen, dass der Prophet zuvor vor Gericht ihm Rechenschaft geben musste und von ihm geprüft wurde, ob sein Lebenswandel gut, und ob er sichere und zweifellose Zeichen seiner Sendung habe, und ob das, was er Namens Gottes verkünden wollte, mit der angenommenen Lehre und den allgemeinen Gesetzen des Landes übereinstimme. War dies nicht der Fall, oder die Lehre eine neue, so konnte er ihn im Wege Rechtens zum Tode verurtheilen; im Uebrigen wurde er auf das blosse Ansehn und Zeugniss des Fürsten zugelassen.

Dazu kam *viertens*, dass der Fürst den übrigen Vornehmen nicht vorging, und dass die Herrschaft ihm nicht durch Erbrecht, sondern nur wegen seiner Tugend und seines Alters gebührte.

Endlich kam hinzu, dass die Fürsten und die ganze Miliz den Krieg nicht mehr als den Frieden lieben konnten, da die Miliz, wie gesagt, nur aus den Bürgern bestand, und daher die Geschäfte des Krieges von denselben wie die Arbeiten des Friedens besorgt wurden. Der Soldat im Lager war auch der Bürger auf dem Markte; der Hauptmann im Lager war der Richter im Gericht, und der Feldherr im Lager war der Fürst im Staate. Deshalb verlangte Niemand nach Krieg um des Krieges, sondern um des Friedens willen und zum Schutz der Freiheit, und der Fürst mochte sich auch schon deshalb von neuen Unternehmen fern halten, weil er dann den Hohenpriester nicht anzugehen und vor ihm gegen seine eigene Würde stehen zu müssen brauchte.

So viel über die Gründe, welche die Fürsten in den Schranken hielten. Es ist nun zu sehen, wie das Volk in Ordnung gehalten wurde. Die Grundlagen des Reiches geben auch darüber volle Auskunft. Denn bei nur geringer Aufmerksamkeit sieht man, dass sie eine so starke Liebe in den Gemüthern der Bürger haben erzeugen müssen, dass ihnen nichts so schwer war, als das Vaterland zu verrathen oder von ihm abzufallen. Alle mussten so ihm ergeben sein, dass sie eher das Aeusserste als eine fremde Herrschaft erdulden mochten. Nachdem sie ihr Recht auf Gott übertragen, und ihr Reich ein Reich Gottes sein sollte, und sie allein dessen Kinder, die anderen Völker aber Gottes Feinde, so hegten sie deshalb den stärksten Hass gegen diese, da sie auch dies für fromm hielten (Psalm CXXXIX. 21, 22). Deshalb musste ihnen nichts schrecklicher sein, als einem Fremden Treue zu schwören und Gehorsam zu geloben. Es gab kein grösseres Verbrechen, und nichts Schändlicheres konnte bei ihnen erdacht werden, als das Vaterland, d.h. das Reich Gottes, zu verrathen. Schon das Wohnen ausserhalb des Landes galt als ein Verbrechen, weil man den Dienst Gottes, zu dem Jeder schuldig war, nur im Vaterlande üben konnte; denn nur hier war die heilige Erde; überall anders war sie unrein und weltlich. Deshalb klagt David über seine Verbannung zu Saul mit den Worten: »Wenn Dich welche gegen mich aufregen, so sind es verworfene Menschen, weil sie mich ausschliessen, dass ich die Erbschaft Gottes nicht betreten kann, und mir sagen: Gehe und verehre die fremden Götter.« Deshalb wurde auch kein Bürger mit der Verbannung bestraft, was bemerkenswerth ist; denn wer sündigt, ist zwar der Strafe, aber nicht der Schande verfallen.

Der Juden Liebe zum Vaterlande war deshalb keine einfache Liebe, sondern eine Frömmigkeit, welche mit dem Hass gegen die übrigen Völker durch den täglichen Gottesdienst gepflegt und so genährt wurde, dass sie zur anderen Natur wurde. Denn ihr täglicher Gottesdienst war nicht allein verschieden, sondern entgegengesetzt, und dadurch kam es, dass sie vereinzelt und von den übrigen Völkern getrennt blieben. Aus den täglichen Verwünschungen musste ein starker Hass entstehen, der sich fest in die Seele grub; denn es war ein Hass, der aus grosser Andacht und Frömmigkeit entsprungen und für fromm gehalten wurde, und einen grösseren und hartnäckigeren kann es nicht geben. Auch fehlte die gewöhnliche Ursache nicht, welche den Hass immer mehr entzündet. Dieser Hass wurde nämlich erwidert; die anderen Völker waren höchst feindselig gegen sie gesinnt.

Wie sehr Alles dies, die Freiheit in ihrem Staate, die Ergebenheit an das Vaterland, das unbeschränkte Recht auf alle Anderen und der nicht blos erlaubte, sondern fromme Hass gegen diese, die Feindschaft aller Anderen, die Eigenthümlichkeit ihrer Sitten und Gebräuche, ich sage, wie sehr dies die Gemüther der Juden stärken musste, um Alles mit besonderer Standhaftigkeit und Kraft für das Vaterland zu ertragen, lehrt die Vernunft deutlich und bezeugt die Geschichte. Denn sie haben, so lange die Stadt stand, nie unter fremder Herrschaft ausgehalten, und Jerusalem hiess deshalb die aufrührerische Stadt (Hezra, IV. 12, 15). Auch das zweite Reich, was kaum der Schatten des ersten war, da die Hohenpriester auch die fürstliche Herrschaft sich angemasst hatten, konnte nur schwer von den Römern zerstört werden, wie *Tacitus* im 2. Buch seiner Geschichten mit den Worten bezeugt: »Vespasian brachte den jüdischen Krieg durch die noch übrige Eroberung von Jerusalem zu Ende; ein hartes und schweres Werk, mehr wegen des Charakters des Volkes und seines hartnäckigen Aberglaubens, als dass die Belagerten die genügende Kraft, um die Noth zu ertragen, gehabt hätten.«

Ausser diesen nur von der Gesinnung abhängigen Eigenthümlichkeiten gab es in diesem festen Staate eine andere, welche die Bürger von jedem Abfall und von dem Verlassen des Vaterlandes zurückhielt, nämlich der Nutzen, welcher die Stärke und das Leben aller menschlichen Handlungen ausmacht. Denn nirgends besassen die

Bürger mit grösserem Recht ihre Güter, als die Unterthanen in diesem Staate, die einen gleichen Antheil mit dem Fürsten an dem Lande und Aeckern hatten, und wo Jeder in Ewigkeit Eigenthümer seines Antheils blieb. Denn wenn Jemand aus Armuth sein Grundstück oder seinen Acker verkauft hatte, musste es ihm bei Eintritt des Jubeljahres zurückgegeben werden, und ähnlich waren andere Einrichtungen, welche den Verlust der Güter hinderten. Endlich konnte nirgends die Armuth leichter zu ertragen sein als hier, wo die Liebe zu dem Nächsten, d.h. gegen seine Mitbürger mit der höchsten Frömmigkeit geübt wurde, um die Gnade Gottes, ihres Königs, zu erlangen.

So konnte den jüdischen Bürgern nur in ihrem Staate wohl sein, und der Aufenthalt ausser demselben war ihnen der grösste Schaden und Schande. Zu ihrer Anhänglichkeit an das Vaterland und zur Beseitigung der Bürgerkriege und Streitigkeiten trug auch wesentlich bei, dass Niemand Jemand Seinesgleichen, sondern nur Gott diente, und dass die Milde und Liebe zu seinem Mitbürger als die höchste Frömmigkeit galt, welche durch den gegenseitigen Hass zwischen Juden und dem übrigen Völkern erheblich gesteigert wurde.

Ferner half die strenge Zucht des Gehorsams, in der sie erzogen wurden; denn sie mussten Alles nach bestimmten gesetzlichen Vorschriften thun. Man durfte nicht nach Belieben pflügen, sondern nur zu bestimmten Zeiten und Jahren und nur mit *einer* Art Vieh zugleich. Auch das Säen und Ernten war nur auf eine bestimmte Art und zu bestimmter Zeit gestattet, und ihr ganzes Leben war eine fortwährende Hebung des Gehorsams. (Man sehe Kap. 5 in Betreff des Nutzens der Gebräuche.) In Folge dieser Gewöhnung galt ihnen selbst dieser Zwang nur als Freiheit, und deshalb verlangte Jeder nach Geboten, nicht nach deren Aufhebung.

Ebenso half es, dass sie zu bestimmten Jahreszeiten sich der Müsse und Lust zu überlassen schuldig waren; nicht damit sie ihrer Lust, sondern damit sie Gott mit Lust gehorchten. Dreimal im Jahre waren sie Gäste Gottes (Deut. XVI.); am siebenten Tage der Woche ruhten sie von jeder Arbeit und mussten sich der Müsse ergeben, und daneben waren noch andere Zeiten bestimmt, in denen anständige Lustbarkeiten und Gastmahle nicht blos erlaubt, sondern geboten waren. Es giebt nichts Wirksameres als dies für die Gewinnung der Herzen der Menschen; denn nichts fesselt die Seele so als die Fröhlichkeit, welche zugleich aus der Andacht, d.h. aus Liebe und Bewunderung vereint entspringt. Auch konnten sie dessen durch Gewohnheit nicht leicht überdrüssig werden; denn der Gottesdienst an den Festen war selten und dabei mannichfach. Dazu kam die grosse Verehrung des Tempels, an der sie wegen der besonderen Gebräuche und der vor dem Eintritt zu beobachtenden Handlungen auf das Gewissenhafteste festhielten, so dass sie noch heute mit Schaudern jene Unthat des

Manasse lesen, welcher die Errichtung eines Götzenbildes selbst in dem Tempel gestattet hatte. Auch für die Gebräuche, welche im Innersten Heiligthum gewissenhaft beobachtet wurden, war die Eifersucht des Volkes nicht geringer, und man brauchte deshalb das Gerede und die Vorurtheile desselben nicht zu fürchten. Niemand wagte über göttliche Dinge ein Urtheil zu fällen, sondern Allem, was ihnen auf das Ansehn einer göttlichen, im Tempel empfangenen Antwort oder eines von Gott erlassenen Gesetzes geboten wurde, hatten sie ohne alles Befragen der Vernunft zu gehorchen.

Damit glaube ich die wesentlichen Verhältnisse dieses Staates zwar kurz, aber doch deutlich klar gemacht zu haben. Ich habe nun noch die Ursachen zu untersuchen, weshalb die Juden so oft von dem Gesetze abgefallen sind, weshalb sie so oft unterjocht worden sind, und weshalb ihr Staat zuletzt ganz zerstört werden konnte. Vielleicht sagt man, dies sei wegen des Volkes Ungehorsam geschehen; allein solche Antwort ist kindisch; denn weshalb war dieses Volk ungehorsamer als die übrigen? etwa von Natur? Allein die Natur erzeugt keine Völker, sondern nur Einzelne, welche erst durch Sprache, Gesetze und Sitten zu besonderen Völkern werden. Nur aus diesen beiden letzten, aus den Gesetzen und Sitten, können die besonderen geistigen Anlagen, die besonderen Zustände und die besonderen Vorurtheile hervorgehen. Wenn also auch wirklich die Juden ungehorsamer wie andere Sterbliche gewesen wären, so traf dies ihre fehlerhaften Gesetze und Sitten. Allerdings hätte Gott, wenn er ihren Staat hätte dauerhafter machen wollen, ihnen auch andere Rechte und Gesetze und eine andere Verwaltung derselben geben müssen. Man kann deshalb nur sagen, dass Gott ihnen schon gezürnt habe, nicht blos, wie Jeremias XXVII. 31 sagt, von der Erbauung der Stadt ab, sondern schon von dem Erlass der Gesetze ab. Dieses bezeugt auch Ezechiel XX. 25 mit den Worten: »Denn ich gab ihnen keine guten Einrichtungen und keine Rechte, nach denen sie leben konnten, und ich habe sie verunreinigt mit ihren Gaben, indem ich alle Oeffnung der Gebärmutter (d.h. das Erstgeborne) zurückwies, damit ich sie verdürbe, und sie erkenneten, dass ich Jehova bin.« Damit diese Worte und die Ursache der Zerstörung recht verstanden werden, ist festzuhalten, dass zuerst die Absicht war, den ganzen heiligen Dienst den Erstgebornen zu übergeben und nicht den Leviten (Num. III. 17). Allein nachdem Alle ausser den Leviten das Kalb angebetet hatten, sind die Erstgebornen verstossen und verunreinigt worden, und an deren Stelle sind die Leviten erwählt (Deut. X. 8), welche Veränderung mich, je länger ich sie betrachte, um so mehr zwingt, in des *Tacitus* Worte auszubrechen, dass Gottes Absicht damals nicht deren Sicherheit, sondern die Rache gewesen. Und ich staune, dass der Zorn in der himmlischen Seele so gross gewesen, dass er selbst die Gesetze, die immer nur die Ehre des ganzen Volkes, sein Wohl und seine Sicherheit bezwecken, in der Absicht, sich zu rächen und das Volk zu strafen, abgefasst, so dass die Gesetze keine Gesetze, d.h. nicht das Heil des Volkes, sondern seine Strafe und seine Busse wurden. Denn alle Geschenke, welche sie den Leviten und Priestern zu bringen hatten, und auch dass sie die Erstgeburt einlösen mussten und den Leviten ein Kopfgeld zahlen, und endlich, dass die Leviten allein den Zutritt zu dem Heiligthum hatten, waren das stete Zeugniss der Unreinigkeit und Verstossung der Uebrigen. Ferner konnten die Leviten ihnen stets Vorwürfe machen. Denn unzweifelhaft befanden sich unter so vielen Tausenden lästige Religionsgrübler; deshalb hatte das Volk die Neigung, die Thaten der Leviten, die ja auch Menschen waren, zu beobachten und Alle des Vergehens um Eines willen anzu- klagen. Daher erhoben sich fortwährend schlimme Gerüchte, und sie wurden unmuthig, dass sie müssige und verhasste Personen, die nicht mit ihnen verwandt waren, ernähren mussten, namentlich wenn das Getreide theuer war.

Es ist also nicht zu verwundern, dass in den ruhigen Zeiten, wo die offenbaren Wunder aufhörten, und keine Männer mit grossem Ansehn auftraten, der gereizte und geizige Sinn des Volkes ermattete und zuletzt von dem Gottesdienst, der zwar göttlich, aber für sie entehrend und verdächtig war, abfielen und nach Neuem verlangte; und dass die Fürsten, welche immer streben, die Herrschaft allein zu gewinnen, nach einem Wege suchten, wo sie das Volk sich verbänden und von dem Hohenpriester abzögen, ihm Alles gestatteten und neue Gottesdienste einführten. Wäre der Staat, so wie es zuerst die Absicht war, eingerichtet worden, und hätten alle Stämme immer gleiche Rechte und gleiche Ehre gehabt, so würde Alles sich in Ruhe erhalten haben; denn wer hätte dann das heilige Recht seiner Blutsverwandten verletzen mögen? Was hätte man anders wollen können, als seinen Bruder und seine Eltern aus Anhänglichkeit an die Religion zu ernäh- ren und ihnen die Auslegung der Gesetze zu überlassen und von ih- nen die göttlichen Antworten zu erwarten? Ferner wären auf diese Weise alle Stämme weit enger unter einander verbunden gewesen, wenn Alle das gleiche Recht zur Verwaltung des heiligen Dienstes gehabt hätten, und man hätte nichts zu fürchten brauchen, selbst wenn die Wahl der Leviten einen anderen Grund als Zorn und Rache gehabt hätte.

Allein sie hatten, wie gesagt, einen auf sie erzürnten Gott, welcher, um die Worte des Ezechiel zu wiederholen sie durch ihre Geschenke verunreinigte und alle Erstgeburt der Mutter zurückwies, damit er sie vertilge. Dies wird auch durch die Geschichte selbst bestätigt. Sobald das Volk in der Wüste Müsse hatte, waren viele Männer und nicht von dem gemeinen Volke über diese Wahl ungehalten und begannen zu glauben, dass Moses nicht nach Befehl Gottes, sondern nach seinem Belieben Alles einrichte; weil er nämlich seinen Stamm vor Allen ausgewählt und das Amt des Hohenpriesterthums seinem Bruder in Ewigkeit verliehen hatte. Sie begannen deshalb einen Aufruhr und gingen ihn mit dem Geschrei an, dass sie Alle gleich heilig seien, und dass er selbst in ungerechter Weise sich über Alle erhebe. Moses konnte sie durch keine Gründe beruhigen, sondern Alle wurden mittelst eines Wunders zum Zeichen seines Glaubens vernichtet. Daraus entstand ein neuer und allgemeiner Aufstand des Volkes; denn sie glaubten, Jene seien nicht durch den Richterspruch Gottes, sondern durch die Kunst des Moses vernichtet worden. Nach grossem Blutvergiessen und Pest beruhigte er sie endlich, aber so, dass Alle lieber sterben als leben wollten. Der Aufstand hatte zwar aufgehört, aber die Eintracht war nicht eingetreten. Die Bibel bezeugt dies Deut. XXXIII. 21, wo Gott, nachdem er dem Moses verkündigt, dass das Volk nach seinem Tode von dem göttlichen Dienst abfallen werde, ihm sagt: »Denn ich kenne sein Begehren, und was es heute vorbereitet, so lange ich es noch nicht in das Land geführt haben werde, wie ich geschworen habe.« Und bald darauf sagt Moses dem Volke: »Denn ich kenne Euren Aufruhr und Euren Ungehorsam. Wenn Ihr, so lange ich mit Euch gelebt habe, aufrührerisch gegen Gott gewesen seid, so werdet Ihr es nach meinem Tode noch mehr sein.«

Und so geschah es auch wirklich, wie bekannt ist. Daher kamen die vielen Neuerungen, die grosse Ausgelassenheit, Ueppigkeit und Sorglosigkeit, wodurch Alles schlimmer zu werden begann, bis sie nach häufigen Unterjochungen das göttliche Recht völlig brachen und nach einem sterblichen König verlangten, damit der Königssitz des Reiches kein Tempel, sondern ein Hof sei, und alle Stämme nicht mehr gemeinsame Bürger durch das göttliche Recht und Hohepriesterthum, sondern durch den König wären. Dies gab starken Anlass zu neuem Aufruhr, woraus zuletzt der Untergang des ganzen Staates hervorging. Denn was können die Könige weniger ertragen, als ein bittweises Regieren, wo sie über ihre Herrschaft noch eine andere sich gefallen lassen sollen? Erst wurden sie aus den Bürgern erwählt und waren mit der Würde, zu der sie gelangt, zufrieden; allein nachdem die Söhne die Herrschaft vermöge des Erbrechts erlangten, begannen sie allmählich Alles zu verändern, damit sie die Herrschaft allein hätten, deren grösseren Theil sie entbehrten, so lange die Gesetzgebung nicht von ihnen ausging, sondern von dem Hohenpriester, welcher die Gesetze in dem Heiligthum verwahrte und dem Volke erklärte. Dadurch waren sie wie Unterthanen an die Gesetze gebunden und konnten sie nicht abschaffen oder neue mit gleichem Ansehn geben. Das Recht der Leviten schloss die Könige ebenso wie die Unterthanen als Laien von der Verwaltung der Heiligthümer aus, und die ganze Sicherheit ihrer Herrschaft hing von dem Willen blos eines Einzigen ab, der als Prophet galt, wovon sie die Beispiele schon erlebt hatten. Denn Samuel gab dem Saul mit grosser Freiheit Befehle und konnte leicht wegen eines Fehltrittes Saul's die Herrschaft auf David übertragen. Deshalb hatten die Könige einen Herrscher über ihrer Herrschaft und regierten nur bittweise.

Um dies zu beseitigen, liessen sie andere Tempel und Götter einweihen, damit die Leviten nicht mehr befragt zu werden brauchten; dann suchten sie nach Personen, die im Namen Gottes weissagten, damit sie Propheten hätten, welche sie den wahren gegenüberstellen könnten. Allein alle ihre Versuche erreichten nicht den Zweck; denn die Propheten waren auf Alles vorbereitet und warteten die passende Zeit ab, nämlich den Eintritt des Nachfolgers, dessen Herrschaft, so lange noch das Andenken des Vorgängers lebendig bleibt, immer schwankend ist. Dann konnten sie leicht, auf die göttliche Autorität gestützt, irgend einen feurigen und durch Tugend ausgezeichneten König einführen, der das göttliche Recht wiederherstellen und die Herrschaft oder einen Theil desselben mit Recht besitzen konnte. Aber auch die Propheten konnten damit nicht weiter kommen; denn wenn sie auch den Tyrannen loswurden, so blieben doch die Ursachen, und das Ergebniss war, dass sie mit vielem Blutvergiessen nur einen neuen Tyrannen sich erkauft hatten. Deshalb nahmen die Streitigkeiten und Bürgerkriege kein Ende; die Ursachen für die Verletzungen des göttlichen Rechts blieben immer dieselben und konnten nur mit dem Reiche selbst beseitigt werden.

Damit habe ich dargelegt, wie die Religion in den jüdischen Staat eingeführt worden ist, und wie der Staat sich für immer hätte halten können, wenn der gerechte Zorn des Gesetzgebers dessen Fortdauer gestattet hätte. Da dies nicht geschehen konnte, musste er zuletzt untergehen. Ich habe hier nur von dem ersten Reiche gehandelt; denn das zweite war kaum ein Schatten des ersten, da das Recht der Perser, deren Unterthanen sie waren, in diesem zweiten Reiche galt; und als sie die Freiheit erlangten, maassten die Hohenpriester sich die fürstlichen Rechte an und erlangten dadurch die unbeschränkte Herrschaft. Damit entstand für die Priester eine grosse Versuchung, zu herrschen und das Hohepriesterthum zu gewinnen, und ich brauche deshalb über dieses zweite Reich ein Mehreres nicht zu sagen. Ob aber das erste Reich in seiner dauerhaften Verfassung nachzuahmen sei, oder ob es fromm ist, dasselbe, so weit es angeht, nachzuahmen, wird aus dem Folgenden sich ergeben. Zum Schluss will ich nur hier bemerken, dass, wie ich früher angedeutet, aus dem in diesem Kapitel Angeführten hervorgeht, dass das göttliche Recht oder die Religionsverfassung aus einem Vertrage entspringt, ohne welchen nur das natürliche Recht vorhanden ist. Deshalb waren die Juden zu keiner Frömmigkeit gegen die Völker verbunden, welche an diesem Vertrage keinen Theil genommen hatten, sondern sie hatten nur gegen ihre Mitbürger Pflichten.

Achtzehntes Kapitel

Aus dem Staat und der Geschichte der Juden werden einige politische Lehren abgeleitet.

Obgleich der jüdische Staat, wie ich ihn in dem vorigen Kapitel geschildert habe, für immer hätte bestehen können, so ist doch seine Nachahmung weder möglich noch räthlich. Denn wenn die Menschen ihr Recht auf Gott übertragen wollten, so müssten sie, wie die Juden, mit Gott einen ausdrücklichen Vertrag schliessen, wozu nicht blos die Erklärung der Uebertragenden, sondern auch Gottes nöthig wäre, auf den das Recht übertragen werden soll. Gott hat aber durch die Apostel offenbart, dass der Vertrag mit Gott nicht mehr mit Tinte oder auf steinernen Tafeln, sondern durch den Geist Gottes in die Herzen geschrieben werde. Ferner würde eine solche Staatsform nur für Die nützlich sein, welche für sich allein, ohne auswärtigen Verkehr leben und sich in ihre Grenzen einschliessen und von dem übrigen Erdkreise trennen wollten; nicht aber für Die, welche mit Anderen verkehren müssen. Deshalb kann diese Staatsform nur für sehr Wenige passen. Wenn sie indess auch nicht in Allem nachahmungswerth ist, so hat sie doch Vieles enthalten, was die Aufmerksamkeit verdient, und dessen Nachahmung vielleicht sehr zweckmässig ist. Da ich indess nicht absichtlich über den Staat handeln will, so lasse ich das Meiste davon unerwähnt und will nur das berühren, was in meine Aufgabe fällt. Dahin gehört, dass es nicht gegen das Reich Gottes streitet, wenn der Inhaber der höchsten Staatsgewalt gewählt wird; denn nachdem die Juden ihr Recht auf Gott übertragen hatten, übergaben sie dem Moses die höchste Staatsgewalt. Dieser allein hatte danach das Recht, die Gesetze im Namen Gottes zu erlassen und aufzuheben, die Religionsdiener zu wählen, Recht zu sprechen, zu lehren, zu strafen und Allen Alles unbeschränkt zu befehlen. Ferner erhellt, dass die Religionsdiener, obgleich sie die Ausleger der Gesetze waren, doch nicht Recht sprechen, noch Jemand aus der Gemeinschaft ausschliessen konnten; dies stand nur den Richtern und den aus dem Volke erwählten Fürsten zu (Josua VI. 26, Richter XXI. 18 und 1. Sam. XIV. 20).

Neben diesem findet sich, wenn man auf die Erfolge und Erlebnisse der Juden achtet, noch mehreres Bemerkenswerthes. *Erstens* gab es bei ihnen keine Religionssekten vor der Zeit, wo die Hohenpriester im zweiten Reiche die Macht der Gesetzgebung und Verwaltung erlangt und zur Befestigung dieser Gewalt das Recht des Fürsten sich angemaasst hatten und Könige heissen wollten. Der Grund liegt auf der Hand. Im ersten Reiche konnten die Beschlüsse ihren Namen von keinem Hohenpriester haben, da er nicht das Recht der Gesetzgebung besass, sondern nur auf Befragen des Fürsten oder des Rathes die Antworten Gottes mitzutheilen hatte. Deshalb hatten sie keinen Anlass, etwas Neues zu beschliessen, sondern sie vertheidigten und verwalteten nur das Gewohnte und Hergebrachte. Nur wenn sie die Gesetze unverletzt erhielten, konnten sie ihre Freiheit selbst gegen den Willen der Fürsten aufrecht erhalten. Nachdem sie aber auch die Macht zur Leitung der Reichsgeschäfte und das fürstliche Recht zu dem Hohenpriesterthum hinzugenommen hatten, begann ihr Bestreben, in Religions- und sonstigen Angelegenheiten einen berühmten Namen sich zu machen, indem sie Alles mit priesterlicher Autorität entschieden und täglich Neuerungen in den Gebräuchen, in dem Glauben und sonst einführten, die ebenso heilig und gültig sein sollten wie die Gesetze Mosis. Dadurch versank die Religion in einen verderblichen Aberglauben, und der wahre Sinn und die Auslegung der Gesetze wurde verdorben. Dazu kam, dass die Hohenpriester in der Zeit, wo sie während der Wiederherstellung des Reichs sich den Weg zu der fürstlichen Gewalt bahnten, dem Volke Alles bewilligten, um es an sich zu ziehen; sie billigten die Handlungen der Menge, selbst wenn sie gottlos waren, und bequemten die Bibel ihren schlechten Sitten an. Malachias bezeugt dies ausdrücklich; nachdem er die Priester seiner Zeit gescholten und Verächter des Namens Gottes genannt hat, fährt er in seiner Züchtigung so fort: »Die Lippen des Hohenpriesters sind die Wächter der Wissenschaft, und das Gesetz wird aus ihrem Munde verlangt, weil sie Abgesandte Gottes sind; Ihr aber seid vom Wege abgewichen und habt das Gesetz zu einem Schaden für Viele gemacht; Ihr habt den Vertrag Levi gebrochen, sagt der Gott der Heerschaaren.« So fährt er fort, sie anzuklagen, dass sie die Gesetze willkürlich auslegten und nur auf die Personen, aber nicht auf Gott achteten. Es ist gewiss, dass die Hohenpriester dies nie so vorsichtig ausführen konnten, dass nicht die Klügeren es bemerkt hätten. Deshalb behaupteten diese mit zunehmender Kühnheit, dass nur die geschriebenen Gesetze befolgt zu werden brauchten, und dass die Beschlüsse, welche die getäuschten Pharisäer, die nach des Josephus Alterthümer meist aus niedrigem Volke bestanden, die Ueberlieferung der Väter nannten, nicht befolgt zu werden brauchten. Wie dem auch sei, so ist gewiss, dass die Schmeichelei der Hohenpriester, die Verderbniss der Religion und Gesetze und das unglaubliche Anwachsen dieser Uebel viel und häufig Anlass zu Zank und Streit gegeben haben, welcher nicht beigelegt werden konnte. Denn wenn die Menschen in der Hitze des Aberglaubens und die eine Seite unter Beistand der Obrigkeit zu streiten beginnen, so ist die Beruhigung unmöglich und die Spaltung in Sekten unvermeidlich.

Zweitens ist es merkwürdig, dass die Propheten, also einzelne Menschen, durch ihr freies Tadeln, Schelten und ihre Vorhaltungen die Menschen mehr erbittert als gebessert haben; da sie doch, wenn die Könige sie ermahnten oder züchtigten, leicht nachgaben. Die Propheten wurden selbst frommen Königen unerträglich wegen ihrer

Macht, mit der sie über Alles urtheilten, ob es mit Recht oder unrecht geschehen sei, und selbst die Könige züchtigten, wenn sie bei einem öffentlichen oder privaten Unternehmen gegen ihren Ausspruch beharrten. Der König Asa, welcher nach dem Zeugniss der Bibel fromm regiert hat, schickte den Propheten Ananias zu einem Bäcker (2. Chronik XVI.), weil Ananias ihn wegen eines mit dem König von Armenien geschlossenen Vertrages offen zu tadeln und zu schelten wagte. Auch sonst findet man Beispiele, welche zeigen, dass die Religion von dieser Freiheit mehr Schaden als Vortheil gehabt hat, wobei ich gar nicht erwähnen will, dass aus diesen Aussprüchen der Propheten grosse Kriege entstanden sind.

Drittens ist auch bemerkenswerth, dass in der Zeit, wo das Volk die Herrschaft hatte, nur ein Bürgerkrieg stattgefunden hat, der aber völlig gestillt wurde, und bei dem die Sieger die Besiegten so mild behandelten, dass sie dieselben in deren alte Würden und Macht wieder einsetzten. Als aber das Volk, was an Könige nicht gewöhnt war, die erste Verfassung in eine Monarchie umänderte, nahmen die Bürgerkriege kein Ende, und die Schlachten wurden so grausam, dass es allen Glauben übersteigt; denn in einer Schlacht sind, was beinahe unglaublich ist, 50,000 Israeliten von den Juden getödtet worden, und in einem anderen tödteten die Israeliten viele Juden, deren Anzahl die Bibel nicht angiebt, nahmen den König gefangen, zerstörten die Mauern von Jerusalem, beraubten selbst den Tempel, um ihren maasslosen Zorn zu bekunden, und legten erst die Waffen nieder, als sie, beladen mit einer ungeheuren, ihren Brüdern abgenommenen Beute, gesättigt im Blute, nach Empfang von Geisseln, dem Könige nur ein ganz verwüstetes Land gelassen hatten, wobei sie nicht auf die Treue, sondern auf die Ohnmacht der Juden sich verliessen. Denn nach wenigen Jahren begann, als die Juden sich etwas erholt hatten, ein neuer Kampf, in dem die Israeliten wieder Sieger blieben; da schlachteten sie 120,000 Juden, führten über 200,000 Weiber und Kinder als Gefangene fort und machten nochmals grosse Beute. Durch solche und andere Kämpfe, die in der Geschichte nur kurz erwähnt sind, erschöpft, wurden die Juden zuletzt die Beute ihrer Feinde. – Selbst wenn man die Zeiten des tiefen Friedens betrachtet, zeigt sich ein grosser Unterschied gegen die Zeit vor den Königen, wo sie oft 40 Jahre, und einmal, was kaum glaublich ist, 80 Jahre ohne äusseren Krieg und innere Unruhen verbracht haben. Nachdem aber die Könige zur Herrschaft gekommen waren, wurden die Kriege nicht mehr wie früher um des Friedens und der Freiheit willen geführt, die Zeit Salomo's ausgenommen, dessen Tugend, die Weisheit nämlich, besser im Frieden als im Kriege sich zeigen konnte. Da begann eine verderbliche Herrschsucht, welche den Meisten ihren Weg zur Herrschaft zu einem blutigen machte. Auch die Gesetze wurden während der Volksherrschaft unverderbt erhalten und beharrlicher befolgt; denn vor den Königen gab es nur wenig Propheten, die das Volk ermahnten, aber nach der Königswahl standen viele zugleich auf. So befreite Habadias deren hundert vom Tode und versteckte sie, damit sie nicht mit den Uebrigen getödtet würden. Auch findet sich nicht, dass das Volk früher von falschen Propheten betrogen worden ist, als nach Einsetzung der Könige, denen sie meistens zustimmten. Dazu kommt, dass der Sinn des Volkes je nach den Umständen bald stolz, bald demüthig war, und es im Unglück sich leicht besserte und zu Gott wendete, die Gesetze herstellte und sich so aus allen Gefahren heraushalf; dagegen war der Sinn der Könige immer stolz; sie konnten ohne Schande nicht nachgeben und hielten so hartnäckig an ihren Fehlern fest, bis der Staat völlig zu Grunde ging.

Daraus ergiebt sich deutlich, 1) wie gefährlich es für die Religion und den Staat ist, den Priestern ein Recht auf Gesetzgebung oder Reichsverwaltung einzuräumen; vielmehr bleibt Alles beständiger, wenn man die Priester so hält, dass sie nur auf Befragen ihre Meinung äussern dürfen, und bis dahin nur das lehren und üben, was hergebracht und im Gebrauche ist; 2) wie gefährlich es ist, rein spekulative Fragen in das göttliche Recht zu ziehen und Gesetze über streitige Ansichten zu erlassen; denn die Herrschaft ist da am gewaltsamsten, wo Meinungen, zu denen Jeder berechtigt ist, und denen er nicht entsagen kann, für ein Verbrechen gelten. Selbst der Zorn des grossen Haufens herrscht da am meisten, wo solches geschieht; denn Pilatus liess nur, um den Zorn der Pharisäer zu beschwichtigen, Christus hinrichten, obgleich er ihn für unschuldig hielt. Auch die Pharisäer begannen die Religionsstreitigkeiten und die Anklagen gegen die Sadducäer wegen Gottlosigkeit nur, um die Reichen aus ihren Würden zu vertreiben. Nach diesem Beispiele der Pharisäer wurden die Schlachten und die Heuchler von der gleichen Leidenschaft erfasst, die sie Eifer für Gottes Recht nannten; überall verfolgten sie die durch Frömmigkeit ausgezeichneten und durch Tugend bekannten und deshalb der Menge verhassten Männer; sie verurtheilten öffentlich deren Meinungen und entzündeten den Zorn der wilden Menge gegen sie. Diese dreiste Ausgelassenheit, die sich den Mantel der Religion umhängt, kann nicht leicht aufgehalten werden, namentlich wenn die Staatsgewalten eine Religionssekte einführen, die sie nicht begründet haben. Dann gelten sie nicht als Ausleger des göttlichen Rechtes, sondern als Sektirer, und sie müssen die Lehrer der Sekte als die Ausleger des göttlichen Rechts anerkennen. Dann pflegt das Ansehn der Obrigkeit hierin bei der Menge zu sinken, und das Ansehn der Lehrer steigt um so mehr; man meint dann, dass auch die Könige deren Auslegungen anerkennen müssen. Um dieses Uebel zu vermeiden, giebt es für den Staat kein besseres Mittel, als Frömmigkeit und Religionsdienst nur in die Werke zu setzen, d.h. nur in die Ausübung der Liebe und Gerechtigkeit, und im Uebrigen Jedem seine Meinung frei zu lassen. Doch hierüber werde ich nachher ausführlich sprechen.

3) erhellt, wie nöthig es für den Staat und die Religion ist, dass der höchsten Staatsgewalt die Entscheidung über Recht und Unrecht zustehe. Denn wenn dieses Recht, über die Thaten zu entscheiden, selbst den göttlichen Propheten nur zum grossen Schaden des Reiches und der Religion eingeräumt werden konnte, so kann es noch weniger solchen eingeräumt werden, die weder das Kommende vorhersagen, noch Wunder verrichten können. Auch hierüber werde ich im Folgenden noch besonders handeln.

4) endlich erhellt, wie verderblich es für ein Volk, was an Könige nicht gewöhnt war und schon Gesetze hatte, wurde, dass sie die Monarchie wählten. Denn das Volk konnte eine solche Herrschaft nicht ertragen, und ebenso mochte die königliche Macht die Gesetze und die Rechte des Volkes nicht, welche von geringeren Gewalten eingesetzt waren. Noch weniger waren sie bereit, diese Rechte zu vertheidigen, da bei deren Einrichtung keine Rücksicht auf den König, sondern nur auf das Volk oder den Rath, welche die Herrschaft zu besitzen meinten, genommen werden konnte; hätte daher der König die alten Rechte des Volkes vertheidigt, so hätte er mehr der Knecht wie der Herr geschienen. Deshalb wird ein neuer Monarch mit grossem Eifer suchen, neue Gesetze zu geben und die Rechte des Landes in seinem Interesse zu ändern und das Volk so zu stellen, dass es den Königen nicht ebenso leicht ihre Würde nehmen wie geben kann.

Allein es ist nicht minder gefährlich, einen Monarchen zu beseitigen, wenn es auch auf alle Weise feststeht, dass er ein Tyrann ist. Denn ein an die königliche Herrschaft gewöhntes und nur durch diese gezügeltes Volk wird einen Geringeren verachten und verspotten. Beseitigt es deshalb den Einen, so muss es, wie sonst die Propheten, einen Anderen an dessen Stelle setzen, der nicht freiwillig, sondern aus Noth Tyrann sein wird. Denn soll er, wenn die von dem Königsmord noch blutigen Hände der Bürger und der Vatermord als eine gute That gefeiert werden, glauben, es sei blos geschehen, um nur an diesem *Einen* ein Beispiel aufzustellen? Fürwahr, will er König sein und das Volk nicht als Richter des Königs und als seinen Herrn anerkennen, und will er nicht blos bittweise regieren, so muss er den Tod seines Vorgängers rächen und um seinetwillen ein Beispiel geben, damit das Volk eine solche That nicht noch einmal zu vollbringen wage. Nun kann aber der Mord des Tyrannen durch den Tod von Bürgern nicht wohl gerächt werden, ohne die Sache des früheren Tyrannen zugleich in Schutz zu nehmen und seine Thaten zu billigen, und so wird er nothwendig in alle Fusstapfen desselben treten. Daher kommt es, dass ein Volk zwar den Tyrannen oft wechseln, aber niemals beseitigen und die monarchische Staatsform in eine andere umwandeln kann. Das englische Volk hat ein verhängnissvolles Beispiel dazu geliefert. Es suchte nach Gründen, den Monarchen mit dem Schein Rechtens zu beseitigen; allein nachdem dies geschehen war, konnte es nichts weniger als die Staatsform verändern, vielmehr gelangte es nach vielem Blutvergiessen nur dahin, dass der neue Monarch einen anderen Titel bekam, als wenn der ganze Streit nur den Titel betroffen hätte, und dieser konnte sich nur dadurch erhalten, dass er die königliche Nachkommenschaft ganz vernichtete, die Freunde des Königs und die einer solchen nur Verdächtigen tödtete und die Musse des Friedens, die allen Gerüchten Glauben schenkt, durch Krieg vertrieb, damit die Menge durch die Neuerungen beschäftigt wurde, und die Gedanken von dem Königsmord auf Anderes gewendet wurden. So bemerkte das Volk erst spät, dass es für das Wohl des Vaterlandes nichts gethan, als das Recht des gesetzmässigen Königs verletzt und alle Angelegenheiten in eine schlimmere Lage gebracht hatte. Deshalb beschloss es, sobald es anging, den gethanen Schritt zurückzuthun, und es ruhte nicht, bis Alles wieder in den alten Stand gebracht war.

Vielleicht entgegnet man, auf das Beispiel des Römischen Volkes gestützt, dass das Volk leicht einen Tyrannen beseitigen könne; allein ich glaube, dies Beispiel bestätigt eher meine Ansicht. Allerdings konnte das Römische Volk einen Tyrannen viel leichter beseitigen und die Staatsform ändern, weil das Recht, den König und dessen Nachfolger zu wählen, dem Volke zustand, und weil es sich noch nicht an den Gehorsam unter Könige gewohnt hatte; es war aus aufrührerischen und verbrecherischen Menschen zusammengesetzt, und von sechs Königen, die es vorher gehabt, hatte es drei ermordet; allein dennoch geschah nichts weiter, als dass es statt *eines* Tyrannen mehrere erwählte, welche es immer in äusserliche oder innerliche Kriege jämmerlich verwickelten, bis endlich die Herrschaft wieder auf einen Monarchen kam, der, wie in England, nur den Samen gewechselt hatte. Was die Stände in Holland anlangt, so haben diese, so viel ich weiss, nie Könige gehabt, sondern Grafen, auf welche nie die Staatsgewalt übertragen worden ist. Denn die hochmögenden Stände von Holland thun in einer von ihnen zur Zeit des Grafen von Leicester erlassenen Erklärung kund, dass sie sich ihr Rocht, diese Grafen an ihre Pflicht zu erinnern, immer vorbehalten, und dass sie die Macht sich vorbehalten, dieses Recht und die Freiheiten der Bürger zu vertheidigen und sich an ihnen, wenn sie in Tyrannen ausarten sollten, zu rächen und so sie in Zaum zu halten, dass sie ohne Zustimmung und Bewilligung der Stände nichts vermöchten. Danach ist die höchste Staatsgewalt immer bei den Ständen gewesen, und nur der letzte Graf hat sie für sich zu erlangen versucht. Deshalb kann man nicht sagen, dass sie von ihm abgefallen wären; denn sie haben nur den alten, beinahe verlorenen Zustand wieder hergestellt.

Diese Beispiele bestätigen, was ich gesagt habe, dass die Verfassung eines Reiches nothwendig festzuhalten ist und ohne Gefahr des gänzlichen Unterganges desselben nicht geändert werden kann. Dies ist es, was darzulegen mir hier der Mühe werth erschienen ist.

Neunzehntes Kapitel

Es wird gezeigt, dass das oberste Recht in Religionsangelegenheiten bei der Staatsgewalt sein müsse, und dass der äussere Gottesdienst dem Frieden des Staates angepasst werden müsse, wenn man Gott recht gehorchen wolle.

Wenn ich oben gesagt habe, dass die Inhaber der Staatsgewalt allein das Recht zu Allem haben, und dass alles Recht nur von ihrem Beschlusse abhängt, so habe ich dies nicht blos von dem bürgerlichen Kochte, sondern auch von dem geistlichen gemeint; auch von diesem müssen sie die Erklärer und Vertheidiger sein. Ich erkläre das hier ausdrücklich und werde in diesem Kapitel absichtlich darüber handeln, weil von Vielen bestritten wird, dass dieses geistliche Recht der Staatsgewalt zustehe, und weil sie von diesen nicht als Auslegerin des göttlichen Rechtes anerkannt wird. Deshalb erlauben diese Leute sich auch, sie anzuklagen, sie abzusetzen, ja aus der Kirche auszuschliessen, wie zuerst Ambrosius mit dem Kaiser Theodosius gethan hat. Es wird weiter unten gezeigt werden, dass sie auf diese Weise die Staatsgewalt zertheilten, ja selbst danach strebten; vorher will ich aber zeigen, dass die Religion die Kraft eines Gesetzes nur durch den Beschluss der Inhaber der Staatsgewalt erlangen kann, und dass Gott keine besondere Herrschaft über die Menschen führt, sondern dies nur durch Die thut, welche die Staatsgewalt haben; ferner, dass der Gottesdienst und die Uebung der Frömmigkeit sich dem Frieden und Nutzen des Staats unterordnen muss und deshalb nur von der Staatsgewalt eingerichtet worden soll, die deshalb auch die Erklärer derselben sein muss. Ich spreche ausdrücklich von der *Uebung* der Frömmigkeit und von dem *äusseren* Gottesdienst, nicht von der Frömmigkeit selbst und von dem inneren Gottesdienst, oder von den Mitteln, wodurch die Seele innerlich bestimmt wird, Gott mit voller Seele zu verehren. Dieser innere Gottesdienst und diese Frömmigkeit gehört zu den besonderen Rechten jedes Einzelnen, die, wie in Kap. 17 gezeigt worden, auf einen Anderen nicht übertragen werden können. Was ich ferner unter Reich Gottes hier verstelle, erhellt genügend aus Kap. 14, wo ich gezeigt habe, dass Derjenige das Gesetz Gottes erfüllt, welcher nach Gottes Willen die Gerechtigkeit und Liebe übt; daraus folgt, dass das Reich Gottes da ist, wo die Gerechtigkeit und Liebe die Kraft des Rechts und Gesetzes haben. Auch erkenne ich hier keinen Unterschied an, ob Gott den wahren Dienst der Gerechtigkeit und Liebe durch das natürliche Licht oder durch Offenbarung gelehrt und geboten hat; denn auf die Art der Mittheilung kommt es dabei nicht an, wenn es nur das höchste Gesetz ist und als solches den Menschen gilt. Wenn ich daher jetzt zeigen will, dass die Gerechtigkeit und Liebe die Kraft des Rechtes und Gesetzes nur durch das Recht des Staats erlangen kann, so ergiebt sich leicht, da das Recht des Staats nur bei der höchsten Gewalt ist, dass die Religion die Kraft des Rechts nur durch den Beschluss Derer erlangen kann, welche die weltliche Staatsmacht innehaben, und dass Gott neben Diesen nicht noch eine besondere Herrschaft über die Menschen führt. Dass aber der Dienst der Gerechtigkeit und Liebe die Kraft des Rechts nur durch das Recht des Staates erlangt, erhellt aus dem Früheren; denn in Kap. 16 habe ich nachgewiesen, dass im natürlichen Zustande die Vernunft nicht mehr Recht hat als die Begierde, und dass sowohl Die, welche nach den Gesetzen der Begierde, wie die, welche nach den Gesetzen der Vernunftleben, das Recht auf Alles, was sie vermögen, haben. Deshalb habe ich in dem natürlichen Zustande keine Sünde angenommen und Gott nicht als einen Richter vorgestellt, der die Menschen wegen ihrer Sünden straft, sondern dass da Alles nach den allgemeinen Gesetzen der ganzen Natur geschieht, und dieselben Ereignisse, um mit Salomo zu reden, den Gerechten und Gottlosen, den Reinen und den Unreinen treffen, und weder Platz für Gerechtigkeit noch Liebe ist. Damit aber die Lehren der wahren Vernunft, d.h. wie ich in Kap. 4 bei dem göttlichen Gesetz gezeigt habe, die göttlichen Lehren die Kraft des Rechtes unbedingt erhielten, war es nöthig, dass Jeder sein natürliches Recht aufgab, und Alle es auf Alle oder Einige oder Einem übertrugen. Erst damit wurde klar, was Gerechtigkeit und Ungerechtigkeit, was Billigkeit und Unbilligkeit sei. Die Gerechtigkeit und überhaupt alle Lehren der wahren Vernunft und folglich auch die Liebe gegen den Nächsten erhalten also nur durch das Recht des Staates, d.h. nach dem in demselben Kapitel Gezeigten, mir durch den Beschluss Derer die Kraft des Rechts und Gesetzes, welche die höchste Staatsgewalt inne haben. Da nun, wie ich dargelegt, das Reich Gottes nur in dem Rechte der Gerechtigkeit und Liebe oder in dem Rechte der wahren Religion besteht, so folgt, wie ich behauptet habe, dass Gott kein anderes Reich unter den Menschen hat als das durch die Inhaber der Staatsgewalt geübte. Es ist dabei gleich, ob man meint, die Religion sei durch das natürliche Licht oder mittelst der Propheten offenbart; denn der Beweis gilt allgemein, da die Religion dieselbe von Gott mitgetheilte ist, mag sie so oder so den Menschen bekannt geworden sein. Deshalb musste auch bei den Juden, wenn die durch die Propheten geoffenbarte Religion die Kraft des Rechts erlangen sollte, Jeder sein natürliches Recht aufgeben, und Alle gemeinsam festsetzen, nur dem zu gehorchen, was die Propheten ihnen offenbaren würden, wie dies in dem demokratischen Staat geschieht, wo Alle mit gemeinsamer Uebereinstimmung beschliessen, nur nach dem Gebot der Vernunft zu leben.

Wenn auch die Juden nebenbei ihr Recht auf Gott übertragen haben, so konnten sie das doch nur in Gedanken, aber nicht durch die That vollziehen. Denn sie behielten in Wahrheit, wie wir gesehen haben, die unbeschränkte Staatsgewalt, bis sie diese auf Moses übertrugen, welcher dann unbeschränkter König blieb, und Gott hat die Juden nur durch ihn regiert. Ferner konnte aus diesem Gründe, dass die Religion nur durch das Recht des Staates die rechtliche Natur erlangt, Moses Diejenigen nicht ebenso mit dem Tode bestrafen, welche vor dem Vertrage, wo sie also noch in ihrem natürlichen Rechte waren, den Sabbath verletzt hatten (Exod. XV. 30), als die, welche nach dem Vertrage dies thaten (Num. XV. 36), wo sie ihr Recht abgetreten hatten, und der Sabbath nach dem Staatsrecht die Kraft eines Gebotes annahm. Endlich hat deshalb auch nach dem Untergang des jüdischen Staates die geoffenbarte Religion aufgehört, die Kraft des Rechts zu haben; denn unzweifelhaft hat von da ab, wo die Juden ihr Recht auf den babylonischen König übertrugen, das Reich Gottes und das göttliche Recht sofort aufgehört. Denn damit war der Vertrag völlig aufgehoben, in dem sie Gott zugesagt hatten, allen seinen Worten zu gehorchen, der die Grundlage des Rechtes Gottes gebildet hatte, und sie konnten nicht mehr an denselben halten, da sie von da ab nicht mehr selbstständig waren, wie in der Wüste oder in ihrem Lande, sondern dem König von Babylon gehörten, dem sie, wie ich in Kap. 16 gezeigt habe, in Allem zu gehorchen hatten. Auch Jeremias sagt dies ausdrücklich XIX. 7. »Bedenkt«, sagt er, »den Frieden des Reichs, wohin ich Euch als Gefangene geführt habe; bleibt jenes unversehrt, so werdet auch Ihr unversehrt bleiben.« Für die Wohlfahrt dieses Staates konnten sie aber nicht als dessen Diener, da sie Gefangene waren, sondern nur als dessen Sklaven sorgen; indem sie sich zur Vermeidung von Aufständen in Allem gehorsam bewiesen, die Gesetze und Rechte des Landes beobachteten, wenn sie auch von den im Vaterland gewohnten sehr verschieden waren u.s.w.

Aus alledem ergiebt sich auf das Klarste, dass bei den Juden die Religion die Kraft des Rechts nur von dem Recht des Staates erhalten hat, und dass sie nach dessen Zerstörung nicht mehr als das Recht eines besonderen Staates, sondern als eine allgemeine Lehre der Vernunft gelten kann; der Vernunft, sage ich, da die katholische Religion damals noch nicht offenbart war.

Ich folgere deshalb unbedingt, dass die Religion, sei sie durch das natürliche Licht oder das prophetische offenbart, die Kraft eines Gebotes nur durch den Beschluss des Inhabers der Staatsgewalt erhält, und dass Gott kein besonderes Reich bei den Menschen hat, als nur durch Die, welche die Staatsgewalt inne haben. Dies folgt auch und wird deutlicher aus dem in Kap. 4 Gesagten. Dort habe ich gezeigt, dass alle Beschlüsse Gottes eine ewige Wahrheit und Nothwendigkeit einschliessen, und dass man Gott nicht als einen Fürsten oder Gesetzgeber für die Menschen auffassen könne. Deshalb erhalten die göttlichen Lehren, welche das natürliche oder prophetische Licht offenbart, die Kraft eines Gebotes nicht unmittelbar von Gott, sondern nur von Denen oder mittelst Derer, welche das Recht der Staatsgewalt besitzen. Man kann deshalb auch ohne ihre Vermittlung sich nicht vorstellen, dass Gott über die Menschen herrscht und die menschlichen Angelegenheiten nach Gerechtigkeit und Billigkeit leitet. Auch die Erfahrung bestätigt dies; denn man findet die Spuren der göttlichen Gerechtigkeit nur da, wo die Gerechten regieren; anderwärts, um die Worte Salomo's zu wiederholen, trifft das Gleiche den Gerechten wie den ungerechten, den Reinen wie den Unreinen; ein Umstand, der Viele, welche meinten, Gott regiere die Menschen unmittelbar und leite die ganze Natur zu ihrem Nutzen, an der göttlichen Vorsehung hat zweifeln lassen.

Wenn sonach sowohl die Erfahrung wie die Vernunft ergiebt, dass das göttliche Rocht von dem Beschluss der Staatsgewalt abhängt, so folgt, dass sie auch seine Auslegerin ist. Aber in welcher Weise sie dies ist, wird sich später zeigen; denn es ist Zeit, dass ich darlege, wie der äussere Gottesdienst und alle Hebung der Frömmigkeit sich dem Frieden und der Erhaltung des Staates zu fügen hat, wenn man Gott recht gehorchen will. Nach dieser Darlegung wird dann sich die Art leicht ergeben, in der die Staatsgewalt Religion und Frömmigkeit auszulegen hat.

Es ist gewiss, dass die Treue gegen das Vaterland das Höchste ist, was Jemand zu leisten hat; denn wenn der Staat aufgehoben ist, so kann nichts Gutes bestehen bleiben, Alles kommt in Gefahr, und nur die Leidenschaften und die Gottlosigkeit herrschen dann durch die Furcht über Alles. Deshalb wird selbst das Fromme, was man dem Nächsten erweist, zu einem Gottlosen, wenn es zum Schaden des ganzen Staates gereicht, und ebenso kann man nichts Gottloses an ihm begehen, was nicht als fromm gelten muss, wenn es zur Erhaltung des Staates geschieht. So ist es z.B. fromm, Dem, der mit mir streitet und meinen Rock nehmen will, auch den Mantel zu geben; sollte aber dies der Erhaltung des Staates gefährlich werden, so ist es im Gegentheil fromm, ihn vor Gericht zu fordern, selbst wenn das Todesurtheil gegen ihn ausgesprochen werden muss. Deshalb wird Manlius Torquatus gefeiert, dass er das Wohl des Vaterlandes über die Liebe zum Sohn gestellt hat. Ist dies richtig, so folgt, dass das Wohl des Volkes das höchste Gesetz bildet, dem sich alle, sowohl menschliche wie göttliche, unterordnen müssen. Da aber nur der höchsten Staatsgewalt obliegt, zu bestimmen, was zu dem Wohl des ganzen Volkes und zur Sicherheit des Rechts nöthig ist, und was sie dazu für nöthig hält, anzuordnen, so folgt, dass es auch nur ihr zukommt, zu bestimmen, wie Jeder seinem Nächsten in Frömmigkeit zu helfen, d.h. wie Jeder Gott zu gehorchen hat.

Daraus ergiebt sich, in welchem Sinne die höchste Staatsgewalt die Auslegerin der Religion ist, ferner, dass Niemand Gott recht gehorchen kann, wenn er die Hebung der Frömmigkeit, zu der Jeder schuldig ist, dem allgemeinen Nutzen nicht anpasst, und folglich, wenn er nicht allen Geboten der höchsten Staatsgewalt Folge leistet. Denn da wir Alle auf Gottes Gebot ohne Ausnahme die Frömmigkeit üben und Niemandem schaden sollen, so folgt, dass es Niemandem erlaubt ist, Jemand auf Kosten eines Anderen und noch weniger mit dem Schaden des ganzen Staates zu helfen. Folglich kann Niemand nach Gottes Gebot seinem Nächsten in Frömmigkeit beistehen, wenn er die Frömmigkeit der Religion nicht dem allgemeinen Nutzen anpasst. Nun kann aber der Einzelne nur aus den Beschlüssen der höchsten Staatsgewalt, welcher die Sorge für die öffentlichen Angelegenheiten obliegt, entnehmen, was dem Staate nützlich ist; deshalb kann Niemand die Frömmigkeit recht üben und Gott recht gehorchen, als nur, wenn er den Geboten der höchsten Staatsgewalt Folge leistet.

Dies wird auch durch die Praxis bestätigt. Kein Unterthan darf Dem Hülfe leisten, welchen die höchste Staatsgewalt des Todes schuldig oder für ihren Feind erklärt hat, sei es ein Bürger oder ein Fremder, ein Privatmann oder der Herrscher eines anderen Staates. Deshalb waren auch die Juden, obgleich es ihnen geboten war, ihren Nächsten wie sich selbst zu lieben (Levit. XIX. 17, 18), doch schuldig, den, der gegen das Gebot des Gesetzes etwas begangen hatte, dem Richter anzuzeigen (Lev. V. 1, Deut. XIII. 8, 9) und ihn, wenn er des Todes schuldig erklärt wurde, zu tödten (Deut. XVII. 7). Damit ferner die Juden ihre erlangte Freiheit bewahren und das eroberte Land unter ihrer unbedingten Herrschaft behalten konnten, war es, wie ich Kap. 17 gezeigt habe, nothwendig, dass sie die Religion ihrem Staatswesen ausschliesslich anpassten und von den übrigen Völkern sonderten. Deshalb war ihnen geheissen: Liebe Deinen Nächsten und hasse Deinen Feind (Matth. V. 43). Nachdem sie aber die Staatsgewalt verloren hatten und in die babylonische Gefangenschaft geführt worden waren, belehrte Jeremias sie, auch dafür zu sorgen, dass dem Staate, wohin sie als Gefangene gebracht worden, kein Schaden geschehe; und als Christus sah, dass sie über den ganzen Erdkreis Zerstreut werden würden, lehrte er, dass Alle die Frömmigkeit gegen Jedermann ohne Ausnahme üben sollten. Dies Alles zeigt auf das Klarste, dass die Religion immer dem Wohl des Staates angepasst worden ist.

Fragt aber Jemand, mit welchem Rechte denn die Jünger Christi, die blosse Privatleute waren, die Religion haben lehren können, so antworte ich, dass sie es auf Grund der Gewalt gethan haben, die sie von Christus gegen die unreinen Geister empfangen haben (Matth. X. 1). Denn ich habe schon oben am Schluss des 16. Kapitels ausdrücklich bemerkt, dass man auch den Tyrannen die Treue bewahren müsse, mit Ausnahme Dessen, dem Gott durch sichere Offenbarung einen besonderen Beistand gegen den Tyrannen versprochen hat. Deshalb kann daran Niemand ein Beispiel nehmen, wenn er nicht auch die Macht hat, Wunder zu verrichten; wie auch daraus erhellt, dass Christus seinen Jüngern gesagt hat, sie sollten Die nicht fürchten, welche den Körper tödten (Matth. XVI. 28). Wäre dies Jedem gesagt worden, so würde der Staat vergeblich errichtet sein, und jene Worte Salomo's (Sprüchwörter XXIV. 21): »Mein Sohn, fürchte Gott und den König,« wären ein gottloses Wort, was aber durchaus falsch ist, und man muss deshalb anerkennen, dass jene Gewalt, welche Christus seinen Jüngern ertheilt hat, ihnen nur für ihre Person gegeben worden ist, und Andere daran kein Beispiel nehmen können.

Uebrigens machen mich die Gründe meiner Gegner nicht bedenklich, durch die sie das geistliche Recht von dem bürgerlichen trennen und behaupten, nur dieses sei bei der höchsten Staatsgewalt, jenes aber bei der allgemeinen Kirche; sie sind so leichtfertig, dass sie keine Widerlegung verdienen. Das Eine kann ich nicht mit Stillschweigen übergehen, dass sie sich selbst kläglich täuschen, wenn sie zur Rechtfertigung dieser aufrührerischen Ansicht, welches harte Wort man mir verzeihen möge, das Beispiel des Hohenpriesters der Juden benutzen, da dieser ehedem auch das Recht hatte, die heiligen Angelegenheiten zu verwalten; sie vergessen, dass die Hohenpriester dieses Recht von Moses empfangen hatten, welcher, wie ich oben gezeigt habe, die höchste Staatsgewalt allein besass, und durch dessen Beschluss sie mithin auch dieses Rechtes wieder beraubt werden konnten. Er selbst wählte ja nicht blos den Aaron, sondern auch dessen Sohn Eleazar und Enkel Pincha, und gab diesen die Macht, das Hohepriesterthum zu verwalten, was nachher die Hohenpriester so behielten, dass sie den noch als die Beamten Mosis, d.h. der höchsten Staatsgewalt erscheinen. Denn Moses erwählte, wie gesagt, keinen Nachfolger in der Herrschaft, sondern vertheilte dessen Geschäfte so, dass die Späteren seine Verweser wurden, welche die Staatsgewalt verwalteten, als wenn der König nur abwesend und nicht todt wäre. Im zweiten Reiche hatten dann die Hohenpriester dieses Recht unbeschränkt, nachdem sie zu dem Priesterthum auch das fürstliche Recht erlangt hatten.

Deshalb hängt das Recht des Hohenpriesters immer von der Bewilligung der Staatsgewalt ab, und die Hohenpriester haben es immer nur mit derselben inne gehabt. Ja, das Recht in Religionsangelegenheiten ist immer bei den Königen gewesen, wie sich aus dem in diesem Kapitel Folgenden ergeben wird. Nur *ein* Recht hatten sie nicht; sie durften nicht bei Verwaltung der Heiligthümer im Tempel helfen, weil Alle, die nicht von Aaron abstammten, für weltlich gehalten wurden, was aber bei einem christlichen Staate nicht stattfindet. Deshalb sind offenbar heutzutage die Religionsangelegenheiten nur ein Recht der Staatsgewalt; deren Verwaltung verlangt eine besondere Sittlichkeit, aber nicht eine besondere Familie, und deshalb können die Inhaber der Staatsgewalt als Weltliche nicht von ihnen ausgeschlossen werden, und nur auf der Macht oder der Erlaubniss der höchsten Staatsgewalt ruht das Recht und die Macht, die Religionsangelegenheiten zu verwalten, ihre Diener zu erwählen, die Grundlagen der Kirche und ihre Lehre zu bestimmen und festzustellen, über die Sitten und frommen Handlungen zu urtheilen, Jemand in die Kirche aufzunehmen oder daraus zu verstossen und für die Armen zu sorgen.

Dies ist nicht blos wahr, wie ich bewiesen habe sondern auch durchaus nothwendig, sowohl zur Erhaltung der Religion selbst wie des Staates. Denn es ist bekannt, wie viel das Recht und die Macht über die geistlichen Dinge bei dem Volke bedeutet, und wie Alle auf den Mund Dessen lauschen, der diese Macht besitzt; so dass man sagen kann, dass der Inhaber dieser Macht am meisten über die Gemüther gebietet. Wer mithin dieses Recht der höchsten Staatsgewalt entziehen will, strebt nach Theilung der Herrschaft, woraus unvermeidlich, wie sonst zwischen den Königen und Hohenpriestern der Juden, Streit und Unfrieden ohne Ende entstehen muss. Ja, wer diese Macht der weltlichen Gewalt entziehen will, der sucht nach einem Weg zur Herrschaft, wie ich dargelegt habe. Denn was hat die Staatsgewalt zu beschliessen, wenn ihr dieses Recht verweigert wird? Fürwahr nichts, weder über den Krieg noch über den Frieden noch sonst eine Angelegenheit; da sie auf den Ausspruch Dessen warten muss, der sie lehrt, ob das, was sie für nützlich hält, fromm oder gottlos ist; vielmehr geschieht dann Alles nach dem Beschlusse Jenes, der über das Fromme und Gottlose, über das Rocht und Unrecht urtheilen und entscheiden kann.

Alle Jahrhunderte haben Beispiele hierzu erlebt; ich will nur eins für viele anführen. Dem Römischen Hohenpriester war dieses Recht eingeräumt, und so brachte er allmählich alle Könige unter seine Gewalt, bis er zu dem Gipfel der Herrschaft aufgestiegen war. Wenn später die Fürsten und insbesondere die deutschen Kaiser dessen Ansehen nur um ein Geringes zu vermindern suchten, so war dieses vergeblich; vielmehr vermehrten sie nur dadurch in vielen Fällen dessen Macht. Denn das, was kein Monarch mit Eisen oder Feuer, vermag, das haben die Priester mit der blossen Feder vermocht. Daraus allein erhellt ihre Kraft und Gewalt und die Nothwendigkeit, dass die Staatsgewalt diese Macht an sich behalte.

Ueberdenkt man, was ich früher ausgeführt, so sieht man, dass dieses auch nicht wenig zum Wachsthum der Religion und Frömmigkeit selbst beitragen muss. Denn ich habe oben gezeigt, dass selbst die Propheten trotz ihrer Begabung mit göttlicher Tugend doch als Einzelne durch ihr Recht, zu ermahnen, zu tadeln und zu schelten, die Menschen mehr gereizt als gebessert haben; während sie leicht sich den Ermahnungen oder Züchtigungen der Könige fügten. Ferner sind die Könige selbst oft nur deshalb, weil ihnen dieses Recht nicht zustand, von der Religion abgefallen und mit ihnen beinahe das ganze Volk. Selbst in christlichen Ländern hat sich dies aus diesem Grunde oft zugetragen.

Wenn man mich aber fragt, wer dann, wenn die Inhaber der Staatsgewalt gottlos sein wollten, die Frömmigkeit vertheidigen solle? ob Jene auch dann als Erklärer derselben gelten sollen? so frage ich dagegen: Wie aber, wenn die Geistlichen, die auch Menschen sind, und Einzelne, denen nur ihre Geschäfte zu besorgen obliegt, oder Andere, bei denen das Recht über die geistlichen Dinge sein soll, gottlos sein wollen, sollen auch dann sie als dessen Erklärer gelten. Es ist sicher, dass, wenn die Inhaber der Staatsgewalt nach ihrem Belieben vorgehen wollten, Alles, mögen sie das Recht über die geistlichen Dinge haben oder nicht, das Geistliche wie das Weltliche, in schlechten Zustand gerathen wird, und zwar um so schneller, wenn Einzelne das göttliche Recht in aufrührerischer Weise beanspruchen. Deshalb wird damit nichts erreicht, dass ihnen dieses Recht versagt wird, sondern das Uebel wird vielmehr vergrössert, da sie deshalb allein gottlos werden müssen, wie die jüdischen Könige, denen dieses Recht nicht unbedingt zustand, und somit wird die Beschädigung des Staates und sein Unglück aus einem Ungewissen und zufälligen zu einem sicheren und nothwendigen gemacht.

Sowohl in Hinsicht auf die Wahrheit der Sache wie die Sicherheit des Staates und die Vermehrung der Frömmigkeit ist man deshalb zur Annahme genöthigt, dass das göttliche Recht oder das Recht über die geistlichen Dinge von dem Beschluss der höchsten Staatsgewalt abhängig sein und sie der Ausleger und Beschützer derselben sein muss; woraus folgt, dass sie auch der Diener des Wortes Gottes ist, welcher das Volk durch das Ansehn der höchsten Gewalt die Frömmigkeit lehrt, wie sie nach ihrem Beschluss dem allgemeinen Wohl angepasst ist.

Ich habe noch darzulegen, weshalb in den christlichen Staaten immer über dieses Recht gestritten worden ist, während doch die Juden, so viel ich weiss, niemals darüber zweifelhaft gewesen sind. Es kann allerdings ungeheuerlich erscheinen, dass eine so klare und nothwendige Sache immer in Frage gestanden, und dass die höchsten Staatsgewalten dieses Recht immer nur mit Streit, ja mit Gefahr des Aufstandes und zum Schaden für die Religion besessen haben. Könnte ich hierfür keinen sicheren Grund angeben, so würde ich gern glauben, dass die Ausführungen dieses Kapitels nur eine Theorie sind und zu jener Gattung von Spekulationen gehören, die keine

Anwendung finden können. Allein wenn man die Anfänge der christlichen Religion betrachtet, so offenbart sich bald die Ursache davon. Denn die christliche Religion ist nicht zuerst von den Königen gelehrt worden, sondern von Privatpersonen, welche lange Zeit hindurch gegen den Willen der Staatsgewalt, deren Unterthanen sie waren, in Privatkirchen predigten, die heiligen Gebräuche einsetzten und verwalteten und Alles allein ohne Rücksicht auf die Staatsgewalt einrichteten und beschlossen.

Als nun nach Abschluss vieler Jahre die Religion die des Staates zu werden begann, so mussten die Geistlichen, welche sie festgestellt hatten, sie auch den Kaisern lehren, und damit konnten sie es leicht erlangen, dass sie als die Lehrer und Ausleger und Hüter der Kirche und als die Stellvertreter Gottes anerkannt wurden. Auch sorgten die Geistlichen vortrefflich dafür, dass die christlichen Könige später diese Macht sich nicht anmassen konnten, indem sie den höheren Dienern der Kirche und dem höchsten Ansieger der Religion die Ehe untersagten. Dazu kam, dass sie die Lehrsätze der Religion zu einer so grossen Zahl vermehrt und mit der Philosophie so vermengt hatten, dass der oberste Ausleger auch der vornehmste Theologe und Philosoph sein und Müsse für eine Menge nutzloser Spekulationen haben musste, was nur bei Privatpersonen, die Müsse genug übrig hatten, eintreffen konnte.

Bei den Juden verhielt sich die Sache aber ganz anders. Ihre Kirche begann gleichzeitig mit dem Staat, der unbedingte Inhaber der Staatsgewalt lehrte dem Volke auch die Religion, ordnete die heiligen Aemter und wählte deren Diener. Daher kam es, dass die königliche Macht bei dem Volke am meisten galt, und dass das Recht in den geistlichen Dingen wesentlich bei den Königen war. Denn wenn auch nach Mosis Tode Niemand die Staatsgewalt unbeschränkt besass, so war doch das Recht der Gesetzgebung sowohl in geistlichen Dingen wie sonst bei den Fürsten, und um in der Religion und Frömmigkeit belehrt zu werden, musste das Volk ebenso den höchsten Richter wie den Hohenpriester antreten (Deut. XVII. 9, 11), und wenn auch die Könige nicht dasselbe Recht wie Moses hatten, so hing doch die ganze Ordnung und das Wohl des geistlichen Dienstes von ihnen ab. Denn David richtete den ganzen Dienst des Tempels ein (1. Chronik XXVIII. 11, 12 u. f.); dann wählte er aus allen Leviten 24,000 zu dem Singen der Psalmen, und 6000, aus denen die Richter und Vorstände gewählt werden sollten, und 4000 Thürsteher, und 4000, die die Flöte spielen sollten (1. Chronik XXIII. 4, 5). Dann theilte er sie in Abtheilungen, deren Vorsteher er auch auswählte, und von denen jedesmal einer der Reihe nach den Dienst verrichtete (daselbst 5). Auch die Priester theilte er in so viel Abtheilungen. Damit ich nicht Alles einzeln darzustellen brauche, verweise ich den Leser auf die 2. Chronik VIII. 13, wo es heisst: »Der Gottesdienst sei so, wie ihn Moses eingerichtet, auf Befehl Salomo's im Tempel verwaltet worden,« und v. 14, »dass er selbst (Salomo) in seinen und der Leviten Aemtern die Priester in Abtheilungen eingetheilt nach dem Befehl des göttlichen Mannes David,« und in v. 15 bezeugt endlich der Geschichtschreiber: »dass sie in nichts von dem Gebote des Königs, was er an die Priester und Leviten erlassen, abgewichen seien; auch nicht in Verwaltung der Schatzkammer.« Daraus und aus der übrigen Geschichte der Könige erhellt klar, dass die ganze Hebung der Religion und der geistliche Dienst nur von dem Könige abgehangen hat; und wenn ich oben gesagt, dass die Könige nicht wie Moses den Hohenpriester wählen, Gott unmittelbar befragen und die Propheten verurtheilen konnten, die ihnen bei ihrem Leben weissagten, so habe ich dies nur gesagt, weil die Propheten nach ihrer Macht einen neuen König wählen und dem Vatermörder verzeihen konnten; aber sie konnten nicht den König, wenn er etwas gegen die Gesetze unternahm, vor Gericht laden und nach dem Recht gegen ihn verfahren. Wenn es deshalb keine Propheten gegeben hätte, welche dem Vatermörder auf besondere Offenbarung Verzeihung sicher gewähren konnten, so hätten die Könige das Recht zu allen geistlichen wie bürgerlichen Dingen gehabt. Deshalb haben die heutigen Inhaber der Staatsgewalt, wo keine Propheten bestehen und angenommen zu werden brauchen, da sie dem jüdischen Gesetze nicht zugethan sind, dieses Recht unbeschränkt, wenn sie auch verheirathet sind, und werden es immer behalten, wenn sie nur die Lehrsätze der Religion nicht zu sehr vermehren, noch mit den Wissenschaften vermengen lassen.

Zwanzigstes Kapitel

Es wird gezeigt, dass in einem Freistaate Jedem erlaubt ist, zu denken, was er will, und zu sagen, was er denkt.

Könnte man den Gedanken ebenso leicht gebieten wie der Zunge, so würde jeder Herrscher sicher regieren, und es gäbe keine gewaltsame Herrschaft; jeder Unterthan würde nach dem Willen der Gebieter leben und nur nach ihren Geboten bestimmen, was wahr oder falsch, gut oder schlecht, gerecht oder ungerecht sei. Allein es ist, wie ich schon im Beginn von Kap. 17 gesagt, unmöglich, dass die Seele sich ganz in der Herrschaft eines Anderen befinde, da Niemand sein natürliches Recht oder sein Vermögen, frei zu denken und über Alles zu urtheilen, auf einen Anderen übertragen kann, noch dazu gezwungen werden kann. Deshalb gilt die Herrschaft für gewaltthätig, welche sich gegen die Gedanken richtet, und die Staatsgewalt scheint den Unterthanen unrecht zu thun und in ihr Recht einzugreifen, wenn sie Jedem vorschreiben will, was er als wahr annehmen, als falsch verwerfen, und durch welche Ansichten Jeder sich zur Gottesfurcht bestimmen lassen soll. Dies sind Rechte des Einzelnen, die Niemand, auch wenn er will, abtreten kann. Allerdings kann das Urtheil auf mannichfache und beinahe unglaubliche Weise eingenommen werden, so dass es, obgleich es nicht geradezu unter dem Befehl eines Anderen steht, doch von seinem Munde so abhängt, dass er der Herr desselben heissen könnte. Allein so viel auch die Kunst hier geleistet hat, so hat sie es doch niemals erreicht, dass nicht die Menschen immer Ueberfluss an eigenen Meinungen gehabt hätten, und dass nicht die Sinne ebenso verschieden wären wie die Geschmäcke. Selbst Moses, welcher nicht durch Lust, sondern durch göttliche Tugend den Sinn seines Volkes in hohem Maasse lenkte, da er für göttlich galt, der Alles nur nach Gottes Mittheilung sage und thue, konnte doch dem Gerede und den falschen Auslegungen des Volkes nicht entgehen. Noch viel weniger können es die anderen Monarchen, obgleich, wenn es wo möglich wäre, es in dem monarchischen Staat noch am ehesten und in dem demokratischen am wenigsten möglich sein würde, wo Alle oder ein grosser Theil des Volkes gemeinsam regiert, wie Jeder leicht einsehen wird.

So sehr daher auch die höchste Staatsgewalt als die gilt, welche das Recht zu Allem hat und das Recht und die Frömmigkeit auslegt, so konnten die Menschen doch nie verhindert werden, über Alles nach ihrem eigenen Sinn zu urtheilen und bald von dieser, bald von jener Leidenschaft erfasst zu werden. Allerdings kann die Staatsgewalt alle mit ihr nicht Uebereinstimmenden mit Recht für Feinde erklären; aber ich spreche hier nicht von ihrem Recht, sondern von dem Nützlichen; denn ich räume ein, dass sie nach dem Rechte höchst gewaltsam regieren und die Bürger wegen unbedeutender Dinge hinrichten lassen könne; allein Niemand wird behaupten, dass dies verständig sei; ja, da dies nicht ohne grosse Gefahr für den Staat möglich ist, so kann man selbst die Macht und folglich auch das Recht zu solchen und ähnlichen Dingen ihnen absprechen, da dies Recht der höchsten Staatsgewalt sich nach ihrer Macht bestimmt.

Wenn also Niemand sich seiner Freiheit des Denkens und Urtheilens begeben kann, sondern nach dem Naturrecht der Herr seiner Gedanken ist, so folgt, dass in dem Staate es nur ein unglücklicher Versuch bleibt, wenn er die Menschen zwingen will, dass sie nur nach der Vorschrift der Staatsgewalt sprechen sollen, obgleich sie, verschiedener Ansicht sind, denn selbst die Klügsten, ganz abgesehen von der Menge, können nicht schweigen. Es ist dies ein gemeinsamer Fehler der Menschen, dass sie Anderen ihre Gedanken selbst da mittheilen, wo Schweigen nöthig wäre; deshalb wird diejenige Herrschaft die gewaltthätigste sein, wo dem Einzelnen die Freiheit, seine Gedanken auszusprechen und zu lehren, versagt ist, und jene ist eine gemässigte, wo Jeder diese Freiheit besitzt. Allein unzweifelhaft kann die Majestät ebenso durch Worte wie durch die That verletzt werden, und wenn es auch unmöglich ist, diese Freiheit den Unterthanen ganz zu nehmen, so würde es doch höchst schädlich sein, sie ihnen unbeschränkt einzuräumen; ich habe deshalb hier zu untersuchen, wie weit diese Freiheit unbeschadet des Friedens des Staates und des Rechtes der höchsten Staatsgewalt dem Einzelnen eingeräumt werden kann und soll, eine Untersuchung, die wesentlich meine Aufgabe bildet, wie ich im Beginn des 16. Kapitels bemerkt habe.

Aus den oben dargelegten Grundlagen des Staates folgt deutlich, dass sein Zweck nicht ist, zu herrschen, die Menschen in der Furcht zu erhalten und fremder Gewalt zu unterwerfen, sondern vielmehr den Einzelnen von der Furcht zu befreien, damit er so sicher als möglich lebe, d.h. so, dass er sein natürliches Recht zum Dasein ohne seinen und Anderer Schaden am besten sich erhalte. Ich sage, es ist nicht der Zweck des Staates, die Menschen aus vernünftigen Wesen zu wilden Thieren oder Automaten zu machen; sondern ihre Seele und ihr Körper soll in Sicherheit seine Verrichtungen vollziehen, sie sollen frei ihre Vernunft gebrauchen und weder mit Hass, Zorn oder List einander bekämpfen, noch in Unbilligkeit gegen einander verfahren. Der Zweck des Staates ist also die Freiheit.

Ferner ergab sich, dass die Bildung des Staates erforderte, dass die Macht, über Alles zu beschliessen, bei Allen oder Einigen oder bei *Einem* sei. Denn das Urtheil der Menschen ist verschieden; ein Jeder meint Alles zu verstehen, und es ist unmöglich, dass Alle desselben Sinnes sind und übereinstimmend sprechen; deshalb war ein friedliches Leben nur möglich, wenn Jeder sich des Rechtes, nach seinem eigenen Gutfinden zu handeln, begab. Aber wenn dies geschah, so begab er sich doch nicht des Rechtes, zu denken und zu urtheilen; deshalb kann Niemand ohne Verletzung des Rechtes der Staatsgewalt gegen ihren Beschluss *handeln*, wohl aber denken, urtheilen und folglich auch sprechen, sobald es nur einfach gesagt oder gelehrt wird, und nur mit Vernunftgründen, aber nicht mit List, Zorn, Hass oder der Absicht, etwas in dem Staat durch das Ansehn seines eigenen Willens einzuführen, geschieht. Wenn z.B. Jemand von einem Gesetze zeigt, dass es der gesunden Vernunft widerspreche, und deshalb dessen Abschaffung fordert, so macht er sich als guter Bürger um den Staat verdient, sofern er nur seine Ansicht dem Urtheil der Staatsgewalt unterwirft, die allein die Gesetze zu geben und aufzuheben hat, und wenn er einstweilen nichts gegen das Gebot dieses Gesetzes thut. Geschieht es aber, um die Obrigkeit der Ungerechtigkeit zu beschuldigen und bei dem Volke verhasst zu machen, oder will er das Gesetz gegen den Willen der Obrigkeit mit Gewalt beseitigen, so ist er ein Unruhestifter und Aufrührer.

Damit ergiebt sich, wie ein Jeder, unbeschadet des Rechts und der Macht der Staatsgewalt, d.h. unbeschadet des Friedens des Staates, seine Gedanken äussern und lehren kann; nämlich wenn er den Beschluss über die Ausführung ihr überlässt und nichts dagegen thut, sollte er auch dabei oft gegen das, was er klar für gut erkannt und hält, handeln müssen. Dies kann unbeschadet der Gerechtigkeit und Frömmigkeit geschehen und soll geschehen, wenn er sich als ein gerechter und frommer Mann erweisen will. Denn die Gerechtigkeit hängt, wie ich früher dargelegt, nur von dem Beschluss der Staatsgewalt ab; deshalb kann nur Der, wer nach ihren Geboten lebt, gerecht sein. Die Frömmigkeit ist aber, wie ich in dem vorgehenden Kapitel gezeigt, die Summe Alles dessen, was für den Frieden und die Ruhe des Staates gethan wird, und diese kann nicht erhalten bleiben, wenn Jeder nach seinem Belieben leben kann; deshalb ist es auch gottlos, nach seiner Ansicht etwas gegen die Beschlüsse der Staatsgewalt, welcher er untergeben ist, zu thun; denn wäre dies Jedem erlaubt, so folgte daraus nothwendig der Untergang des Staates. Vielmehr kann er nicht gegen den Willen und das Gebot der eignen Vernunft handeln, so lange er nach den Geboten der Staatsgewalt handelt; denn er hat in Anlass seiner eignen Vernunft beschlossen, sein Recht, nach seinem eigenen Willen zu leben, auf sie zu übertragen.

Dies kann ich auch nun durch die Praxis bestätigen. So geschieht selten in den Versammlungen der höchsten und der niederen Staatsgewalten etwas in Folge der einstimmigen Meinung aller Mitglieder und doch nach dem gemeinsamen Beschlusse Aller, sowohl Derer, die dafür, wie Derer, die dagegen gestimmt haben.

Ich kehre jedoch zu meiner Aufgabe zurück; wir haben aus der Grundlage des Staates entnommen, wie Jeder sich seiner Freiheit des Urtheils unbeschadet des Rechts der Staatsgewalt bedienen kann. Daraus kann man ebenso leicht bestimmen, welche Meinungen in einem Staate als aufrührerisch gelten können; nämlich nur die, welche mit ihrer Aufstellung den Vertrag beseitigen, wodurch Jeder sich des Rechts, nach eigenem Belieben zu handeln, begeben hat. Behauptet z.B. Jemand, die Staatsgewalt sei nicht selbstständig, oder Niemand brauche seine Verträge zu halten, oder Jeder müsse nach seinem Belieben leben können, und Aehnliches der Art, welches dem erwähnten Vertrag geradezu widerspricht, so ist er ein Aufrührer nicht sowohl wegen dieses Urtheils und Meinung, sondern wegen der That, welche solche Urtheile enthalten, nämlich weil er schon dadurch, dass er solche Gedanken hat, die der Staatsgewalt stillschweigend oder ausdrücklich versprochene Treue bricht. Dagegen sind andere Meinungen, welche keine That, d.h. keinen Vertragsbruch, keine Rache und keinen Zorn einschliessen, nicht aufrührerisch; höchstens nur in einem Staate, der irgendwo verdorben ist, wo nämlich die Abergläubischen und Ehrgeizigen, welche die Freien nicht ertragen können, einen solchen Ruf erlangt haben, dass ihr Ansehn bei der Menge mehr als das der Staatsgewalt gilt. Ich bestreite jedoch nicht, dass es noch einzelne Ansichten giebt, die, obgleich sie sich anscheinend nur auf das Wahre oder Unwahre beziehen, doch mit Unrecht aufgestellt oder verbreitet werden. Im Kap. 15 habe ich auch dies angegeben, aber so, dass die Vernunft dabei doch frei blieb.

Bedenkt man endlich, dass die Treue gegen den Staat und gegen Gott nur aus den Werken erkannt werden kann, nämlich aus der Liebe zu dem Nächsten, so kann unzweifelhaft ein guter Staat Jedem dieselbe Freiheit des Philosophirens wie des Glaubens bewilligen. Allerdings können daraus einzelne Unannehmlichkeiten entstehen; allein wo gab es je eine so weise Einrichtung, dass kein Nachtheil daraus entstehen konnte? Wer Alles durch Gesetze regeln will, wird die Fehler eher hervorrufen als verbessern. Was man nicht hindern kann, muss man zugestehen, selbst wenn daraus oft Schaden entsteht. Denn wie viel Uebel entspringen nicht aus der Schwelgerei, dem Neid, dem Geiz, der Trunkenheit und Aehnlichem? Allein man erträgt sie, weil man sie durch die Macht der Gesetze nicht hindern kann, obgleich es wirklich Fehler sind; deshalb kann um so viel mehr die Freiheit des Urtheils zugestanden werden, die in Wahrheit eine Tugend ist und nicht unterdrückt werden kann.

Dazu kommt, dass alle aus ihr entstehenden Nachtheile durch das Ansehn der Obrigkeit, wie ich gleich zeigen werde, vermieden werden können; wobei ich nicht erwähnen mag, dass diese Freiheit zur Beförderung der Wissenschaften und Künste unentbehrlich ist; sie können nur von denen mit glücklichem Erfolge gepflegt werden, welche ein freies und nicht voreingenommenes Urtheil haben.

Aber man setze, dass diese Freiheit unterdrückt und die Menschen so geknebelt werden können, dass sie nur nach Vorschrift der höchsten Staatsgewalt einen Laut von sich geben, so wird es doch nie geschehen, dass sie auch nur das denken, was diese will, und folglich würden die Menschen täglich anders reden, wie sie denken, die Treue, welche dem Staate so nöthig ist, würde untergraben; eine abscheuliche Schmeichelei und Untreue würde dann gehegt, und damit der Betrug und der Verderb aller guten Künste. Allein daran ist nicht zu denken, dass Alle so sprechen, wie es vorgeschrieben ist; vielmehr werden die Menschen, je mehr ihnen die Freiheit zu sprechen entzogen wird, desto hartnäckiger darauf bestehen, und zwar nicht die Geizigen, die Schmeichler und andere geistigen Schwächlinge, deren höchstes Glück blos darin besteht, dass sie das Geld im Kasten zählen und den Bauch voll haben, sondern Die, welche eine gute Erziehung, ein rechtlicher Charakter und die Tugend der Freiheit zugewendet hat. Die Menschen können ihrer Natur nach nichts weniger ertragen, als dass Meinungen, die sie für wahr halten, als Verbrechen gelten sollen, und dass ihnen als Unrecht das angerechnet werden solle, was sie zur Frömmigkeit gegen Gott und die Menschen bewegt. Dann kommt es, dass sie die Gesetze verwünschen und gegen die Obrigkeit sich vergehen und es nicht für schlecht, sondern für recht halten, wenn sie deshalb in Aufruhr sich erheben und jede böse That versuchen. Ist die menschliche Natur so beschaffen, so treffen die Gesetze gegen Meinungen nicht die Schlechten, sondern die Freisinnigen; sie halten nicht die Böswilligen im Zaum, sondern erbittern nur die Ehrlichen, und sie können nur mit grosser Gefahr für den Staat aufrecht erhalten werden. Auch sind solche Gesetze überhaupt ohne Nutzen; denn wer die von den Gesetzen verbotenen Ansichten für wahr hält, kann dem Gesetz nicht gehorchen, und wer sie für falsch hält, nimmt die sie verbietenden Gesetze wie ein Vorrecht und pocht so darauf, dass die Obrigkeit sie später, selbst wenn sie will, nicht wieder aufheben kann. Dazu kommt das oben in Kap. 18 aus der jüdischen Geschichte unter No. 2 Abgeleitete. Wie viel Spaltungen sind endlich daraus in der Kirche entstanden? Welche Streitigkeiten der Gelehrten hat nicht die Obrigkeit durch Gesetze beenden wollen? Hofften die Menschen nicht, Gesetz und Obrigkeit auf ihre Seite zu ziehen, über ihre Gegner unter dem Beifall der Menge zu triumphiren und Ehre zu gewinnen, so würden sie nie mit so ungerechtem Eifer streiten, und keine solche Wuth würde ihr Gemüth ergreifen.

Dies lehrt nicht blos die Vernunft, sondern auch die Erfahrung in täglichen Beispielen. Solche Gesetze, welche Jedem vorschreiben, was er glauben soll, und umgekehrt, gegen diese oder jene Ansicht etwas zu sagen oder zu schreiben verbieten, sind oft gemacht worden, um dem Zorn Derer zu fröhnen oder vielmehr nachzugeben, die keinen freien Sinn ertragen können und durch Missbrauch ihrer Amtsgewalt die Ansicht der aufrührerischen Menge leicht in Wuth verwandeln und gegen beliebige Personen aufhetzen können. Aber wäre es nicht heilsamer, den Zorn und der Wuth der Menge Einhalt zu thun, als unnütze Gesetze zu geben? Gesetze, die nur von Denen verletzt werden können, welche die Tugend und die Künste lieben und den Staat so in Verlegenheit bringen, dass er freie Männer nicht mehr ertragen kann? Welches grössere Uebel giebt es für einen Staat, als dass rechtliche Männer, welche anders denken und sich nicht verstellen können, wie Verbrecher in die Verbannung geschickt werden? Was ist verderblicher, als Menschen nicht wegen eines Verbrechens oder einer Unthat, sondern wegen ihres freien Sinnes für Feinde zu halten und zum Tode zu führen, so dass die Richtstätte, der Schrecken der Schlechten, sich in das schönste Theater verwandelt, wo ein Beispiel höchster Duldung und Tugend zur Schande der Majestät des Staates dargeboten wird. Denn die sich als ehrliche Leute kennen, fürchten den Tod nicht, wie Verbrecher, und bitten nicht um Gnade. Ihr Gemüth ist nicht durch die Reue über eine schlechte That beängstigt, und sie halten es für recht und ruhmvoll und nicht für ein Verbrechen, wenn sie für die gute Sache und die Freiheit sterben. Welches Beispiel soll also mit dem Tode Solcher gegeben werden, deren Sache die Trägen und Schwachen nicht verstehen, die Aufrührerischen hassen und die Ehrlichen lieben? Es kann nur ein Beispiel zur Nachahmung oder mindestens zur Bewunderung daraus entnommen werden.

Damit also nicht die blosse Zustimmung, sondern die Treue geschützt bleibe, und die Staatsgewalt den Staat in gutem Stand erhalte und nicht genöthigt sei, den Aufrührern nachzugeben, muss die Freiheit des Urtheils zugestanden, und die Menschen müssen so regiert werden, dass sie trotzdem, dass sie unverhohlen verschiedener und entgegengesetzter Ansicht sind, doch friedlich mit einander leben. Unzweifelhaft ist dies die beste und mit den wenigsten Nachtheilen verknüpfte Art der Regierung, denn sie stimmt am besten mit der Natur des Menschen überein. Denn in dem demokratischen Staat, welcher sich dem natürlichen Zustand am meisten nähert, sind Alle übereingekommen, nach gemeinsamem Beschluss zu *handeln*, aber nicht zu urtheilen und zu denken; d.h. weil alle Menschen nicht gleichen Sinnes sein können, ist man übereingekommen, dass das, was die Mehrheit der Stimmen für sich habe, die Kraft des Beschlusses haben solle, mit Vorbehalt, es wieder aufzuheben, wenn Besseres sich zeigt. Je weniger daher dem Menschen die Freiheit des Urtheils gestattet ist, desto mehr entfernt er sich von dem natürlichen Zustand, und desto mehr wird er durch Gewalt regiert.

Auch sind Beispiele genug vorhanden, und ich brauche nicht weit danach zu suchen, dass aus dieser Freiheit keine solchen Nachtheile erwachsen, welche die Staatsgewalt nicht beseitigen konnte, und dass sie genügt, damit die Menschen, wenn sie auch offen zu entgegengesetzten Meinungen sich bekennen, doch von gegenseitiger Verletzung abgehalten werden können. Die Stadt Amsterdam giebt ein solches Beispiel, welche zu ihrem grossen Wachsthum und zur Bewunderung aller Völker die Früchte dieser Freiheit geniesst. Denn in diesem blühenden Staat und vortrefflichen Stadt leben alle Völker und Sekten in höchster Eintracht, und will man da sein Vermögen Jemand anvertrauen, so fragt man nur, ob er reich oder arm sei, und ob er redlich oder hinterlistig zu handeln pflege; im Uebrigen kümmert sie die Religion und Sekte nicht, weil vor dem Richter damit nichts gerechtfertigt oder verurtheilt werden kann, und selbst die Anhänger der verhasstesten Sekten werden, wenn sie nur Niemand verletzen, Jedem das Seinige geben und ehrlich leben, durch das Ansehn und die Hülfe der Obrigkeit geschützt. Als dagegen vordem der Streit der Demonstranten und Contra-Demonstranten über die Religion von den Staatsmännern und den Provinzialständen aufgenommen wurde, wurde zuletzt eine Religionsspaltung daraus, und viele Fälle bewiesen damals, dass Religionsgesetze, welche den Streit beilegen wollen, die Menschen mehr erbittern als bessern. Andere entnehmen daraus eine schrankenlose Freiheit, und es zeigt sich, dass die Spaltungen nicht aus dem Streben nach Wahrheit, als der Quelle der Milde und Sanftmuth, sondern aus der Herrschsucht entspringen. Deshalb sind offenbar nur Diejenigen abtrünnig, welche die Schriften Anderer verdammen und den ausgelassenen Pöbel gegen die Schriftsteller zur Gewalt aufhetzen, aber nicht diese Schriftsteller, welche meist nur für die Gelehrten schreiben und nur die Vernunft zur Hülfe haben. Deshalb sind in einem Staate Diejenigen die wahren Unruhestifter, welche das freie Urtheil, was sich nicht unterdrücken lässt, doch beseitigen wollen.

Damit habe ich gezeigt, 1) dass den Menschen die Freiheit, das, was sie denken, zu sagen, nicht genommen werden kann; 2) dass diese Freiheit ohne Schaden für das Recht und Ansehn der Staatsgewalt Jedem zugestanden und von ihm geübt werden kann, sobald er sich nur hütet, damit etwas als Recht in den Staat einzuführen oder etwas gegen die geltenden Gesetze zu *thun*; 3) dass Jedweder diese Freiheit haben kann ohne Schaden für den Frieden des Staates, und ohne dass ein Nachtheil entstände, dem man nicht leicht entgegentreten könnte; 4) dass Jeder diese Freiheit auch unbeschadet der Frömmigkeit haben kann; 5) dass Gesetze, welche über spekulative Dinge erlassen werden, unnütz sind; 6) endlich habe ich gezeigt, dass diese Freiheit nicht blos ohne Schaden für den Frieden des Staates, die Frömmigkeit. und das Recht der Staatsgewalt bewilligt werden *kann*, sondern dass dies auch zur Erhaltung derselben geschehen *muss*. Denn wo man dem entgegen dies den Menschen entziehen will, und wo der Streitenden Meinung, aber nicht die Absicht, die allein strafbar ist, vor Gericht gestellt wird, da wird an rechtlichen Leuten ein Beispiel aufgestellt, was vielmehr für ein Märtyrerthum gilt und die Anderen mehr erbittert und mehr zum Mitleiden stimmt, als von der Rache abschreckt. Ferner gehen dabei die guten Kräfte und der gute Glaube zu Grunde; die Schmeichler und Treulosen werden gepflegt, und die Gegner triumphiren, weil man ihrem Zorne nachgiebt, und weil sie die Inhaber der Staatsgewalt zu Anhängern ihrer Meinung gemacht haben, als deren Ausleger sie gelten. Deshalb wagen sie deren Ansehn und Recht sich anzumaassen und scheuen sich nicht, zu behaupten, dass Gott sie unmittelbar auserwählt habe, und dass ihre Beschlüsse göttliche, aber die der Staatsgewalt nur menschliche seien und deshalb den göttlichen, d.h. ihren eigenen, weichen müssen. Jedermann sieht ein, dass dies dem Wohl des Staates geradezu widerspricht, und deshalb schliesse ich, wie oben in Kap. 18, damit, dass für den Staat nichts heilsamer ist, als wenn die Frömmigkeit und Religion nur in die Ausübung der Liebe und Billigkeit gesetzt wird und das Recht der Staatsgewalt in geistlichen wie in weltlichen Dingen nur für die Handlungen gilt, und im Uebrigen Jedem gestattet ist, zu denken, was er will, und zu sagen, was er denkt.

Damit habe ich den in dieser Abhandlung mir gesetzten Zweck erfüllt. Ich habe nur noch ausdrücklich zu erklären, dass ich Alles darin mit Freuden der Prüfung und dem Urtheil der höchsten Staatsgewalt meines Vaterlandes unterwerfe. Sollte etwas darin den Gesetzen des Landes oder dem allgemeinen Wohl nach ihrem Urtheil schaden, so will ich es nicht gesagt haben. Ich weiss, dass ich ein Mensch bin und irren kann; aber ich habe mich emsig bemüht, nicht in den Irrthum zu gerathen und nur das zu schreiben, was den Gesetzen meines Vaterlandes, der Frömmigkeit und den guten Sitten entspricht.

Ende.

Biographie

1632   *24. November:* Baruch Spinoza wird in Amsterdam geboren. Er stammt aus einer von Portugal nach Holland eingewanderten Judenfamilie. Sein Vater ist Kaufmann.

Baruch erhält in Amsterdam die biblisch-talmudistische Ausbildung der jüdischen Gemeinde unter der Leitung von Saul Levi Morteira. Schon früh widmet er sich dem Studium scholastischer Philosophie, der alten Sprachen, der zeitgenössischen Naturwissenschaft und Mathematik und der Schriften des Descartes.

1657   Wegen religiöser Dogmenkritik wird Spinoza mit dem Bannfluch der jüdischen Gemeinde belegt. Er lebt bis 1660 in der Nähe von Amsterdam.

1660   Spinoza wird des Atheismus verdächtigt und aus der Stadt ausgewiesen. Er lebt nun in Rijnsburg bei Leiden und korrespondiert mit seinen Freunden Simon de Vries und Ludwig Meyer in Amsterdam.

1662   Er beginnt die Arbeit an der Ethik, in der nach geometrischer Methode, d.h. in Form von Axiomen, Definitionen, Lehrsätzen usw., vor allem der Begriff Gottes als der »Einen Substanz« abgeleitet wird. Nach Spinoza ist Gott mit der Natur identisch, was in der Formel »Deus sive natura« (Gott oder die Natur) bündig zum Ausdruck kommt. Dieser sog. Pantheismus stieß bei Vertretern des jüdischen und christlichen Glaubens auf heftige Kritik.

1663   Spinoza siedelt nach Voorburg bei Den Haag über.

Das Buch »Renati Descartes principiorum philosophiae pars I et II« (Die Prinzipien der cartesischen Philosophie) ist das einzige, das zu Spinozas Lebzeiten unter seinem Namen erscheint.

1670   Spinoza lebt in Den Haag bei dem Maler van der Spyck. Dem Kreis des leitenden Staatsmannes Jan de Witt steht er nahe. Darüber hinaus gibt es Kontakte zu Boyle, Huygens und Leibniz.

Der »Tractatus theologico-politicus« entsteht aus dem Umgang mit De Witt und erscheint anonym. Auf Grund der heftigen Angriffe, die die Schrift erfährt, beschließt Spinoza, nichts mehr zu veröffentlichen.

1673   Der Philosoph lehnt das Angebot einer Professur für Philosophie an der Universität Heidelberg ab.

Er lebt ehelos und zurückgezogen, unterstützt durch die Renten zweier Freunde. Seinen Lebensunterhalt sichert er sich außerdem durch das Schleifen optischer Gläser.

1675 Die »Ethik« ist endlich vollendet, wird jedoch auf Grund des religiösen Fanatismus der Gesellschaft von Spinoza nicht publiziert.

1677 *21. Februar:* Baruch Spinoza stirbt an Lungentuberkulose. Posthum erscheinen die Werke:
»Ethica, ordine geometrico demonstrata« (Ethik, nach geometrischer Methode dargestellt),
»Tractatus politicus« (Politischer Traktat).
»Tractatus de intellectus emendatione« (Traktat über die Verbesserung des Verstandes).
»Epistolae«.
»Compendium grammaticae linguae Hebraeae«.
»Tractatus de Deo et homine eiusque felicitate« (Das lat. Original ist verloren; die holländische Übersetzung ist erst 1852 gefunden worden).

Lektürehinweise

T. de Vries, Baruch de Spinoza in Selbstzeugnissen und Bilddokumenten, Reinbek bei Hamburg 1970.
H. G. Hubbeling, Spinoza, Freiburg, München 1978.
F. Wiedmann, Baruch de Spinoza. Eine Hinführung, Würzburg 1982.

Geschichten aus dem Sturm und Drang

Zwischen 1765 und 1785 geht ein Ruck durch die deutsche Literatur. Sehr junge Autoren lehnen sich auf gegen den belehrenden Charakter der - die damalige Geisteskultur beherrschenden - Aufklärung. Mit Fantasie und Gemütskraft stürmen und drängen sie gegen die Moralvorstellungen des Feudalsystems, setzen Gefühl vor Verstand und fordern die Selbstständigkeit des Originalgenies.

Lenz Zerbin oder Die neuere Philosophie **Wezel** Silvans Bibliothek oder die gelehrten Abenteuer **Moritz** Andreas Hartknopf. Eine Allegorie **Schiller** Der Geisterseher **Goethe** Die Leiden des jungen Werther **Klinger** Fausts Leben, Taten und Höllenfahrt
ISBN 978-1489596925, 468 Seiten, 19,80 €

Geschichten aus dem Sturm und Drang II

Wezel Kakerlak oder die Geschichte eines Rosenkreuzers **Bürger** Münchhausen **Schiller** Der Verbrecher aus verlorener Ehre **Moritz** Andreas Hartknopfs Predigerjahre **Lenz** Der Waldbruder **Klinger** Geschichte eines Teutschen der neusten Zeit
ISBN 978-1489597106, 424 Seiten, 19,80 €

Dekadente Geschichten

Im kulturellen Verfall des Fin de siècle wendet sich die Dekadenz ab von der Natur und dem realen Leben, hin zu raffinierten ästhetischen Empfindungen zwischen ausschweifender Lebenslust und fatalem Überdruss. Gegen Moral und Bürgertum frönt sie mit überfeinen Sinnen einem subtilen Schönheitskult, der die Kunst nichts anderem als ihr selbst verpflichtet sieht.

Rilke Die Aufzeichnungen des Malte Laurids Brigge **Huysmans** Gegen den Strich **Bahr** Die gute Schule **Hofmannsthal** Das Märchen der 672. Nacht **Rilke** Die Weise von Liebe und Tod des Cornets Christoph Rilke
ISBN 978-1489596833, 392 Seiten, 16,80 €

Printed in Germany
by Amazon Distribution
GmbH, Leipzig